KB140941

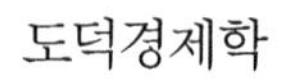
도덕경제학

THE MORAL ECONOMY
Why Good Incentives Are No Substitute for Good Citizens

THE MORAL ECONOMY

도덕경제학

왜 경제적 인센티브는 선한 시민을 대체할 수 없는가

새뮤얼 보울스
SAMUEL BOWLES
박용진 · 전용범 · 최정규 옮김

흐름출판

일러두기

1. 이 책의 원제는 'The Moral Economy'이며, 한국어판 제목은 '도덕경제학'이다.
2. 인명, 지명 등 외래어는 외래어 표기법을 따랐으며, 일부 관례로 굳어진 것은 예외로 두었다.
3. 단행본과 언론은 《 》로, 신문기사와 논문은 〈 〉로, 인용은 " "로, 강조는 ' '로 표기했다.
4. 본문에서 언급된 도서 중, 국내에 출간된 경우에는 혼동을 피하기 위해 번역서의 제목을 그대로 사용하고 원제를 함께 표기했다.

나의 스승이었던

알렉산더 거센크론과 찰스 린드블롬께

정치 저술가들이 하나의 금언처럼 받아들이는 명제는 어떤 형태의 정부 체계를 모색하더라도 (…) 사람들은 모두 부정직하며 그들의 행동 목적은 오로지 사익의 추구에 있다고 가정해야 한다는 것이다. 이익을 수단으로 삼아 사람들을 통치해야 하며, 이익을 수단으로 삼아 그칠 줄 모르는 탐욕과 야심에도 불구하고 사람들이 공익을 위해 협력할 수 있도록 만들어야 한다.

(…) 따라서 모든 사람이 부정직하다고 가정해야 한다는 것은 단지 일종의 정치적 금언일 뿐이다. 실제로는 거짓인 이 금언이 정치에서는 참이어야 한다는 말이 이상하게 들릴 수도 있겠지만.

— 데이비드 흄, 《에세이: 도덕, 정치 그리고 문학》(1742)

자유주의의 종말

한국 독자들에게 이 책을 소개할 수 있어 매우 기쁘게 생각합니다. 아울러 지면을 통해 나의 연구 동료이자 친구인 최정규 교수와 박용진 교수에게 이 책을 한국어로 번역해준 데에 감사의 마음을 전하고, 역시 나의 연구 동료이자 친구인 황성하 교수가 이 책의 내용에 기여한 바를 밝힐 수 있어 더욱더 기쁩니다.

이 책의 내용에 관한 연구를 시작한 무렵, 한국은 민주정부로 이행하고 있던 제6공화국 시절이었습니다. 그 뒤로 30년 동안 엄청난 변화가 일어났습니다. 미국에서는 불평등이 심화되고 많은 사람이 경제적 불안정성에 직면했으며, 최근에는 인종차별적 민족주의까지 등장했습니다. 이런 변화는 미국뿐 아니라 전 세계에 걸쳐 급격하게 일어났습니다.

이 책을 출간한 이후 최근의 변화와 그것이 민주주의·관용·정의의 가치를 유지하고 지키려는 기획에 던지는 도전적 과제에 대해 곰곰이 생각해보곤 했습니다. 그런 가운데 내가 젊었을 때부터 겪었던, 지금으로서는 놀라운 이야기처럼 보이는 일이 하나 떠올랐습니다.

오늘날 러스트 벨트Rust Belt라고도 불리는 위스콘신주의 상원의

원이었던 윌리엄 프록스미어William Proxmire는 60년 전 미 상원의 단상에 올라 수입품에 대한 관세를 인하하는 법안을 지지하는 연설을 한 적이 있습니다. 당시 나의 상사였던 그는 우리 사무실에 도착한, 자유무역을 찬성하는 내용이 담긴 수백 통의 편지를 동료 의원 앞에서 흔들며 유권자들이 관세 인하를 요구하고 있다는 사실을 강력하게 호소했습니다. 편지는 모두 전미 자동차 노조원들이 보내온 것이었습니다. 그 무렵 제조업 노동자들은 불평등과 경제적 불안정성을 완화하는 전후 자본-노동 간 협약의 일환으로, 세계무역 확대라는 자유주의적 어젠다에 지지를 보냈습니다.

하지만 이는 그때 상황이었을 뿐입니다. 편지를 보내 자유무역을 지지하도록 프록스미어를 압박했던 많은 이들과 그 자녀들이 훗날 도널드 트럼프Donald Trump에게 투표함으로써, 트럼프가 위스콘신주에서 승리를 거둬 지난 한 세대 동안 위스콘신주에서 승리한 첫 번째 공화당 후보가 되는 데 기여했을 것이라는 데 내기를 걸어도 좋습니다.

경제정책연구센터Centre for Economic Policy Research가 브렉시트Brexit 투표와 관련해 진행한 여론조사 역시 유사한 결과를 보여줍니다. 이 조사에 따르면 학력과 공공서비스 수준이 낮은 탓에 변화하는 경제적·사회적 요구에 제대로 부응하지 못하는 지역일수록 영국의 유럽연합 탈퇴에 찬성표를 던지는 경향이 높은 것으로 나타났습니다.

자유주의는 단순히 무역장벽의 축소로만 이해될 수는 없습니다. 그리고 이 자유주의는 현재 곤경에 놓였습니다. '개인의 권리와 관용'을 잘 운영되는 사회의 상징으로 내세우며 등장했던 가치 집합으로서의 자유주의가 지금은 바로 그 가치들을 위험에 빠뜨리고 말았습니다. 자유주의가 자유방임 경제모델을 받아들였기 때문입니다. 이 과정에서 자유주의는 과거 자신에게 생명력을 불어넣은 목표를 상실했습니다. 인종차별적 불관용은 자유주의가 방향을 잃고 현실의 문제점에 대한 설득력 있는 설명을 제공하지 못하게 한 원인이 아니라 그 징후일 뿐입니다.

자유주의가 추구하는 목적에는 종교적 소수자를 보호하고 강자로부터 약자를 보호하는 것이 포함되어 있었습니다. 1763년 영국 의회에서 사적 소유권의 정치적 의미를 설명한 윌리엄 피트William Pitt의 말을 들어봅시다. "가장 가난한 사람조차 자신의 오두막집 안에서는 국왕의 어떠한 무력에 대해서도 반항할 수 있다. 허술하기 짝이 없는 오두막집은 지붕이 들썩일 수도 있고 바람이 파고들 수도 있고 비가 들이칠 수도 있다. 하지만 영국 왕은 그 오두막집 안으로는 한 발짝도 침범할 수 없다. 국왕이 가진 어떤 무력으로도 그 쓰러져가는 집의 문지방을 넘을 수 없다."

1926년 존 메이너드 케인스John Maynard Keynes는 정치적 자유주의와 경제적 자유주의가 어떻게 운명적으로 맺어졌는지를 다음과 같이 이야기했습니다. "17세기 말 군주의 신권은 자연권에 자리를 내주었고 교회의 신권은 종교적 관용의 원칙에 자리를 내주었다. 그 결과 계약에 새로운 윤리적 중요성이 부여되었고 이를 통해 재산권의 옹호가 힘을 얻게 되었다."

케인스에 따르면 재산상의 불평등 심화에 대한 대응으로서 "사회주의와 민주적 평등주의"가 등장했지만, 이 이념들은 사적 교환과 공공선의 신적인 조화라는 아이디어를 가지고 적절한 순간 전면에 등장한 경제학자들의 주장대로 정치적 자유주의와 경제적 자유주의 사이에 바로 그 "기적적인 결합"이 이루어지면서 억제되었습니다. 그리하여 19세기 자유주의는 광범위한 자유방임의 모습을 띠게 됩니다. 자유방임 아래 부자들이 가난한 사람들보다 힘을 갖게 되었고 시장이 공동체 대신 힘을 갖게 되었습니다.

20세기 전반 자유주의가 민주주의라는 근대적 개념을 받아들인 이유 중 하나는 부가 점점 소수에게 편중되는 추세에 대응할 필요가 있었기 때문입니다. 사민당의 압박과 공산주의 혁명의 위협 속에서 정치경제적 엘리트들은 자유주의의 민주화라는 양보를 할 수밖에 없었습니다. 좋은 거버넌스의 자유주의적 특징에는 관용, 사적 소유권, 경쟁시장 뿐 아니라 '보편적 선거권'이 새로 추가되었습니다.

여성과 재산이 없는 사람에게까지 선거권이 확대된 데 이어 20세기 후반에는 정부 역할이 확대되었습니다. 대부분의 자유사회에서 생활수준의 편차는 줄어들고 실질임금은 높아졌습니다. 이런 일은 특히 제2차 세계대전 직후 30년간에 걸친 '자본주의의 황금기' 동안 이루어진 것입니다. 그러나 1970년대 중반, 황금기가 저물기 시작하자 곧바로 문제가 발생했습니다.

미국에서 실질임금은 더 이상 오르지 않았습니다. 노동자들은 부모 세대가 누린 생활수준을 유지하기 위해 안간힘을 써야 했습니다. 사람들은 규제되지 않는 시장에서 발생하는 충격에 적응하려 들지 않았습니다. 다른 지역에서 직업을 얻기 위해 가족과 이웃을 떠나려 하지 않았으며 그저 자신이 살고 있는 지역이 쇠퇴해가는 것을 지켜볼 수밖에 없었습니다. 좌우를 막론하고 많은 나라의 정당이 1970년대 후반부터 줄곧, 그리고 베를린 장벽의 붕괴 이후로는 더 빠른 속도로 금융시장과 노동시장을 비롯해 시장에 대한 탈규제 정책을 실시했습니다. 결국 경제적 불평등이 폭발적으로 증가하고 말았습니다.

이처럼 화약고 같은 상황에서 19세기 후반 이후 전례 없는 이민을 포함한 전 지구적 경제통합이라는 또 하나의 자유주의적 기획이 성공을 거두기도 했지만 다른 한편으로 이러한 성공이 지난 세기 응집되어온 반발, 즉 '다른 사람'을 비난하는 인종차별적이고 집단 중심적인 화법에 불을 붙이기도 했습니다.

많은 이들은 과거 용접공 출신이 지금은 겨우 입에 풀칠을 하게 된 상황, 그리고 시내 중심가의 깨진 창문이 판자로 덧대지는 현실을 세계화라는 틀에서 이해합니다. 사실 세계화가 이를 초래했다는 설명은 설득력이 없습니다. 그러나 많은 나라에서 이런 설명은 다른 대안적 설명이 없는 상황에서 전성기를 누려왔습니다. 다른 설명이 있었다면 그것은 시장에 대한 탈규제 정책으로 이익을 본 사람에게 초점을 맞출 수 있었을 것입니다.

자유주의의 위기는 스스로 만들어낸 것입니다. 국내 자유방임의 결과로 경제적 불평등이 증대되었고 과거 자부심 강한 제조업 분야의 몰락이 초래되었습니다. 전 지구적 자유방임은 이러한 문제에 대한 준비된 희생양이었습니다.

보편적 선거권이 도입된 이후 자유주의적 가치의 운명은 광범위한 유권자들 손에 달려 있습니다. 현재의 유권자들, 그리고 이전 세대의 유권자들은 대부분 과거에 자유주의가 표방한 자유의 열렬한 옹호자였던 사람들입니다. 재산을 갖지 못한 사람에게까지 투표권이 확대된 일을 비롯해 19세기와 20세기 민주주의의 발전을 이끌어온 것은 노동자와 소농, 도시 빈민의 운동이었습니다. 오늘날 자유주의가 표방하는 자유를 유지하고 강화하는 데 이런 평범한 사람들의 적극적인 지지가 다시 한 번 반드시 필요합니다.

자유주의가 불평등을 심화하는 경제모델과 결합해버린 이상, 이제는 그런 일이 일어나기 어려워졌습니다. 그러나 '자유무역'을 보호주의로 대체하려는 시도는 그저 지역 중심적 사고방식만을 확산시킬 뿐입니다.

초기 자유주의자들이 그랬던 것처럼 약자와 취약 계층을 보호하는 데 헌신하는 사회에서라면, 그리고 급격한 기술 변화와 세계화에 불가피하게 뒤따르는 경제적 불안정성으로부터 사람들을 보호하려는 사회에서라면, 사라질 위험에 처한 정치적 자유주의의 가치들을 되살릴 수 있을 것입니다.

정치적 자유주의가 되살아나기 위해서는 새로운 경제 모델이 필요합니다.

"왜 경제적 인센티브는 선한 시민을 대체할 수 없는가"라는 이 책의 부제가 가리키는 것처럼, 《도덕경제학》에서 제시된 여러 증거들은 새로운 경제가 어떤 모습일 수 있는지를 가늠하게 해줄 지침이 될 수 있습니다. 정치적 가치들과 같은 여러 가치들은 단지 '물려 내려오는' 것이 아니라 매일 매일의 사회적, 경제적 경험을 통해서 재생산됩니다. 경제 모델이 평등한 존엄, 진정한 자유 그리고 관용 등의 가치를 추구할 수 있으려면 노동현장에서, 공동체 내에서 그리고 정부의 노력 아래서 이러한 도덕적 원칙들이 배양되고 힘을 얻을 수 있도록 적절한 환경을 제공해주어야 합니다.

현재 미국 자본주의를 특징짓는 경제적 불평등, 정치적 계층화, 그리고 불안정성은 정치적 자유주의의 도덕적 기초를 유지할 수 있도록 해주는 제반 조건들을 해치는 요인들입니다. 자본주의가 새로운 형태로 변모함으로써 과연 정치적 자유주의가 지향하는 도덕적 임무를 수행해낼 수 있는 체제가 될 수 있는지는 여전히 열려 있는 문제입니다.

새뮤얼 보울스

서문

어떤 책이든 완성하는 데 30년 가까이 걸렸다면 그동안 많은 이들의 도움이 있었기 마련입니다. 이 책은 부분적으로 예일대학교에서 진행된 '캐슬 강좌Castle Lecture'에서 내가 강의한 내용을 바탕으로 저술했습니다. '캐슬 강좌'가 진행되는 동안 브라이언 가스턴Bryan Garsten, 필 고르스키Phil Gorski, 로리 산토스Laurie Santos, 스티븐 스미스Steven Smith, 크리스 우드리Chris Udry 등이 비판적인 코멘트를 해주었고, 그 덕분에 내용이 많이 개선될 수 있었습니다.

나는 예일대학교 사회과학대학에서 두 번의 배움을 얻었습니다. 첫 번째는 학생으로서 예일을 다닐 때였습니다. 내가 강의한 '캐슬 강좌'는 윤리학-정치학-경제학 연계전공의 후원을 받았는데, 나는 이 연계전공의 전신 격인 학과의 학생이었습니다. 그 시기 나의 멘토로서 영감을 불어넣어 주고 도움을 준 분은 찰스 린드블롬Charles Lindblom 교수였습니다. 린드블롬 교수는 분석적으로 사고하면서도 당시 너무나 경계가 뚜렷했던 학문 분과 사이를 넘나들어야 한다고 강조했습니다. 예일대학교에서 린드블롬 교수가 애써 지켜온 이러한 전통은 몇몇 학문 분과에서 면면히 이어져오고 있는데, '캐슬 강좌'에서 내게 코멘트를 해준 분들이 모두 이들 학과 소속입니다. 한 분은 역사학자, 한 분은 심리학자이며, 두 분은 정치학자, 그리고 한 분은 경제학자입니다. 이후 나는 하버드대학교 박사과정에서 알렉산더 거센크론Alexander Gerschenkron 교수의 지도 아래 경제사를 공부했습니다. 거센크론 교수는 사회가 좀 더 잘 운영되려면 어떻게 해야 하는지, 사회는 어떻게 진화하는지 같은 거대한 문제도 충분히 질문할 만한 가치가 있으며, 때로는 그에 대한 답을 얻을 수도 있다는 확신을 심어주었습니다. 물론 그렇게 얻어진 답이 당시 내가 바라던 것과 늘 일치하지는 않았지만 말입니다.

1980년대 후반부터 관련 주제를 연구하는 동안 내 사고가 형성되는 데는 '9월 세미나팀September Seminar'을 거쳐 갔거나 여전히 그 일원인 이들의 영향이 컸습니다. 프라납 바단Pranab Badhan, 로버트 브레너Robert Brenner, 해리 브릭하우스Harry Brighouse, 고故 제럴드 코언Gerald Cohen, 조슈아 코언Joshua Cohen, 존 엘스터Jon Elster, 수레슈 나이두Suresh Naidu, 필리프 판 파레이스Philippe van Parijs, 아담 쉐보르스키Adam Przeworski, 힐렐 스타이너Hillel Steiner, 로버르트 판 데어 펜Robert van der Veen, 에릭 올린 라이트Erik Olin Wright 등이 그들입니다. 그리고 관련 주제에 대한 나의 생각은 1998년에 만들어진 '행동과 제도의 공진화에 대한 산타페 연구소Santa Fe Institute Working Group on the Coevolution of Behavior and Institutions'의 참여 연구자들, 래리 블룸Larry Blume, 로버트 보이드Robert Boyd, 허버트 긴티스Hebert Gintis, 페이튼 영Peyton Young 등에게서 많은 영향을 받았습니다. 사회가 어떤 방식으로 사람들의 선호를 형성하는지에 관한 허버트 긴티스의 박사학위논문과 이후 그와의 공동 연구는 이 문제들에 대한 내 생각에 큰 영향을 미쳤습니다.

이 책에서 언급할 아이디어 중 많은 부분은 1990년대 후반 로버트 보이드와 허버트 긴티스가 이끈 '규범과 선호 연구 네트워크 Norms and Preference Research Network'에서 처음 제기되었습니다. 나는 여기에 참여한 학자들, 특별히 콜린 캐머러Colin Camerer, 마틴 달리 Martin Daly, 에른스트 페어Ernst Fehr, 지몬 게히터Simon Gächter, 에드워드 글레이저Edward Glaeser, 조지 로웬스타인George Loewenstein, 그리고 지금은 세상을 떠난 마고 윌슨Margo Wilson에게 감사드립니다. 그 밖에도 이 책 초고에 대한 비평을 비롯해 여러 방식으로 도움을 준 분들이 있습니다. 특히 마자린 바나지Mahzarin Banaji, 요차이 벤클러Yochai Benkler, 란힐드 호글리 브라튼Ragnhild Haugli Braaten, 후안 카밀로 카르데나스Juan Camilo Cardenas, 웬디 칼린Wendy Carlin, 루스 그랜트Ruth Grant, 조슈아 그린Joshua Greene, 조너선 하이트Jonathan Haidt, 키런 힐리Kieran Healy, 베른트 이를렌부슈Bernd Irlenbusch, 레이철 크랜턴Rachel Kranton, 우고 파가노Ugo Pagano, 엘리자베스 펠프스Elizabeth Phelphs, 샌드라 폴라니아-레예스Sandra Polanía-Reyes, 카를로스 시커트 로드리게스Carlos Sickert Rodriguez, 다리아 로이스마이어 Daria Roithmayr, 폴 시브라이트Paul Seabright, 특히 엘리자베스 진 우드 Elisabeth Jean Wood 등에게 감사의 마음을 전합니다.

나의 공동 연구자인 황성하와 샌드라 폴라니아-레예스는 이 책의 일부 내용에 대해서는 사실상 공저자라 할 수 있습니다. 공동 연구 결과를 이 책에 사용할 수 있도록 허락해준 데에 감사의 말을 전합니다. 5장은 2011년《철학과 공공문제*Philosophy and Public Affairs*》에 게재된 논문에 기대고 있습니다. 그 내용을 책에 포함할 수 있도록 허락해준 학술지 측에 감사드립니다. 3장과 4장은《경제학 문헌지*Journal of Economic Literature*》에 폴라니아-레예스와 공동으로 게재한 논문 내용을 포함하고 있습니다.

수전 카Susan Karr, 키아라 발렌티니Chiara Valentini, 특히 에리카 베너Erica Benner의 도움 덕분에 내가 하려는 얘기에서 중요하고도 미묘한 역할을 하는 마키아벨리라는 인물을 좀 더 잘 이해할 수 있었습니다. 이탈리아어로 쓰인 마키아벨리의《로마사 논고》와《군주론》 문장은 내가 직접 영어로 번역했습니다.

산타페 연구소와 시에나대학교 부설 체르토사 디 폰티냐노Certosa di Pontignano는 내가 연구하고 사색하고 저술하는 데 더할 나위 없이 좋은 환경을 제공해주었습니다. 그곳 직원분들 덕분에 즐겁게 연구를 진행할 수 있었는데 특히 산타페 연구소 도서관의 마거릿 알렉산더Margaret Alexander, 조이 레큐어Joy Lecuyer, 바버라 킴벨Barbara Kimbell, 수전 맥도널드Susan MacDonald에게 감사의 마음을 전합니다. 연구에 필요한 자질구레한 일을 맡아준 니콜 볼라 에르난데스Nicole Vollar Hernandez, 책에 삽입된 그림과 색인을 만들어준 데이비드 멜칸지Davide Melcangi와 사이 마드릭 마무누루Sai Madhurik Mamunuru에게도 감사드립니다. 금전적 지원을 해준 맥아더 재단, 산타페 연구소의 행동과학 프로그램, 미국 국립학술원에도 고마움을 전합니다. 마지막으로 내 연구에 지속적인 신뢰를 보내며 여러 해 동안 지원을 아끼지 않았던 고故 조지 카원George Cowan과 아델 시먼스Adele

Simmons에게도 많은 빚을 졌습니다.

짧은 책 한 권을 쓰는 데 그렇게 오랜 시간이 걸릴까 의아스러울지도 모르지만, 간단히 답하자면 배울 게 너무나 많았습니다. 이 얘기를 잠깐 해볼까 합니다. 1980년대 후반 처음으로 시장과 인센티브의 문화적 효과에 대한 연구를 시작했을 때, 나 스스로 추상적 모델과 씨름하고 있다는 것을 깨달았습니다. 하지만 추상적 모델은 나를 이 주제로 이끌었던 문제, 말하자면 좀 더 나은 정책·제도·법을 설계할 때의 실증적인 문제에 대해서는 어떤 것도 얘기해주지 않았습니다. 아무 생각 없이 모델에서 시작한 것입니다. 몇몇 데이터가 이용 가능하긴 했지만 사람들에게 윤리적이고 내생적인 여러 비경제적 동기가 존재한다는 것을 테스트하기에는 부적절했으며, 이런 동기들이 인센티브와 법적 제약 그리고 다른 공공정책 수단으로부터 어떻게 영향을 받는지에 대한 나의 가설을 테스트하기에도 부적절했습니다. 경제학자나 생물학자 등 많은 이들은 심지어 그런 동기가 본격적인 연구 대상이 될 만큼 일반적으로 존재하는지에도 상당한 의구심을 가지고 있었습니다.

그러나 1990년대를 거치면서 상황은 변하기 시작했습니다. 앞서 언급한 '규범과 선호 연구 네트워크' 덕분에 나는 조지프 헨리치Joseph Henrich를 위시한 인류학자 및 경제학자로 구성된 그룹과 함께 전 세계 다양한 문화권에서 여러 행동실험을 할 기회를 가졌습니다. 다른 학자들, 특히 에른스트 페어, 지몬 게히터, 아르민 팔크Armin Falk, 우르스 피슈바허Urs Fischbacher 등 취리히 학파의 실험에서도 많은 것을 배웠습니다. 이 책의 3·4·5장을 구성하는 경험연구의 윤곽이 형성되기 시작한 것도 이때입니다.

2000년대에 들어 나는 그다음으로 대답해야 한다고 여기던 문제를 파고들었습니다. 실험이 보여주듯, 경제학자나 진화생물학자가 생각하는 것보다 사람들이 좀 더 관대하고 시민적이라면 이 사실은 하나의 수수께끼가 됩니다. 자연선택도, 당시 지배적이던 문화적 진화 모델도 여전히 왜 사람들이 이런 특성을 보이는지 답을 주지 못했습니다.

나는 인간의 사회적 행동의 진화와 관련된 고고학·유전학·민속지학 자료를 연구하기 시작했습니다. 허버트 긴티스와 내가 "협력하는 종"이라 부른 종, 즉 인류의 문화적·생물학적 진화를 설명하기 위해 최정규, 아스트리드 호펜시츠Astrid Hopfensitz, 허버트 긴티스와 함께 모델을 개발하고 컴퓨터 시뮬레이션을 시행했습니다. 이 연구 결과를 통해 앞선 실험 결과들이 결코 예외적이지 않다는 사실이 분명해졌습니다. 인류에게 윤리적이고 관대한 동기가 보편적으로 존재할 것으로 기대할 만한 유전적·문화적 근거가 많았습니다.

다음 단계에서는 애초에 내가 이 연구에 발을 들이게 된 과제로 되돌아갔습니다. 인간이 이기적인 동시에 관대하다면, 또 도덕적인 동시에 도덕에 대해 무관심한 존재라면 그런 인간에게 잘 작동할 수 있는 정책과 제도를 수립하는 데에 인간 행동에 관한 새로운 경험적 사실이 어떤 함의를 갖는지 살펴볼 차례가 되었습니다. 이를 위해 나는 20년 전 한쪽으로 밀어놓았던 프로젝트를 다시 시작했습니다.

이 짧은 책은 바로 그런 오랜 여정의 결과물입니다.

차례

3장 도덕감정과 물질적 이해관계

4장 정보로서의 인센티브

5장 자유주의 시민문화

6장 입법자의 딜레마

7장 아리스토텔레스적 입법자가 해야 할 일

1 장

호모 이코노미쿠스, 무엇이 문제인가?

250년 전 장자크 루소Jean-Jacques Rousseau는 《사회계약론》에서 "있는 그대로의 인간men as they are"을 놓고 "법은 어떠해야 하는지laws as they might be"를 고려해야 한다고 주장했다.[1] 인간을 뜻하는 말로 'men'이라는 젠더편향적 단어를 사용한 것을 빼면, 이 구절은 현재에도 여전히 호소력이 있다. 우리가 알고 있는 것처럼 사회를 잘 통치하려면 거버넌스를 구성하는 법이나 경제적 유인, 더 나아가 정보나 도덕적 호소에 대해 사람들이 어떻게 반응하는지를 이해해야 한다. 그런데 이때 사람들의 반응은 그들 행동에 동기를 부여하기도 하고 제약하기도 하는 욕망이나 목표, 습관, 믿음 그리고 도덕에 따라 다르게 나타난다.

그렇다면 루소가 말한 '있는 그대로의 인간'을 어떻게 이해해야 할까?

경제인, 즉 호모 이코노미쿠스Homo economicus를 살펴보자. 오늘날 법학자들이나 경제학자들, 그리고 이들의 아이디어에서 영향을 받은 정책입안자들 사이에서는 공공정책을 수립하거나 법체계를 설계할 때, 혹은 기업을 비롯한 민간 조직을 구성할 때, 사람들(시민이든 피고용인이든 사업 파트너이든 아니면 잠재적 범죄자이든)이 이기적이며 도덕에 무관심하다고 가정해야 한다는 견해가 널리 받아들여지고 있다. 부분적으로는 이런 이유에서 다양한 금전적 인센티브가 제공되고 있다. 예를 들어 학생들이 열심히 공부하도록 하기 위해, 교사들이 효과적으로 가르치도록 하기 위해, 체중감량·투표·금연을 독려하기 위해, 비닐봉투 대신 재활용 가능한 종이봉투 사용을 권장하기 위해, 재무관리에서 수탁자의 책임감을 독려하기 위해, 연구자들에게 기초연구를 장려하기 위해 여러 물질적 인센티브가 제공된다. 그런데 이러한 행동에 동기부여를 하기 위해서 반드시 경제적 인센티브가 있어야 하는 것은 아니다. 경제적 인센티브 없이 내재적이거나 윤리적이거나 그 밖의 비경제적인 이유로도 이런 행동에 동기부여를 할 수 있다.

법학자·경제학자·정책입안자들 사이에서 위와 같은 가정이 널리 통용되고 있지만, 실제로는 누구도 정말로 인간이 철저하게 도덕에 무관심하고 이기적이라고 생각하지는 않는다는 점이 이상해 보일지 모른다. 사실 이 가정은 사실에 입각한 것이기보다는 신중을 기해야 한다는 취지에서 세워진 것이었다. 심지어 흄David Hume조차도 이 책의 앞머리 글에서 인용한 문단 마지막 부분을 통해 그 금언이 "실제로는 거짓"이라고 경고하고 있다.

내가 주장하려는 바는 법을 설계하거나 정책을 수립하거나 사업체를 조직하려고 할 때, 호모 이코노미쿠스를 시민·피고용인·학생·채무자의 행위 모델로 삼는 것은 결코 신중한 방식이 아니라는 점이다. 여기에는 두 가지 이유가 있다. 첫째, 인간이 이기적이라는 패러다임에 따라 정책을 펴면 도덕적 무관심과 이기심이라는 가정을 점점 더 사실로 만들어버릴 수 있기 때문이다. 예컨대 사람들은 유인이 없을 때보다 유인이 있을 때 훨씬 더 이기적으로 행동하곤 한다. 둘째, 벌금이나 보상 같은 물질적 인센티브가 때로는 잘 작동하지 않기 때문이다. 흄이 주장하는 대로 부정직한 사람의 탐욕을 이용할 수 있도록 아무리 정교하게 인센티브를 설계하더라도, 인센티브만으로는 좋은 거버넌스가 확립될 수 없다.

내 주장이 맞다면, 광범위하고 잘 정의된 사적 재산권의 확립, 시장경쟁의 강화, 금전적 인센티브를 통한 개인 행동의 유도 등 경제학자들이 선호하는 정책은 좋은 거버넌스에 필요한 윤리적 동기나 그 밖의 사회적 동기를 해치는 의도치 않은 문화적 결과를 가져올 수 있다.

나는 시장경제가 올바르게 작동하기 위해 필요한 것으로 간주되는 이런 정책들이 이기심을 부추길 뿐 아니라, 협력적이고 관대한 시민문화를 견고하게 유지해주는 사회적 수단을 훼손할 수 있다는 점을 보이려고 한다. 이런 정책들은 시장이 작동하는 데 필수적인 사회규범까지 위태롭게 할 수 있다. 대출을 신청할 때 자기 자산과 부채 상황을 정직하게 적어내는 것, 약속을 잘 지키는 것, 누가 지켜보지 않아도 열심히 일하는 것 같은 일상적인 미덕도 이른바 몰아냄 효과crowding-out라 불리는 문화적 재앙의 대상이 될 수 있다. 시장과 같은 경제제도는 이런저런 규범이 부재하거나 위태로울 경우 제대로 작동하지 않는다. 특히 오늘날 같은 지식기반 경제에서는 과거 어느 때보다도 사회규범이라는 문화적 토대가 필요하다. 이런 규범 중 하나가 '악수는 말 그대로 악수handshake is indeed handshake'라는, 즉 약속은 반드시 지켜질 것이라는 확신이다. 누군가 이를 의심하는 순간, 그 불신 때문에 교환을 통한 상호 이득의 창출은 제한될 수 있다.

경제학자들이 시장의 완벽한 작동을 위해 필요하다고 여기는 정책이 오히려 시장의 작동을 저해할 수도 있다는 역설은 시장을 넘어서는 곳에서도 적용된다. 이런 정책을 편 결과, 시민의식이나 사회규범을 준수하려는 사람들의 내적 욕구가 고갈되어 미래에 더 나은 정책을 수립할 여지가 회복 불가능할 정도로 축소될 수 있다. 일부 경제학자들은 아주 먼 과거에 호모 이코노미쿠스가 시장을 창조한 것으로 상상했지만, 사실은 그 반대였을 수 있다. 다시 말해 도덕적 무관심과 이기심의 확산은 경제학자들이 이상적이라고 말할 법한 그런 사회에 살고 있기 때문에 나타나는 결과일지도 모른다.

▲▲▲

정책을 수립하거나 법을 설계하는 사람들이 직면하는 문제는 다음과 같다. 어떤 거버넌스 체제에서도 인센티브와 제약은 필수적이다. 하지만 "있는 그대로의 인간"이 호모 이코노미쿠스와 닮았다는 가정 아래 정책을 수립하거나 법을 설계하면, 인센티브 제공을 통해 공익에 이바지할 수 있도록 적절히 활용하려던 바로 그 이기심만을 조장함으로써 역효과를 낳을 수 있다. 호모 이코노미쿠스라는 가정이 '실제 있는 그대로 인간'의 모습을 반영한 것이라면 이런 문제는 발생하지 않을 것이다. 왜냐하면 애초에 고갈되고 훼손될 무엇도 없을 것이기 때문이다. 하지만 지난 20여 년간 행동실험에서 얻은 결

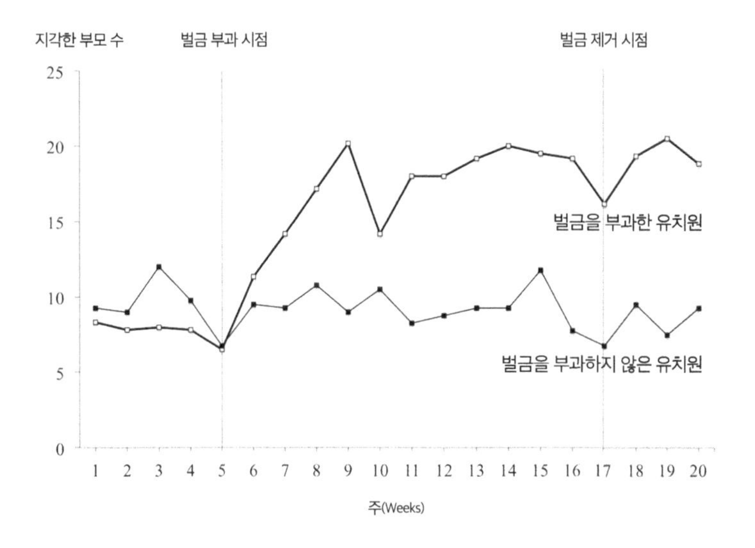

그림 1.1 하이파 어린이집에서 지각한 부모에게 벌금을 부과했을 때 나타난 효과

(자료: Gneezy and Rustich 2000)

과는 거의 모든 집단에서 윤리적이고 타인을 고려하는 동기가 보편적으로 존재한다는 것을 보여준다(앞으로 3·4·5장에서 이런 실험 결과를 살펴볼 것이다). 아울러 이 실험들은 물질적 이해에 호소하는 정책이나 인센티브가 윤리적이고 이타적인 동기를 몰아낼 수 있음을 보여준다. 한 가지 사례를 들어보자.

이스라엘의 하이파Haifa에 있는 어린이집 여섯 곳에서 일과 후 정해진 시간보다 늦게 자녀를 데리러 오는 부모에게 벌금을 부과했다. 하지만 벌금제도는 제대로 작동하지 않았다. 오히려 지각한 부모의 수는 예전보다 두 배로 늘어났다.[2] 12주 뒤에 벌금제도를 없앴지만, 이미 늘어난 지각 부모 수는 줄어들지 않았다(그림 1.1은 벌금이 부과되지 않은 통제집단과 비교하여 이들이 얼마나 늦게 도착하는지를 보여준다).

벌금 부과가 이런 역효과를 가져왔다는 것은 경제적 인센티브와 도덕적 행위 사이에 음(-)의 시너지가 있다는 것을 말해준다. 마치 경매에서처럼 지각하는 것에 가격을 매기자, 교사들에게 폐를 끼치지 않으려는 부모의 윤리적 의무감이 훼손되고, 그 결과 지각을 자신들이 구매할 수 있는 또 하나의 상품으로 인식하게 된 것 같다. 물론 벌금 액수가 충분히 컸다면 부모들은 다르게 반응했을 것이다. 하지만 모든 것에 가격을 매기려는 시도는, 그렇게 하는 것이 가능하고 또 적절한 가격을 찾을 수 있다 하더라도 좋은 생각이 아닐 수 있다. 나아가 가격을 매기는 것이 가능하며 적절한 가격을 찾을 수 있다는 조건 자체도 현실에서는 충족되기 힘들다(이는 나중에 더 이야기할 것이다).

최근 실험 결과에 따르면, 아이들에게 돈을 보여주고 동전에 관해 얘기하는 것만으로도 이후 아이들의 일상적인 상호작용에서 친사회적 행동과 타인에게 도움을 주는 행동을 감소시키는 것으로 나타났다.[3]

또 다른 연구에서는, 2세 미만 유아들 앞에서 어른이 손에 닿지 않는 물건을 집으려고 할 때 보상이 없는 경우에는 아이들이 적극적으로 도움을 주려 하지만, 일단 도와줬다고 장난감으로 보상을 주면 이후 돕는 행위의 비율이 40퍼센트가량 하락하는 것으로 나타났다. 이 연구를 진행한 펠릭스 바르네켄Felix Warneken과 마이클 토마셀로Michael Tomasello는 다음과 같이 결론 내렸다. "아이들은 애초에 남을 도우려는 성향을 가지고 있지만, 외부에서 보상이 주어지면 그 성향이 감소할 수 있다. 애초에 갖고 있는 성향을 토대로 사회화 관행을 세울 수 있다면, 그렇게 자리 잡힌 사회화 관행은 이타적으로 행동하려는 아이들의 타고난 성향과 충돌하지 않고 조화롭게 작동할 것이다."[4]

이 충고는 공공정책을 수립할 때에도 귀 기울일 만하다.

효과적인 정책에는 경제적 인센티브와 윤리적이며 타인을 고려하는 동기, 두 가지 모두 필수적이다. 만일 전자가 후자를 훼손할 수 있다면, 정책을 수립하는 사람은 어떻게 대응해야 할까? 이 두 가지 동기를 모두 생각한다면, 정책 수단으로서 경제적 인센티브의 역할을 제한할 것을 신중히 고려해야 할지도 모른다. 경제적 인센티브와 사회적 가치가 모두 필요하다 해도 경제적 인센티브가 사회적 가치를 약화시킨다면, 그런 문제가 없을 때보다 경제적 인센티브를 더 적게 사용해야 한다는 결론에 이를 수도 있다.

이런 식으로 생각하면 정책입안자는 자원배분에서 시장의 역할을 제한하고, 정부나 비공식적인 비시장 조직에 더 많은 역할을 부여하는 쪽으로 나아가야 한다는 주장이 나올 수 있다. 이것이 《돈으로 살 수 없는 것들*What Money Can't Buy: The Moral Limits of Markets*》에서 마이클 샌델Michael J. Sandel이 주장한 내용의 핵심이기도 하다. "인간의 모든 행위에 가격을 매기게 되면 우리가 돌보아야 할 도덕적이고 시민적인 자산이 잠식된다."[5] 샌델은 "시장이 공익에 이바지하는 경우와 그렇지 않은 경우"를 둘러싸고 진행된 《보스턴 리뷰*Boston Review*》 지상 논쟁에서 설득력 있는 사례를 제시한 바 있다. 데브라 사츠Debra Satz는 《왜 어떤 것은 판매되어서는 안 되는가*Why Some Things*

Should Not Be for Sale》라는 책을 통해 이에 대한 정치적 이유를 제시한 바 있다. 민주주의 문화와 정치체제의 토대가 되는 정치적 평등을 유지하기 위해서는 일부 시장을 제한할 필요가 있다는 것이다.[6]

반면 나는 자원을 배분하기 위해 시장을 이용해야 하는지 혹은 정부나 다른 배분 시스템을 이용해야 하는지 같은 시장의 범위 문제보다는, 시장이든 기업이든 공공정책이든 간에 경제적 인센티브를 이용할 때 나타날 수 있는 문제에 관심이 있다. 인센티브가 윤리적이고 관대한 동기를 몰아낼 수 있음을 입증하는 증거는 샌델이나 사츠의 주장을 보완할 수 있다.

하지만 전적으로 인센티브 자체만을 비난해서는 안 된다는 것을 보여주는 사례도 찾을 수 있다. 몰아냄 효과는 인센티브를 제공하는 사람과 그 대상이 되는 사람 간의 관계에서 발생하는 근본적인 문제를 반영하는 것일지도 모른다. 예를 들어 고용주가 시행하는 보상과 감시 방식의 일환으로 사용되는 인센티브는, 고용주가 탐욕스럽다거나 피고용인을 통제하려 한다거나 피고용인을 신뢰하지 않는다는 사실을 피고용인에게 알려주는 신호일 수도 있다. 또한 인센티브가 은연중에 잘못된 메시지를 전달할 수도 있다. 예를 들어 하이파에서처럼 벌금 도입이 '대가를 지급하는 한 아무리 늦어도 상관없다'는 메시지로 해석되는 경우가 그렇다.

이런 경우라면, 정책입안자는 단순히 인센티브와 시장의 역할을 제한하는 것보다 더 나은 조치를 시도할 수 있다. 즉 정책입안자는 몰아냄 효과와는 정반대 효과를 가져오는 정책을 찾아낼 수 있을지도 모른다. 어떤 새로운 정책 패러다임에서라면 인센티브와 처벌이라는 전통적인 정책 수단이 시민들의 윤리적이거나 타인을 고려하는 동기를 훼손하는 것이 아니라 오히려 강화하고, 그 결과 법적 제약과 물질적 유인의 효과를 높일 수 있을지도 모른다. 법과 도덕이 서로 시너지 효과를 낼 수 있다는 생각의 기원은 적어도 2000년 전 호라티우스까지 거슬러 올라간다. "법적 처벌이 뒤따르지 않는다면 죄책감을 토로하는 것이 무슨 의미가 있겠는가? 또한 도덕이 뒷받침되지 않는다면 법이 무슨 소용이 있겠는가?"(《송가》 3권 24번)[7] 호라티우스는 법과 도덕이 함께 작동하는 것이 질서 잡힌 사회에 필수적이라고 보았다.

▲▲▲

나는 이 책에서 한편으로는 인센티브와 제약조건, 그리고 다른 한편으로는 윤리적이고 타인을 고려하는 동기, 이 둘 간의 시너지를 낳을 수 있는 정책 패러다임을 모색해보려고 한다. 호라티우스 이전에 고대 아테네 의회가 이런 패러다임의 초석을 다졌다. 나는 하이파에서 아테네의 사례를 참고했다면 결과가 전혀 달랐을 것으로 생각하는데, 그 이유에 대해서는 마지막 장에서 설명하겠다.

내가 모색하려는 새로운 정책 패러다임은 "있는 그대로의 인간"에 대한 경험적 사실을 기반으로 한다. 호모 이코노미쿠스라는 가정을 대체하는 것이 우리의 출발점이 될 것이다. 최근 주목받고 있는, 인간 행동을 설명하는 인지 과정에 대한 새로운 증거들은 내가 모색하려는 정책 패러다임과 서로 보완적이다. 리처드 세일러Richard Thaler, 카스 선스타인Cass Sunstein, 대니얼 카너먼Daniel Kahneman과에이머스 트버스키Amos Tversky 및 여러 사람들의 연구 결과에 따르면, 경제학자들의 일반적인 가정과 달리 사람들은 의사결정을 할 때 먼 미래까지 고려하지 않으며 계산에 능하지도 않고 일관적이지도 않다.[8] 나아가 사람들은 현상유지 편향을 보이며 미래의 서로 다른 시점에 놓인 대안들 간의 선택에서 일관성을 보이지 않는다.

이런 편향에서 벗어나는 방법을 교육받은 뒤에도, 사람들은 여전히 경제학자들이 계산 착오라 할 법한 행위를 지속한다. 예를 들어 사람들은 불확실한 상황에서 의사결정을 할 때, 일어날 확률이 아무리 낮더라도 0보다 크면 그 사건을 확실히 일어나지 않을 사건과 전혀 다른 것으로 취급한다. 노벨 경제학상을 받을 만큼 경제학자들의 존경을 받는 심리학자 카너먼은 "사람들은 의사결정을 할 때 근시안적이며, 미래 자신의 취향을 예측하는 데 서툴고, 기억의 오류와 과거 경험에 대한 정확하지 않은 평가로 인해 잘못된 선택을 할 수 있다"고 말했다.[9]

경제학자들은 선택 행위를 모든 인간 행위의 중심에 놓는데, 이제 경제학자들도 사람들이 그다지 선택에 능하지 않다는 사실을 깨닫기 시작했다.

이미 세일러나 선스타인, 카너먼 등 여러 학자들이 인간의 인지과정에 대한 새로운 증거가 공공정책에 어떤 함의를 갖는지를 고민해왔다. 부분적으로 이런 이유에서 이 책은 우리가 어떻게 의사결정을 하는가보다는 의사결정을 할 때 무엇에 가치를 부여하는가, 인센티브 제공을 비롯한 공공정책의 여러 측면이 우리가 무엇에 가치를 부여할지에 어떤 영향을 미치는가, 그 결과 정책을 수립하는 방식이 왜 변해야 하는가 등에 관심이 있다.

나는 우선 호모 이코노미쿠스에 기초한 정책 패러다임이 무엇인지를 설명한 다음, 이 패러다임 지지자들이 자신이 선호하는 정책이 윤리적 동기나 여러 사회적 동기를 몰아낼 가능성에 대해 어떻게 그리도 무지하거나 무관심하게 되었는지를 이야기하려 한다.

2 장

부정직한 자들을 전제로 한 법질서

보스턴 시 소방청장은 소방대원들의 병가가 이상하게도 월요일과 금요일에 몰려 있다는 점을 발견하고는 2001년 12월 1일자로 무제한 유급 병가제도를 폐지했다. 그리고 연간 유급 병가 일수를 최대 15일로 제한하고 이를 초과하면 그만큼 급여에서 삭감하도록 했다. 소방대원들은 이에 어떻게 대응했을까? 크리스마스와 새해 첫날 병가 신청 건수는 전해보다 열 배 증가했다.

소방청장은 물러서지 않았다. 보복조치로 소방대원들에게 지급하던 휴가 보너스를 폐지했다.[1] 소방대원들도 물러서지 않았다. 이듬해 소방대원들이 신청한 병가 일수는 총 1만 3431일로 아무런 제한이 없던 전해의 6432일보다 늘어났다.[2] 많은 소방대원이 새로운 제도에 모욕감을 느꼈고, 이에 제도를 남용하는 것으로 대응했다. 이들은 앞서 자신들이 갖고 있던 윤리의식, 즉 부상을 당하거나 몸 상태가 좋지 않더라도 공공을 위해 일해야 한다는 생각을 버렸다.

소방청장의 처신도 어느 정도 이해는 간다. 내 아이들이 십 대였을 때 나는 넉넉지 않은 용돈을 보충해주려고 집안일마다 가격을 매긴 적이 있다. 그랬더니 아이들은 인센티브가 없었을 때는 그럭저럭

하던 집안일도 이제는 하려고 들지 않았다.

소방청장이 겪은 어려움이나 내가 집에서 행한 경제학 실험에서 겪은 실패는 결코 예외적인 일이 아니다. 앞서 살펴봤듯 사람들을 사회적으로 책임 있게 행동하도록 유도하기 위해 명시적으로 경제적 인센티브나 제약을 부과하는 경우, 별다른 효과가 나타나지 않거나 심지어 보스턴 시 소방청장의 사례처럼 역효과에 직면하기도 한다. 이것이 과연 심각한 문제일까? 처벌이 훨씬 더 무거웠더라면 효과가 있지 않았겠느냐는 생각도 얼핏 든다. 크리스마스와 새해 첫날 많은 소방관이 병가를 냈다는 게 그들이 돈에 무관심해졌음을 뜻하지는 않는다. 소방청장이 좀 더 무거운 처벌을 내렸다면 분노와 불신이 팽배해져 의무감이 줄어들기는 했겠지만, 처벌을 피하기 위해 좀 더 열심히 일하려 했을 것이다. 말하자면 경제적 인센티브가 공익에 이바지한다는 자부심을 대체할 수도 있었을 것이다.

그러나 이처럼 효과가 있을 때조차 제약과 인센티브에는 한계가 있을 수 있다. 과중한 벌금을 매기거나 더 무거운 처벌을 내림으로써 거짓 병가 신청을 억제할 수 있다 하더라도, 같은 방법으로 소방관들의 직업의식이나 용기 같은 좀 더 미묘하고 측정이 어려운 측면까지 독려할 수 있을까? 매우 가혹한 처벌을 내려 원하는 목적을 달성할 수 있는 경우에도 그런 조치는 자유사회에서라면 사람들의 반감을 살지 모른다. 소방청장은 처벌로써 소방관의 의무감을 대체해버리도록 하는 방법 대신, 소방관의 시민적 자긍심을 인정하고 강화하는 정책을 찾아볼 수도 있었을 것이다.

소방청장의 인센티브 제공에 대한 소방관들의 대응에 문제가 있다고 보는지 없다고 보는지에 따라, 여러분은 거버넌스에 대해 철학이 오랫동안 해결하지 못한 몇 가지 문제에서 어느 한쪽 입장에 서게 된다. 거칠게 말하자면 결국 '사람들이 부정직하다'는 가정 아래 설계된 법이 잘 작동할 수 있는지, 그렇다면 그런 법에 따라 통치가 이뤄지게 하는 것이 좋은 생각인지의 문제다. 나는 이 문제를 다루기 위해 먼저 법질서를 설계할 때 사람들을 부정직하다고 가정해야 한다는 사고가 어떻게 등장했는지 짚어볼 것이다. 그리고 시장이라는 영역이 어떻게 경제학자들의 손을 거치면서 도덕으로부터 자유로운 영역, 즉 우리가 가족·정치조직·지역공동체에서라면 일상적으로 내리게 될 윤리적 판단이 닿지 않는 영역으로 급격히 전환되었는지에 관해 놀랄 만한 이야기를 해보려 한다.[3]

마키아벨리의 공화국

아리스토텔레스부터 토마스 아퀴나스, 장자크 루소 그리고 에드먼드 버크Edmund Burke에 이르기까지 정치철학자들은 시민적 덕성을 고양하는 것이 좋은 정부의 지표이자 필수적인 기초라고 생각했다. 아리스토텔레스는 《윤리학》에서 "입법자들은 습관을 심어줌으로써 사람들을 좋은 시민으로 만든다. 좋은 법이 나쁜 법과 차이가 나는 것은 바로 이 점에서다"라고 적고 있다.[4] 이보다 한 세기 앞서 공자는 좋은 법이 실현될 방법과 좋은 법을 실현하고자 할 때 피해야 할 문제를 이렇게 지적했다. "정부가 명령으로 사람들을 이끌고 처벌로 사람들을 통제하면 사람들은 법망을 피하려고만 하고 부끄러움을 모르는 상태가 된다. 하지만 덕으로 사람들을 이끌고 예로 다스리면 사람들은 수치심을 느낄 줄 알게 되고 바른 마음을 갖게 된다."[5]

그러나 21세기 관점에서 보면, 덕성이나 수치심이 질서 잡힌 사회의 기초여야 한다고 말하는 것은 진부할 뿐 아니라 어느 정도 해로워 보이기까지 한다. 프리드리히 하이에크Friedrich Hayek는 시장이란 "모든 인간이 지금보다 나은 존재가 아니더라도 잘 작동할 수 있으며, 좋든 나쁘든 각자에게 주어진 다양성과 복잡성을 제대로 활용할 수 있는 사회 시스템"이라고 찬양했다.[6] 1987년 주식시장 붕괴가 일어난 직후《뉴욕 타임스*The New York Times*》는 "탐욕을 금할 것인가? 아니다, 잘 다루면 된다"라는 제목의 사설을 실었다. 내용은 이렇다. "여기서 가장 중요한 점은 동기와 결과를 구분해야 한다는 것이다. 날고기가 피라냐를 유혹하는 것처럼 파생상품은 탐욕스러운 사람들을 유혹한다. 하지만 그래서 어떻다는 말인가? 개인의 탐욕은 공공의 이익으로 이어질 수 있다. 증권시장을 규제하는 목적은 이기적 행위를 억압하는 것이 아니라, 그 방향을 잡아주는 것이어야 한다."[7] 노벨 경제학상 수상자인 제임스 뷰캐넌James Buchanan은 이것이 어떻게 가능한지를 설명하기 위해 버지니아주 블랙스버그에 있는 자기 집 근처 농장 상점을 방문한 일화를 소개했다. "나는 과일을 판매하는 사람을 개인적으로 알지 못하며 그의 처지에 별 관심이 없다. 그 역시 나에 대해서 마찬가지일 것이다. 나는 그가 심각하게 가난한지 아니면 엄청난 부자인지 아니면 그 중간 어디쯤 있는지에 대해 알지 못하며 또 알 필요도 없다. 하지만 우리 두 사람은 상대방이 보유한 재산권에 동의하며 그로부터 효율적인 교환이 가능해진다."[8]

법학자들도 경제학자들과 비슷한 사고방식을 갖고 있다. 1897년 올리버 웬들 홈스 주니어Oliver Wendel Homles Junior는 학생들에게 이렇게 얘기했다(이후 모든 로스쿨 입문 강좌가 이와 같은 내용을 가르쳤다). "만약 여러분이 오로지 법만 알고 싶다면, 선한 사람 입장에서 법을 바라봐서는 안 되고 악인의 입장에서 법을 바라봐야 한다. 선한 사람은 법의 테두리 안에든 밖에든 존재하는 양심이라는 애매한 규제에서 자기 행동의 이유를 찾는다. 반면 악인은 스스로가 충분히 예측할 수 있는 물질적 결과에만 관심을 갖는다. (…) 보통법에서 계약을 이행할 의무란, 단지 계약을 어겼을 때 초래하는 손해에 대해 배상해야 한다는 것을 의미할 뿐 다른 어떤 것도 의미하지 않는다."[9] 하이에크는 애덤 스미스Adam Smith가 위와 유사하지만 좀 더 와닿게 뜻을 전달하고 있다고 생각했다. "스미스는 주로 사람이 최선의 상태에서 가끔 무엇을 달성할 수 있는지가 아니라, 최악의 상태에서 해를 끼칠 기회를 가져서는 안 된다는 점에 관심을 두었다는 데 의심의 여지가 없다."[10]

▲▲▲

시민들에게 좋은 습관을 심어주는 것이 입법자의 임무라야 한다는 아리스토텔레스의 주장으로부터, '악한 사람'을 가정하며 경제적 거버넌스와 법을 강조하는 시스템적 사고로 초점이 전환되는 긴 여정은 16세기 니콜로 마키아벨리Niccolò Machiavelli에게서 시작한다. 아리스토텔레스와 마찬가지로 마키아벨리는 자신이 '부패'라 부른 현상이 일어나지 않게 하는 사회 관습을 세우는 데 관심이 있었다. 하지만 마키아벨리는 2세기 뒤에 등장할, 사람의 부정직함에 대한 흄의 언급(이 책의 앞머리 인용글)을 예고하는 듯한 문장에서 아리스토텔레스와는 다르게 권고한다. "공화국을 수립하고 법을 제정하려는 사람이라면 모든 사람이 악하며, 자신에게 꼭 필요한 경우를 제외하면 결코 좋은 행동을 하지 않을 것이라고 가정해야 한다. 배고픔과 가난이 부지런한 사람을 만들며, 법이 좋은 사람을 만든다고들 한다."[11] '법이 좋은 사람을 만든다'는 마키아벨리의 말은 입법자가 대중에게 습관을 심어주어야 한다는 아리스토텔레스의 말과 언뜻 비슷하게 들린다. 하지만 마키아벨리는 '모든 사람이 악하다'는 표현에서, '선하다buoni'라는 말과 '사악하다rei'라는 말을 사람의 됨됨이가 아닌 행동을 묘사하기 위해 사용하고 있다.

정치철학자 레오 스트라우스Leo Strauss는 20세기 경제학자들을 비롯하여 여러 사람들에게 널리 퍼진 이런 사고의 기원을 16세기 피렌체에서 찾는다. "경제주의economism는 발전한 마키아벨리즘이다."[12] 스트라우스가 경제주의라고 지칭한 사고의 기원을 마키아벨리의 저서에서 찾을 수 있는 것은 사실이지만, 마키아벨리는 이기적("부패한") 시민들로는 좋은 거버넌스가 형성될 수 없다고 본 점에서 대부분의 현대 경제학자들과 거리가 있고 오히려 아리스토텔레스의 입장에 가까웠다. 마키아벨리는 이렇게 말했다. "법이나 명령만으로는 부패가 보편적으로 발생하는 것을 억제할 수 없다. 왜냐하면 좋은 관습이 유지되기 위해서는 법이 필요한 것처럼, 법이 준수되기 위해서는 좋은 관습이 필요하기 때문이다."[13]

마키아벨리는 법이 두 가지 기능을 한다고 보았다. 하나는 개인의 이기심이 공공의 목적을 달성하는 데 활용될 수 있도록 인센티브와 제약을 제공하는 것이고, 다른 하나는 법이 효력을 발휘하는 데 필요한 좋은 관습이 유지되도록 하는 것이다. "[덕성의] 좋은 사례들은 좋은 교육으로부터 나오고, 좋은 교육은 다시 좋은 법으로부터 나온다."[14] 여기서 마키아벨리는 정확히 이 책 마지막 장에서 제시하려 하는, 좋은 법과 좋은 관습이 서로 대체재가 아니라 보완재가 되도록 할 수 있는 시너지 지향적 정책 패러다임을 이야기하고 있다.

그런데 마키아벨리는 정부가 해야 할 일차적 임무는 "자연적이고 일상적인 기질"에 의해 동기 부여된 시민들이 마치 선한 사람처럼 행동하도록 유도하는 것이어야 한다고 여겼다. 마키아벨리는 특히 《로마사 논고》에서 공화국이 잘 통치되도록 하는 것은 시민들의 도덕이 아니라 법을 집행할 수 있는 정치가의 능력이라고 명백히 밝혔다.[15] 그는 이탈리아와 비교할 때 스페인과 프랑스가 더 잘 통치되는 이유는 "그 나라 사람들이 더 선하기 때문이 아니라(대부분 그만큼 선하지는 않다), 그 왕국의 질서가 이뤄지는 방식이 다르기 때문"이라고 했다. 그는 이어서 "프랑스는 현재 우리가 알고 있는 어떤 나라보다도 법에 따라 관리되는 왕국"이라고 서술했다.[16]

이 메시지는 오해의 여지가 전혀 없다. 보통의 성향과 욕구를 가진 시민은 도덕적 성향과 도덕적 욕구가 없더라도 "그들의 행동이 법에 의해 관리된다면" 잘 통치될 것이다. 마키아벨리의 주장에 담긴 새로운 아이디어는 한 사회 거버넌스의 품격은 시민이 가진 품성의 단순한 합이 아니라는 것이다. 좋은 거버넌스는 사회가 좋은 시민들로 이뤄지느냐의 문제라기보다 사회제도가 시민들 간 상호작용을 어떻게 조정하느냐의 문제라는 것이다.

이런 마키아벨리의 주장을 현대 자연과학의 언어로 표현한다면 한 사회 거버넌스의 질은 정치체제의 창발적 속성, 즉 정치체제를 구성하고 있는 시민들의 특성으로부터 직접 추론할 수 없는 전체의 속성이라는 것이다. 마키아벨리에게 좋은 정부란 질서 잡힌 사회의 창발적 속성이었다.

▲▲▲

그로부터 2세기 뒤에 세상을 떠들썩하게 한 버나드 맨더빌Bernard Mandeville의 《꿀벌의 우화》가 전달하고자 한 핵심 메시지는 바로 이런 사고의 급진적인 형태였다. 네덜란드 출신의 이 괴짜 런던 의사는 자신의 책에서 사회질서를 유지하기 위해 미덕은 필요하지 않으며 오히려 해가 된다고 주장했다. 맨더빌의 벌집은 부도덕한 탐욕과 시샘 어린 경쟁 위에서 번성했고, 꿀벌들이 도덕적으로 변하자 붕괴와 무질서가 뒤따랐다. (물론 당시 맨더빌은 지구상에서 가장 협력적인 꿀벌 종의 개체들이 서로 경쟁하지 않도록 유전적으로 프로그램화되어 있다는 사실을 알았을 리 없다.) 절약의 미덕이 상품 수요를 줄여 경제적 붕괴를 초래할 수 있다는 맨더빌의 통찰은 케인스 경제학의 기초였던 절약의 역설을 예고한 것으로 여겨지기도 했다. 《꿀벌의 우화》 1714년도 판 표지에는 이 저서가 "인간의 약점들이 시민사회의 장점으로 전환될 수 있으며, 도덕적 덕성을 대신하도록 활용될 수 있다는 것을 보여주는 여러 담론"을 포함한다고 쓰여 있다. 맨더빌은 결론부에 "무리 중에서 가장 악한 놈마저도 공공선을 위해 뭔가를 하고 있다"고 적었다.[17]

맨더빌은 《꿀벌의 우화》가 전하는 교훈을 독자들이 제대로 파악하지 못할 것에 대비해 산문체 주석까지 달았다. "굶주림이나 갈증, 헐벗음이 우리를 움직이게 하는 첫 번째 폭군이다. 다음으로 우리의 자부심, 게으름, 관능적 욕구, 변덕스러움은 모든 예술과 과학, 무역, 수공예 그리고 소명을 발전시키는 위대한 후원자들이다. 또한 필요, 탐욕, 질투, 야망이라는 위대한 감독관은 사회 구성원들로 하여금 끊임없이 노동하게 하고, 그들 대부분이 기꺼이 자신에게 주어진 고역을 받아들이게끔 한다. 여기서는 왕과 왕자도 예외가 아니다."[18] 맨더빌이 보기에 마키아벨리가 말한 것과 달리 "일상적인 기질"이 이로운 결과를 가져오는 일은 인간 사회에서 결코 자연발생적이지 않다. 마키아벨리가 좋은 정부의 기초를 법을 집행하는 인간의 능력에서 찾았던 것처럼, 맨더빌은 좋은 정부의 기초를 "사적인 악"을 "공적인 이익"으로 전환할 수 있는 "숙련된 정치가의 능수능란한 관리"에서 찾았다.[19]

좋은 법이 좋은 시민을 만든다는 아리스토텔레스의 견해와 대조적으로, 맨더빌은 우화를 통해 올바른 제도가 비천한 동기를 잘 활용함으로써 고상한 목적을 달성할 수 있도록 해야 한다고 주장했다. 이 불가능해 보이는 연금술이 어떻게 가능한지에 대한 설명은 애덤 스미스의 몫으로 남겨졌다. 사업가나 소비자, 농부의 동기를 묘사하는 애덤 스미스의 유명한 문구가 그 답변이었다. "그는 오직 자신의 이익만을 추구하며, 다른 많은 경우처럼 보이지 않는 손에 의해 자신이 의도하지 않았던 목적을 달성하는 데 이바지하도록 이끌어진다. 애초에 그런 의도가 없다고 해서 항상 사회에 해가 되는 것은 아니다. 사회 전체의 이익을 추구할 때보다 자신의 이익만을 추구할 때, 더 효과적으로 사회 전체의 이익 증진에 기여하게 되는 경우가 많다."[20] 스미스는 시장이 경쟁적이고, 재산권이 잘 정의되어 있으며 안전하게 보장되는 사회에서라면 보이지 않는 손이 마술을 부릴 수 있다고 설명했다. "우리가 저녁 식사를 할 수 있는 것은 푸줏간 주인이나 양조장 주인, 혹은 빵집 주인의 자비심 때문이 아니라 그들의 이기심 때문이다."[21] 요컨대 올바른 제도 아래에서는 일상적인 동기로부터도 한층 고상한 결과가 나올 수 있다는 생각이 등장한 것이다.

부정직한 자들을 전제로 한 법질서

이제 이를 달성하기 위한 제도를 고안하는 데 관심을 기울일 차례다. 데이비드 흄은 저서 《에세이: 도덕, 정치 그리고 문학》(1742)에서 다음과 같은 "원칙"을 제시했다. "어떤 형태의 정부 체계를 모색하더라도 (···) 사람들은 모두 **부정직**하며 그들의 행동 목적은 오로지 사익의 추구에 있다고 가정해야 한다. (···) 이익을 수단으로 삼아 사람들을 통치해야 하며, 이익을 수단으로 삼아 그칠 줄 모르는 탐욕과 야심에도 불구하고 사람들이 공익을 위해 협력하도록 만들어야 한다."[22] 이와 비슷한 관점에서 제러미 벤담Jeremy Bentham도 "**의무**duty

와 이해interest의 결합 원리(의무를 다하는 것이 각자에게 이득이 되게 하라)"를 공공정책의 입안 원리로 제시했다.[23] 벤담은 《도덕과 입법 원리 서론》에서 흄의 원칙이 공공정책에서 어떤 함의를 갖는지 서술했다. 이 저서는 오늘날 공공경제학이라 불리는 분야의 첫 교과서라 할 수 있다.

부정직한 사람을 어떻게 통제할 것인지가 마키아벨리, 흄, 벤담 그리고 고전학파 경제학자들의 주된 관심사였지만, 그렇다고 해서 이들이 경제행위자들과 시민들이 실제로도 도덕에 무관심하다고 보았던 것은 아니다. 오히려 정반대였다.

흄은 사회규범의 진화를 연구한 선구자다. 앞서 인용한 인간의 부정직함에 대한 문장 바로 다음에 나오는 문장에서 흄은 '실제로는 거짓인 이 원칙이 정치에서는 참이어야 한다는 말은 이상하다'고 적었다. 애덤 스미스 역시 《도덕감정론》에서 "사람들이 아무리 이기적이라고 가정하더라도, 그의 본성에는 명백한 몇 가지 원리가 있어서 타인의 운명에 관심을 갖게 하고, 바라보는 즐거움 말고는 어떤 것도 얻지 못하더라도 타인의 행복을 자신에게 필수불가결한 것으로 만든다"고 주장했다.[24] 실제 이 고전적 저자들은 한편으로 정책이 이익을 수단으로 삼아야 한다고 주장하면서도, 윤리적이고 타인을 고려하는 동기에 대한 호소를 간과하지 않았다. 앞으로 보겠지만 벤담은 처벌이 "도덕적 교훈"을 줄 것이라고 믿었다.

호모 이코노미쿠스 패러다임을 받아들인 20세기 법사상가들은, 인간이 철저하게 이기적이라는 가정과 인간의 동기가 그보다는 복잡하고 고상하다는 경험적 사실 간의 긴장관계에 대해 별로 고민하지 않은 것 같다. 홈스도 법대생들에게 "악인"의 관점에서 법을 바라봐야 한다고 말했지만 그 몇 문장 앞에서는 "법이란 우리의 도덕적 삶의 목격자이자 외부저장소"라고 주장했다.[25] 오늘날 법률 관행은 고전적 저자들의 정책과 마찬가지로, 사람들을 단순히 악인으로 간주해 그들이 이기적이라고 가정하기보다는 다양한 사회적 성향이 있음을 인정하고 있다. 예를 들어 시장을 규제할 때는 법률 위반에 대해 벌금만 부과하는 것이 아니라, 비난받을 만한 일을 했다는 것에 수치심을 느끼도록 잘못한 바를 공개할 것을 요구하기도 한다.

마키아벨리는 당시 널리 사용되던 표현을 인용하며 "모든 인간은 사악하다고들 말한다"라고 썼고, 이를 통해 타락한 시민이라는 아이디어를 도입했다. 하지만 마키아벨리조차 이 표현을 인간의 본성이 사악하다는 증거로서가 아니라 신중을 기해야 한다는 의미로 사용했다. 실제 마키아벨리는 저서 《로마사 논고》에서 경험적으로는 이 가정이 틀렸다고 했다. 그는 "우리의 추론은, 타락이 그렇게 광범위하게 퍼져 있지 않고 부패한 이들보다는 선한 이들이 더 많은 사회에 사는 사람들에 대한 것이다"라고 하면서 "오직 악하기만 하거나 오직 선하기만 한 사람은 거의 없다"는 언급을 덧붙였다.[26] 오히려 이 점에 관해서라면 아리스토텔레스가 훨씬 더 부정적으로 이야기했다. "사람들은 대부분 선하기보다는 악하며 이익의 노예이다. (…) 대체로 사람들은 할 수만 있으면 언제든지 나쁜 짓을 저지르려고 한다."[27]

▲▲▲

부정직한 사람을 전제로 한 법질서라는 주장이 호소력을 갖게 된 이유는 시민들이 실제로 부정직하기 때문이 아니다. 그 이유는 첫째로 종교적 열광이나 권력 추구 같은 좀 더 해를 끼칠 수 있는 다른 '열정'에 비해, 이기심의 추구는 이롭거나 적어도 해는 끼치지 않는 것으로 여겨졌기 때문이다. 둘째로 경험적 문제인데, 국민국가 규모로 운영되는 정부가 좋은 정부가 되는 데 기초를 제공하려면 덕성을 강조하는 것만으로는 부족하다고 여겨졌기 때문이다.

중세에는 일곱 가지 죄악 가운데 탐욕이 가장 큰 죄로 여겨졌고, 12세기 상업 활동이 확대되면서 이런 생각은 점점 퍼져나갔다.[28] 따라서 이기심이 존중할 만한 동기로 인정받게 된 것은 놀라운 일이며, 이런 변화가 적어도 처음에는 경제학의 등장과 무관하게 나타났다는 사실은 더욱더 놀랍다. 애덤 스미스가 푸줏간 주인이나 양조장 주인이나 빵집 주인의 이기심 덕분에 우리가 어떻게 저녁 식사를 할 수 있게 되었는지에 관해 서술하기 1년 전에 출간된 제임스 보스웰 James Boswell의 《존슨 박사 전기》를 보면, 존슨 박사는 호모 이코노미쿠스를 다른 방식으로 승인했다. "돈을 버는 것 외에, 그보다 더 큰 잘못을 저지르지 않으면서 인간을 활용할 수 있는 방법은 없다."[29]

앞서 제시한 스미스의 문장은 '보이지 않는 손'에 대한 그의 몇 안 되는 언급 중 하나로 널리 인용되고 있다. 그러나 이 문장은 이기심 이외의 다른 동기가 해로운 결과를 가져올 수 있다는 새로운 시각을 제시한 것으로도 기억되어야 한다. "사회 전체의 이익을 추구할 때보다 자신의 이익만을 추구할 때, 더 효과적으로 사회 전체의 이익 증진에 기여하게 되는 경우가 많다."

이기심이 좋은 거버넌스를 형성하는 기초로서 받아들일 만하게 여겨진 데에는 전쟁과 무질서가 드리운 그림자가 한몫했다. 레몽 아롱Raymond Aron이 "총력전의 세기"라 부른 20세기를 포함해 역사적 기록이 남아 있는 그 어떤 시대보다도 유럽의 사망자 중 전쟁으로 인한 사망자의 비중이 가장 높았던 때가 17세기였다. 영국 의회파와 왕당파 간의 10년에 걸친 전쟁이 끝난 후 토머스 홉스Thomas Hobbes는 "사람들을 평화로 이끈 열정"이 무엇인지를 찾으려 했다. 그가 발견한 것은 바로 "죽음에 대한 공포, 편안한 삶을 위해 필요한 것에 대한 욕구, 그리고 근면한 삶을 통해 그런 것을 획득하려는 열망"이었다.[30] 이렇게 보면 악당이 성자보다 나을 수도 있다.

법이 인간의 부정직함을 가정해야 한다는 주장이 호소력을 갖게 된 두 번째 이유는 정치이론이 무릇 현실 정치에 적용 가능해야 한다는 마키아벨리의 주장과 더 직접 관련이 있다. 마키아벨리는 "우리가 상상할 수 있는 것이 아니라 사물의 실제를 살펴보는 것이 더 중요하다. 기존 정치이론은 실제 본 적이 없거나 존재한다고 알려지지도 않은 공화국이나 공국을 많이 상상하곤 한다"고 적고 있다.[31] 그로부터 한 세기 반이 지난 후 바뤼흐 스피노자Baruch Spinoza는 다음 문장으로 《정치학 논고*Tractatus Politicus*》를 시작했다. "이론가들이나 철학자들만큼 나라를 통치하는 데 적합하지 않은 사람도 없다. 이들은 세상 어느 곳에서도 발견할 수 없는 인간의 본성을 칭송하고, 실제 모습에 대해서는 격노하며, 인간을 있는 그대로의 모습이 아니라 그들이 원하는 모습으로 인식하기 때문이다."[32] 스피노자보다 한 세대 뒤인 맨더빌의 《꿀벌의 우화》 역시 사실상 이와 비슷한 문장으로 시작한다.

더 이상 미덕을 좋은 정부의 필수 조건으로 여기지 않게 된 것은 단순히 인간 동기에 대한 현실주의 때문만은 아니다. 우리가 함께 살아가는 '타인'이 친인척이거나 이웃 또는 친구라면 그들의 처지에 대한 우리의 관심, 그리고 사회규범 위반에 대한 사회적 제재나 보복을 피하려는 욕구가 중요할 것이다. 그런 도덕적 욕구야말로 우리가 그들의 이익을 고려하고 좋은 거버넌스에 기여하는 방향으로 행동하도록 유도할 수 있을 것이다. 하지만 도시가 성장하고 국민국가가 확립됨에 따라 더 이상 정치체제를 가족이나 가문에 비유할 수 없게 되었다. 그러기에는 거버넌스의 범위가 너무 커지고 말았다. 국민국가의 규모가 커지고 시장의 범위가 확대되면서 개인들은 수십 명의 낯익은 사람이 아니라 수백 명의 낯선 사람, 간접적으로는 수백만 명의 낯선 사람과 상호작용 하게 되었다.

수많은 낯선 사람이 상호작용을 하는 환경에서는 윤리적이고 타인을 고려하는 동기가 좋은 정부의 기초로 불충분하다는 우려가 생겼고, 그 대응의 하나로 새로운 정책 패러다임이 등장했다. 제약과 인센티브 시스템을 도입함으로써 시민적 덕성을 보완할 필요가 있다는 인식이 생겨난 것이다. 여기서 주목할 점은, 마키아벨리가 우려했던 것은 시민적 덕성만으로는 불충분하다는 것이었지, 시민적 덕성이 없다거나 그것이 부적절하다는 게 아니었다는 점이다. 이 새로운 정책 패러다임의 기초를 닦은 고전학파 경제학자들조차 어떠한 경제 혹은 사회 시스템도 시민적 덕성 없이는 제대로 작동할 수 없다는 사실을 잘 알고 있었다. 심지어 세상을 떠들썩하게 한 맨더빌조차 독자들에게 이 점을 재차 강조했다. "나는 규모가 크든 작든 모든 사회에서 선하게 행동하는 것이 모든 구성원의 의무이며, 미덕은 권장되어야 하고, 악덕은 허용되지 말아야 하며, 법은 준수되어야 하고, 법을 위반한 자는 처벌받아야 한다는 점을 제1의 원리로 제시한다."[33]

이와 유사하게 스미스도 자신이 지지한 "자연적 자유"가 도덕에 의해 제약되어야 한다고 주장했다. "모든 인간은 완전히 자유롭게 자신만의 방식으로 자신의 이해를 추구할 수 있어야 한다"라는 그의 유명한 문장 바로 앞에는 "정의의 법칙을 위배하지 않는 한"이라는 단서 조항이 붙어 있다. 스미스의 설명에 따르면 정의는 사회의 모든 구성원이 다른 모든 구성원의 부정의나 억압으로부터 보호받을 것을 요구한다.[34] 맨더빌도 이와 똑같은 생각을 명징하게 표현했는데, 그는 인간의 성향을 관리되지 않은 채 제멋대로 자라나는 포도 덩굴에 비유했다. "따라서 악덕은 정의로 잘라내고 동여맬 때 이로운 것이 된다."[35]

▲▲▲

지금까지 살펴본 바에 따르면, 고전학파 경제학자들이 주장한 인간에 대한 가정(이후 호모 이코노미쿠스로 불리게 된 가정)은 현실을 단순화하는 것이며 그 학자들도 이를 잘 알고 있었다. 그들은 자신이 알고 있는 것과는 다르지만, 그렇게 가정함으로써 경제적 인센티브 구조를 변화시키는 정책이 행동에 어떤 영향을 미치는지를 명확하게 보여주리라 생각했다. 고전학파 경제학자 가운데 가장 마지막 세대인 존 스튜어트 밀John Stuart Mill의 말을 들어보자. 그는 경제학의 범위와 핵심 가정에 대해 다음과 같이 말했는데, 이는 최근 경제학에도 여전히 적용되는 이야기다. "[정치경제학이] 인간 본성 전부를 다루는 것은 아니다. 단지 부를 소유하려는 존재로서의 인간에게만 관심이 있다. 그리고 단지 부를 추구한 결과 나타나는 현상만을 예측한다. 인간이 가진 다른 모든 열정이나 동기는 완전히 없다고 가정한다."[36] 그는 이를 "인간에 대한 자의적인 정의"라고 했다.

19세기 말 신고전학파 경제학이 등장했지만, 여기서도 인간의 이기심에 대한 가정은 경험적으로는 틀렸을지 몰라도 유용한 추상이라고 인정받으며 그 지위를 유지할 수 있었다. 신고전학파 경제학의 창시자 중 한 명인 프랜시스 에지워스Francis Y. Edgeworth는 《수리심리학*Mathematical Psychics*》에서 다음과 같은 태도를 취했다. "경제학의 제1원리는 모든 주체가 오직 이기심에 의해 자신의 행동을 결정한다는 것이다."[37] 그러나 그는 같은 문장에서 "자신의 행복과 비교했을 때 타인의 행복이란, 아무것도 아닌 건 아니지만 그렇다고 해서 자신의 행복만큼 중요하게 생각되는 것도 아니"라는 사실을 인정했다. 밀과 마찬가지로 에지워스도 다른 동기가 존재한다는 것을 알았으나 그 동기들이 경제학 범위 바깥에 놓인 것으로 간주했다. 다른 동기를 고려하지 않은 채 개인들이 부를 극대화하고자 한다는 측면의 동기만 놓고도, 여기에 인센티브가 어떤 효과를 가져올지 연구할 수 있다고 주장한 것이다.

도덕감정과 물질적 이해, 이 둘의 분리 가능성

고전학파 경제학자들(그리고 이후 대부분의 경제학자들)이 간과한 사실은 이기심을 이용하고자 설계한 인센티브 제도가 도덕적 행위를 비롯한 친사회적 행위에도 영향을 미칠 수 있다는 점(아마도 나쁜 영향을 미칠 수 있다는 점)이다. 케네스 애로Kenneth Arrow는 리처드 티트머스Richard Titmuss의 저서 《선물관계: 헌혈부터 사회정책까지*The Gift Relationship: From Human Blood to Social Policy*》에 대한 비평 논문에서 "혈액이 거래되는 시장이 형성된다고 해서 왜 헌혈 행위에 내재한 이타주의가 감소해야 하는가?"라는 질문을 던졌다.[38] 최근까지 대부분의 경제학자는 이 질문의 답이 너무 확실하기 때문에 굳이 대답할 필요도 없다고 생각했다. 애로에게 이 문제는 "경험상의 문제일 뿐 경제학의 제1원리를 재검토해야 할 문제는 아니었다."

대부분의 경제학자가 암묵적으로 받아들이는 첫 번째 원리는 인센티브와 도덕이 가산적이며 분리 가능하다는 가정이다.* 가산적이며 분리 가능하다는 것은 원래 수학 용어로 한 요소의 변화에 따른 효과가 다른 요소의 수준에 의존하지 않는다는 것을 의미한다. 두 요소가 가산적이며 분리 가능하면 두 요소 간에는 시너지 효과(각 파트

* 가산적(additive)이라는 말은 인센티브의 효과와 도덕의 효과가 더하기로 나타난다는 것을 의미한다. 그리고 분리 가능하다(separable)는 말은 인센티브의 효과와 도덕의 효과 사이에 어떠한 시너지도 없으며, 각각의 효과는 독립적으로 다루어질 수 있다는 것을 의미한다. 즉 의사결정자의 효용함수에 자기 이익에 관한 부분과 도덕적인 고려를 포함하는 부분이 서로 분리되어 있어서, 인센티브를 주면 자기 이익에 관한 부분에만 영향을 주고 도덕을 고려하는 부분에는 영향을 주지 않는다는 말이다. – 옮긴이

별로 분리되어 노래하는 것보다 듀엣이 더 나은 것처럼, 각 요소가 다른 요소의 효과에 긍정적인 영향을 미치는 효과)도 발생하지 않고 그 반대의, 즉 역의 시너지 효과도 발생하지 않는다.

분리 가능성 가정에 대해서는 이후 장들에서 다시 이야기하겠지만 우리는 이미 이 가정이 성립하지 않는 사례를 살펴보았다. 보스턴 시민에 대한 소방관의 의무감과 그들의 급여에 대한 이기적 관심은 서로 분리될 수 있는 것이 아니었다. 다시 말해 후자만을 고려한 정책이 전자를 약화시켰다. 이 경우 전체는 부분의 합보다 작았다. 이기심을 가정한 정책 패러다임이 간과하고 있는 것이 바로 이런 가능성이다.

분리 가능성이란 용어는 일상적으로 사용하는 용어가 아니므로 한 가지 사례를 들어 그 의미를 설명하는 것이 좋을 듯하다. 에이미 브제스니에프스키Amy Wrzesniewski와 배리 슈워츠Barry Schwartz 연구팀은 미국 웨스트포인트 육군사관학교 생도들을 대상으로 입학 동기를 연구한 바 있다.[39] 그들은 육군사관학교가 신입생도를 대상으로 벌인 9년간의 설문조사 결과를 토대로 각 개인이 도구적 동기("더 좋은 직업을 얻기 위해서" "육군사관학교에 대한 전반적인 평판이 자신의 이력에 도움이 될 것 같아서" 등) 때문에 지원한 것인지 아니면 내재적 동기("장교가 되기 위해서" "자기 발전을 위해서" 등) 때문에 지원한 것인지를 분석했다. 그런 다음 1만 1320명 생도들의 졸업 후 10년간 경력을 추적해 그들의 육군사관학교 지원 동기와 졸업 후 성공 간에 상관관계가 있는지를 살펴보았다.

그림 2.1은 육군사관학교에 입학한 내재적 동기가 높은 생도, 중

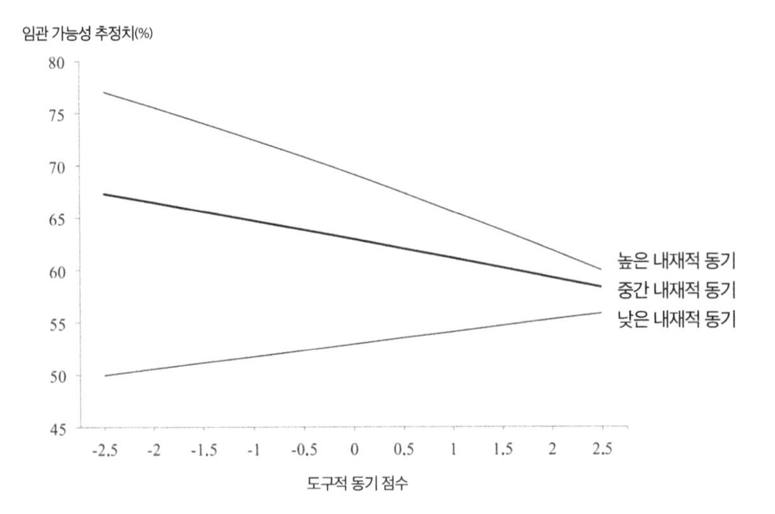

그림 2.1 미국 육군사관학교 생도의 졸업 후 성과에 영향을 미치는 도구적 동기와 내재적 동기는 서로 대체재이다.

수직축은 성공 지표를 나타내는데 이것은 한 생도가 장교로 임관할 가능성에 대한 추정값이다. 따라서 특정 직선에서 각 점의 높이는 그 점의 수평축 값이 나타내는 도구적 동기 점수와 그 점을 지나는 직선이 나타내는 내재적 동기 점수를 가진 생도의 성공 가능성의 기댓값이다. 여기서 도구적 동기 점수는 육군사관학교에 입학한 이기적 이유를 반영하는 지표이며, 내재적 동기 점수는 본문에서 언급한 내재적 동기를 반영하는 지표다. 높은 내재적 동기란 그 점수가 상위 5퍼센트에 해당한다는 것을 의미하며, 낮은 내재적 동기란 그 점수가 하위 5퍼센트에 해당한다는 것을 의미한다. (자료: Wrzesniewski et al. 2014)

간 정도인 생도, 그리고 낮은 생도 각각에 대해 도구적 동기와 성공의 지표인 장교 임관 가능성 간에 어떤 통계적 상관관계가 있는지를 보여준다. 이 데이터가 보여주는 바는 무엇일까?

첫 번째 주목할 점은 (수평축 값이 0인) 평균 정도의 도구적 동기를 가진 생도는 내재적 동기가 강할수록 장교 임관 가능성이 눈에 띄게 증가한다는 사실이다(내재적 동기가 높은 생도를 나타내는 직선이 맨 위에 위치한다). 두 번째 주목할 점은 내재적 동기가 매우 약한 생도의 경우(가장 아래의 우상향하는 직선을 보라), 도구적 동기가 강할수록 장교 임관 가능성이 높아진다는 사실이다.

하지만 아무래도 가장 눈에 띄는 점은 세 번째 결과다. 내재적 동기가 중간 정도이거나 강한 생도의 경우에는(우하향하는 위의 두 직선을 보라), 도구적 동기가 강할수록 성과가 안 좋은 것으로 나타났다. 이 경우 내재적 동기와 도구적 동기는 가산적이며 분리 가능한 것이 아니라 서로 대체재였다. 즉 하나가 증가할수록 다른 하나의 긍정적 효과가 감소했다.

사관생도를 교육하는 데 이런 정보를 어떻게 활용할 수 있을까? 잠재적 신입생들의 내재적 동기가 대체로 약하다고 판단된다면 위 그림 가장 아래에 있는 직선을 참고해야 한다. 이 경우 그들이 가진 도구적 동기에 호소하기 위해 군대 내의 직업 기회나 군대 이외의 곳에 취직하는 데 육군사관학교의 평판이 주는 가치 등을 강조해야 할 것이다. 반면 많은 젊은 사관생도들이 상당히 이상주의적이어서 조국에 봉사하려 한다고 판단된다면 (그리고 그 판단이 맞다면) 위에 놓인 두 개의 우하향하는 직선을 참고해야 할 것이고, 이들에 대해서라면 도구적 동기에 대한 호소를 중요하게 고려해서는 안 될 것이다.

경제학자들은 보통 내재적 동기가 존재하지 않는다고 가정하거나, 또는 이기심 이외의 동기가 존재한다고 인정하더라도 두 유형의 동기가 분리 가능하다고 (대개는 무의식적으로) 가정한다. 하지만 실제로 두 유형의 동기가 분리 가능하다면 위 그림의 세 직선은 모두 우상향하고 평행하게 그려졌어야 할 것이다.

경제학자들은 암묵적으로 분리 가능성을 가정함으로써 두 가지 중요한 가능성을 간과해왔다. 첫째로 이기심이 공익에 이바지하도록 인센티브를 제공하면 시민적 덕성이 약해지거나 시민적 덕성이 주요한 동기로서 덜 부각될 수 있다는 것이다. 그리고 둘째로 특정 조건에서는 윤리적이고 타인을 고려하는 동기와 이기적 동기가 함께 번성하면서 시너지 효과를 내고, 그 결과 더 나은 사회적 결과를 얻을 수 있다는 것이다.

도덕적 해방구로서의 시장

분리 가능성이 널리 받아들여졌다는 말은(대부분 암묵적으로 받아들여진 것이긴 하지만) 경제행위에 대한 가정이 인간 심리에 대한 실제 사실이나 관찰 결과와 반드시 부합할 필요가 없다고 생각하게 됐다는 의미다. 18세기 후반부터 경제학자와 정치학자 그리고 법사상가들은 흄의 원칙을 받아들여 인간 행위에 대한 작업가설로 호모 이코노미쿠스를 채택했다. 경쟁시장, 잘 정의된 재산권, 효율적이고 민주적 책임성을 갖는 국가(20세기 이후)가 거버넌스의 중요 요소로 여겨진 것은 부분적으로 이런 이유에서다. 좋은 거버넌스의 필수 조건으로서 좋은 제도가 좋은 시민의 자리를 대신했다. 그리고 경제 영역에서는 가격이 도덕의 역할을 대신했다.

이로부터 타인에 대한 윤리적 판단이나 관심이 가족 구성원 또는 시민으로서 인간의 행동에는 영향을 미치지만, 쇼핑이나 돈벌이에는 영향을 주지 않는다는 생각으로 쉽게 이어졌다. 루이스 캐럴Lewis

Carroll의 《이상한 나라의 앨리스》를 읽다 보면, 앨리스가 경제학자의 메시지를 가슴 깊이 새기는 장면이 나온다. 공작부인이 "오, 사랑이여! 이 사랑이야말로 세상이 돌아가도록 하는구나"라고 외쳤을 때, 앨리스는 혼잣말로 "세상이 돌아가는 것은 모든 사람이 자기 일에만 관심을 두고 있기 때문이라고 누군가가 말했지"라고 했다.[40]

어떻게 자기 일에만 관심 있는 사람들이 사랑을 대신할 수 있을까? 이것이 바로 법질서를 고민할 때 벤담이나 흄, 스미스를 비롯한 여러 학자들이 던진 고전적인 질문이었으며, 지금까지도 정책 당국자들이 떠받드는 성배에 담긴 내용이기도 하다. 이때 문제는 사람들이 개인적 목표를 추구하면서도 동시에 자기 행동이 타인에게 미치는 영향을 적절하게 고려하게끔 하는 법과 공공정책을 찾아내는 것이다.

경제학 용어로 표현하면, 이것이 가능하기 위해서는 각 행위자가 자신의 사적 편익과 비용, 즉 자신의 이윤과 손실 또는 자신의 즐거움과 고통에 영향을 미치는 것만 고려하는 게 아니라, 자신의 행동이 타인에게 미치는 영향을 포함한 총비용과 총편익을 내부화할 수 있어야 한다.

타인을 고려하는 선호other-regarding preference란 자신의 행동이 타인에게 미치는 영향을 의식적으로 고려한다는 뜻이다. 여러 버전의 황금률이나 윤리적 설교도 그런 목적을 추구하게 하는 하나의 방식이다(공작부인이 말한 '사랑'도 마찬가지다).

다른 한 가지 방식, 이를테면 집 근처 과일 판매상에 대한 뷰캐넌의 무관심이 전형적으로 보여주듯 '모든 사람이 자기 일에만 관심을 갖는' 방식에서는 가격이 도덕의 역할을 대신한다. 이것이 가능하기 위해서는 원칙적으로 두 가지 조건이 만족되어야 한다.

첫째, 사람들이 의사결정을 할 때 그들에게 중요하게 여겨지는 모든 것에 가격이 존재해야 한다. '모든 것에 가격이 매겨져야 한다'는 조건은 상품뿐만 아니라, 상품 생산에 따른 소음으로 이웃이 입는 피해나 탄소 배출 같은 거래의 모든 측면에 적용되어야 한다.

둘째, 구매자가 상품을 얻기 위해 지불하는 가격이 그 상품을 생산하고 사용하는 과정에서 발생하는 모든 비용을 포함하도록, 그리고 판매자가 지불받는 가격이 상품을 사용함으로써 구매자를 비롯한 여러 사람이 얻게 되는 모든 편익을 포함하도록, 조세나 보조금을 비롯한 여러 정책을 통해 가격에 영향을 줄 수 있어야 한다. 즉 가격에는 구매자와 판매자의 사적 비용뿐만 아니라 상품 생산·분배 과정에서 발생하는 모든 사회적 비용과 편익이 반영되어야 한다. 이 두 번째 조건을 '가격이 적절해야 한다'는 조건이라 부르자.

이 두 조건을 만족하는 경우 '모든 사람이 오직 자기 일에만 신경 쓰면 된다'는 말은 자기만을 고려하는 사람도 단순히 가격에만 주목함으로써 (자신도 모르는 사이에) 성배를 손에 넣을 수 있다는 것을 의미한다. 다시 말하자면, 자신의 행동이 타인에게 미치는 영향을 모두 고려하게 된다는 뜻이다. 이것이 바로 맨더빌이 '노련한 정치가가 능숙한 관리를 통해 사적인 악을 공적인 선으로 전환할 수 있다'는 주장으로 독자들을 놀라게 했을 때 하려던 말이다.

스미스는 맨더빌보다 한 걸음 더 나아갔다. 그의 보이지 않는 손 이면에 있는 주목할 만한 아이디어는 적절한 제도가 마련된다면 '노련한 정치가'조차 필요치 않을 수 있다는 것이다. 그의 아이디어에 따르면 보조금이나 조세를 비롯한 정부 정책의 도움 없이도, 시장경쟁을 통해 결정된 가격만으로도 충분하다. 스미스는 이런 결과가 발생하는 데에는 구매자 간 경쟁과 판매자 간 경쟁이 핵심적이라고 강조했고, 독점기업과 카르텔이 보이지 않는 손의 작동을 방해하는 경우에 대해 경고했다. "동일 직종의 사람들은 심지어 오락이나 유흥을 위해서라도 그냥 모이는 법이 없다. 그들의 대화는 결국 공익에 반하는 공모나 가격을 인상하려는 시도로 끝나고 만다."[41] 다른 한편, 그럼에도 불구하고 스미스는 공교육과 마찬가지로 보이지 않는 손이 미치지 못하는 영역이 많다는 사실을 잘 알고 있었다.

이후 경제학자들은 보이지 않는 손이 제대로 작동하기 위해서는 경쟁 외에도 여러 제도적 조건이 마련되어야 한다는 점을 강조해왔다. 모든 상품이 적절한 가격을 가지려면 모든 경제적 상호작용은 경제학자들이 말하는 완전한 계약을 통해 이루어져야 한다. 완전한 계약을 통해 상호작용이 이루어진다 함은 교환의 모든 측면, 즉 교환 당사자들이 가치를 부여하는 모든 것에 가격이 매겨지며 그것이 교환을 관장하는 계약에 모두 포함된다는 것을 의미한다. 계약이 완전하게 되면 그 안에서 각 행위자가 자신의 행동 결과 발생하는 모든 편익과 비용(타인에게 초래하는 편익과 비용을 모두 포함)을 '소유'하도록 권리와 책임이 부여된다.

▲▲▲

계약이 완전하다면 이기적 개인 간의 경쟁을 통해 도달한 균형은

'모든 것이 가격을 가지며' 그리고 '그 가격이 적절'하도록 보장한다. 따라서 경쟁시장은 파레토 효율적인 결과를 낳는다. 여기서 파레토 효율적인 상태란 누군가의 처지를 악화시키지 않고는 어느 누구의 처지도 개선될 수 없는 상태를 의미한다. 그래서 지금 상태가 효율적이라면 누구도 나빠지지 않으면서 적어도 한 개인의 처지가 나아질 수 있는 가능성은 현재의 기술로는 실현될 수 없다.

케네스 애로와 제라르 드브뢰Gerard Debreu는 내가 '보이지 않는 손 정리'라고 부르는 위의 논리를 증명했고 그 공로로 노벨 경제학상을 받았다. 이 정리는 경제학자들에게는 '후생경제학 제1정리'라는 이름으로 잘 알려져 있다. 이 정리의 가정들, 특히 계약이 완전하다는 가정은 시장실패(조정되지 않은 교환이나 경제적 행위가 파레토 비효율적인 결과를 초래하는 상황)를 해결하기 위해 정부가 개입할 필요가 없는 이상적인 세계란 어떤 특징을 갖는지를 명확하게 보여주었다.

우리의 목적에는 좀 더 중요하지만 덜 알려진 사실이 있다. 하이에크와 뷰캐넌이 암시했듯 이런 세계에서는 좋은 거버넌스를 위해 굳이 도덕이 필요하지 않아 보인다는 점이다. '후생경제학 제1정리'는 사람들의 선호와 상관없이 참이다. 예를 들어 사람들이 완전히 도덕에 무관심하고 이기적이더라도 참이다.

그리하여 시장은 외국 대사관에 대해 본국의 주권과 법 적용이 유보되는 것처럼 일종의 도덕적 치외법권을 확보하게 되었다. 아이를 돌보지 않는 부모나 자신의 목적을 위해 법을 위반하는 시민에게는 눈살을 찌푸리거나 벌을 줄 수 있다. 하지만 이기적인 쇼핑객에게는? 혹은 이기적인 은행가에게는? 모든 것이 적절한 가격을 갖는 한,

시장이라는 영역에서는 사익을 추구하더라도 적절한 가격을 통해 자신의 행동이 타인에게 미치는 영향을 적절히 고려하게 된다. 바로 이 점 때문에 뷰캐넌이 과일 판매상의 후생에 무관심하고도 부끄러움을 느끼지 않을 수 있는 것이다.

이 정리의 가정이 성립하는 한에서, 경쟁적 교환은 거래가 자발적이며 결과가 효율적이기만 하다면 시민들이나 가족 구성원들 사이에 흔히 적용되는 규범적 기준이 필요없는 특별한 영역이 되었다. 철학자 데이비드 고티에David Gauthier는 뷰캐넌의 무관심을 일반화하면서 시장을 "도덕으로부터 해방된 영역"으로 규정했다. 그는 "도덕은 시장실패로부터 발생한다. (…) 완전경쟁이라는 조건에서 이루어지는 시장의 상호작용에서는 도덕이 차지할 자리가 없다"고 주장했다.[42]

마침내 탐욕은 이기심이라는 이름으로 재포장되고 도덕적 죄악으로부터 사면되었으며, 아이스크림 취향처럼 일종의 동기로 이해되기 시작했다.

부정직한 자들을 전제로 한 경제학

그러나 뷰캐넌과 과일 판매상의 경우와는 달리 교환의 두 당사자가 교환과 관련된 재산권에 동의하지 않는다면 어떨까? 계약이 완전하지 않고 교환의 모든 면에 가격이 매겨지지는 않는 경우가 이에 해당한다. 내가 담배를 피우면 여러분은 간접흡연을 하게 된다. 존스 씨가 양봉으로 얻은 꿀을 브라운 씨가 수확한 사과와 교환할 때, 보통 자신의 꿀벌이 제공한 수정 서비스에 대해 요금을 청구할 수는 없다. 꿀벌을 키우는 과정에서 의도치 않게 브라운 씨를 비롯한 근처 수많은 과수원 주인에게 혜택을 주는 이런 도움을 '외부경제' 또는 간단하게 '외부성'이라고 부른다.* 이는 일종의 파급효과로서, 가격이 매겨지지 않고 계약 조건에도 포함되지 않은 채 교환의 외부에서 경제행위자 사이에 일어나는 효과다. 꿀벌이 제공하는 수정 서비스는 벌꿀 가격에 포함되지 않는다. 따라서 이 경우 '모든 것에 가격이 매겨져야 한다'는 조건과 '가격이 적절해야 한다'는 조건은 둘 다 만족되지 않으며, 존스 씨가 벌꿀 판매로 얻는 사적 수입은 그 농장에서 직간접적으로 창출하는 사회적 총편익보다 작다(꿀벌의 수정 서비스가 만들어낸 편익은 존슨 씨가 얻는 사적 수입에는 포함되지 않으므로). 그 결과 벌꿀 생산량, 그리고 부수적인 꿀벌 수정 서비스는 효율적인 수준에 못 미친다.

팀을 이뤄 연구하거나 법률 서비스를 생산하는 경우, 혹은 쾌적한 주거환경 유지라든지 사회규범 준수 같은 공공재가 자발적으로 공급되는 경우에도 계약은 불완전하다. 또는 아예 계약 자체가 존재하지 않는다. 라디오 방송이나 지식 같은 공공재는 이런 불완전 계약의

* 외부성이란 시장을 통하지 않고 일어나는 효과를 말한다. 어떤 행동이 가격이 매겨지지 않은 채 상대방에게 이득을 준다면, 다시 말해 상대방에게 간접적으로 이득을 주었는데 그 효과에 대해 가격을 통해 보상받지 못한다면, 이때 외부경제가 있다고 말한다. 내가 정원을 가꿨더니 동네가 보기 좋아졌다거나, 내가 벌을 키웠더니 옆집 과수원 수확이 올라갔다거나 하는 경우다. 반대로 어떤 행동이 가격이 매겨지지 않은 채 다른 사람에게 피해를 주는 경우 외부불경제가 있다고 말한다. 공해 및 소음 등이 한 예다. - 옮긴이

극단적 형태라 할 수 있다. 왜냐하면 정의상 공공재는 비경합적이고, 비배제적이다(비경합적이라는 말은 내가 재화를 더 사용한다고 해서 여러분이 그 재화를 사용할 가능성이 줄어들지는 않는다는 의미다. 비배제적이라는 말은 대가를 지불하지 않더라도 공공재를 즐기는 것을 막을 수 없다는 의미다. 따라서 일단 내가 공공재를 보유하게 되면, 여러분도 거기서 편익을 얻을 수 있다).

존스 씨의 꿀벌이 농부 브라운 씨의 사과나무를 수정시키는 경우, 혹은 공공재를 공급하는 경우, 시장이 규제되지 않는다면 이기적 행위자 간의 상호작용은 효율적 결과를 낳지 못한다. 말하자면 사과나무가 지나치게 적게 수정되거나 공공재가 지나치게 적게 공급된다. 그렇다고 이기적 행위자 간의 시장경쟁을 제한해야 한다는 뜻은 아니다. 공공정책을 통해 가격을 적절하게 만들어야 한다는 말이다.

20세기 초 앨프리드 마셜Alfred Marshall과 아서 피구Arthur Pigou는 시장이 실패하는 경우에도 가격을 통해 사람들로 하여금 자신의 행위가 타인에게 미치는 영향을 내부화하도록 할 수 있다는 논리를 펼쳤다. 계약이 불완전할 경우, 다른 사람에게 환경상 피해(외부불경제)를 입히는 산업에는 조세를 부과하고, 노동자에게 직업훈련을 제공하는 기업에는 그곳 노동자들이 다른 곳으로 이직할 때 다른 기업이 이로부터 혜택을 얻게 될 것이므로 이를 반영해 보조금을 지불해야 한다는 주장이었다.

이 논리에 따르면 존스 씨는 브라운 씨에게 제공한 꿀벌의 수정 서비스 가치만큼 보조금을 받을 것이고, 이렇게 받은 보조금 수입을 합하면 이제 존스 씨는 벌꿀 생산이 창출하는 사회적 총편익만큼 수입을 얻는 셈이다. 최적 조세와 최적 보조금을 부과한다는 것은, 경제행위자의 행동으로 타인에게 초래되는 편익과 비용이 그 행위자의 사적 수입이나 비용에 포함되지 않는 경우, 그 행동이 타인에게 혜택을 주면 그만큼 행위자에게 보상해주고, 반대로 타인에게 비용을 초래하면 그만큼 세금 형태로 행위자가 부담하게 하는 것을 의미한다.

한 가지 사례로 환경세를 들 수 있다. 환경세는 오염물질을 배출한 사람에게 환경적 파급효과를 초래한 만큼 대가를 지불하도록 하는 세금이다. 이런 정밀한 인센티브를 실현할 수 있다면 정확하게 벤담이 말한 "의무와 이해의 결합 원리"를 실행하는 것이 된다. 결국 이기심과 공적 목표가 일치하도록, 개인의 행동에 따르는 물질적 인센티브를 변화시키면 된다는 것이다. 따라서 마셜이나 피구 그리고 이후 경제학자들이 주장한 최적 조세와 보조금은 말하자면 완전한 계약의 대체재라 할 수 있으며, 보이지 않는 손이 미치는 범위를 '보이지 않는 손 정리'의 가정이 어긋나는 경우로까지 확장하려는 노력의 일환이라고 볼 수 있다. 이상적으로는 조세와 보조금을 통해 모든 중요한 것에 가격을 매길 수 있으며 또한 그 가격이 적절하도록 만들 수 있다.

이런 생각은 정책입안자 입장에서 시민들이 선한 사람처럼 행동하게 하려면 무엇이 필요한지를 잘 보여준다. 개인이 자기만 고려하더라도 자기 행동에 영향받는 상대방을 고려하는 것처럼 행동하도록 인센티브와 제약을 제공하는 것을 정책수립의 지침으로 삼아야 한다는 것이다. 이 경우 현명한 정책입안자란 사람들의 도덕심을 고양하는 역할을 맡은 아리스토텔레스적 입법자라기보다는, 시민들이 선한 사람처럼 행동하도록 적절한 법을 시행하는 역할을 맡은 마키아벨리적 공화주의자에 가깝다고 볼 수 있다.

존스 씨의 꿀벌과 브라운 씨의 사과나무 꽃 같은 목가적인 사례는 경제학자들이 불완전 계약에 대해 강의할 때 자주 인용하는 사례다. 교과서는 공공재의 대표적 사례로 등대를 든다. 등대의 불빛은 어느 한 사람이 볼 수 있다면 모두가 볼 수 있기 때문이다. 하지만 불완전 계약이라는 문제는 그저 경제 영역의 주변부에서나 발견되는 현상은 아니다. 앞으로 보겠지만, 이 문제는 노동시장이나 신용시장 그리고 정보시장과 같은 자본주의 경제의 주요 영역에 만연해 있다.

▲▲▲

불완전 계약이 예외적인 것이 아니라 일반적이라는 사실은 인센티브의 사용 방식과 그 한계에 대해 여러 함의를 가지므로, 계약이 왜 불완전할 수밖에 없는지를 잠시 생각해볼 필요가 있다.

교환을 통해 공급되는 재화나 서비스의 양과 질에 대한 정보는 매우 비대칭적이거나 입증 불가능한 경우가 많다. 여기서 비대칭적이라 함은 거래되는 재화나 서비스의 양과 질이 교환의 두 당사자 모두에게 알려진 것이 아니라는 이야기다. 입증 불가능하다 함은 양과 품질에 대한 정보가 두 당사자 모두에게 알려져 있더라도 그 정보를 법정에서 계약을 강제하기 위해 사용할 수 없다는 의미다. 이 경우 계약이 교환의 모든 측면을 포괄하지는 못한다. 즉 계약은 불완전하다. 에밀 뒤르켐Émile Durkheim이 말하듯 "계약의 모든 것이 계약적인 것은 아니다."[43] 따라서 시장실패는 환경적 파급효과에만 국한되지 않는다. 오히려 시장실패는 자본주의 경제에 필수적인 일상적 교환이 이루어지는 노동시장과 자본시장에서도 일어난다. 고용계약만으로는 피고용인이 열심히 일하도록 규정하고 강제할 수 없다. 대출계약 역시 채무자가 무일푼이 된다면 계약 이행을 강제할 수 없다.[44]

노동시장과 신용시장의 사례에는 모두 주인-대리인 문제Principal-Agent Problem라는 공통적인 구조가 있다. 주인(고용주 또는 채권자)은 대리인(피고용인 또는 채무자)이 대리인 자신의 이익에는 해가 되더라도 주인에게는 이익이 되도록 행동하기를 원한다. 예를 들어 고용주는 피고용인이 열심히 일하기를 원하고, 채권자는 채무자가 채무자 자신에게 돌아올 기대 수익이 아니라 기대 상환금을 극대화하는 방식으로 대출금을 사용하기를 원한다. 하지만 주인은 대리인의 노동력 지출이나 채무자의 대출금 사용에 대한 정보를 알 수 없고, 만일 알 수 있다 하더라도 이 정보는 법정에서 인정받을 수 없기 때문에 완전하고 강제할 수 있는 계약은 불가능하며, 계약을 통해 둘 간의 이해 갈등을 해결할 수 없다.

계약이 불완전할 때, 교환의 실제 내용은 대부분 법정이 아니라 당사자 간의 전략적 상호작용을 통해 결정된다. 이런 상호작용의 결과는 두 당사자의 협상력과 사회규범에 따라 달라질 수 있다. 이 같은 문제는 소작농이 자기 수확물의 일부를 지주에게 지불해야 하는 경우에도 발생한다. 대리인(소작농을 비롯해 피고용인과 채무자 모두)은 자신의 행동에 따른 결과를 책임지지 않아도 된다. 채무자가 상환하지 못하면 그 손실은 채권자가 떠안는다. 피고용인이 열심히 일하면 그 혜택의 대부분은 피고용인이 아니라 고용주에게 돌아갈 것이고,

피고용인이 열심히 일하지 않을 때 발생할 피해도 고용주의 몫이다. 예를 들어 고용주는 이미 지급한 임금도 보전하지 못할 정도로 손실을 입을 수 있다.

이처럼 현대 자본주의 경제에서는 '보이지 않는 손 정리'의 전제가 되는 완전한 계약 가정을 위배하는 경우가 비일비재하다. 시장경제의 작동을 수학적 모델로 나타냄으로써 '보이지 않는 손 정리'를 수학적으로 증명할 수 있게 되었는데, 사실상 수리적 증명의 기여는 애덤 스미스의 생각이 사실이 되려면 어떤 조건을 만족해야 하는지 명확하게 보여주었다는 데 있다. 애로는 자신이 증명한 정리가 기여한 바에 대해 다음과 같이 얘기한다. "애덤 스미스로부터 현재에 이르기까지 경제학자들은 끊임없이 이기심에 기초하고 가격 신호에 의해 작동되는 분권적 경제가, 실현 가능한 수많은 다른 자원배분 방식보다 나은 결과를 가져올 수 있음을 보이기 위해 노력해왔다. 이것이 실제 사실인지를 아는 것도 중요하지만 어떤 조건에서 **사실이 될 수 있는지**를 아는 것 역시 중요하다."(강조는 원문)[45]

애로를 비롯한 여러 이들 덕분에 이 정리가 '사실일 수 있는' 조건, 즉 경쟁이 존재하고 중요한 모든 것에 대해 완전한 계약이 이루어진다는 가정이 얼마나 제한적인지, 따라서 철저한 자유방임정책이 효율적인 결과를 가져오는 것이 얼마나 힘든 일인지를 알 수 있게 되었다. 내 경험에 따르면 경제학 원론 교과서의 저자들조차 이 정리가 기반하는 모델에 근접한 시장의 현실적 사례를 찾아내는 데 어려움을 겪고 있다.

하지만 마셜-피구의 전통을 따르는 경제학이 제시하는 유형의 최적 보조금이나 최적 조세가 신용시장이나 노동시장에도 적용될 수 있는 건 아닐까? 존재하지 않는 완전 계약의 대리 역할을 보조금이나 조세가 여러 시장에서 할 수 있지 않을까? 그렇게만 된다면 가격은 여전히 도덕의 역할을 대신할 수 있을 것이고 '사람들이 자기 일에만 신경 쓴다'고 가정하는 정책이 적용될 수 있는 영역이 크게 확대될 것이다.

이 목적을 달성하기 위해 다양하고도 독창적인 인센티브 제도가 제시되어왔다. 심지어 메커니즘 디자인mechanism design이라는 독립적인 학문 분야도 생겨났다. 여기서 메커니즘이란 재산권이나 인센티브와 제약, 그 밖에 사람들이 상호작용 하는 방식을 통제하는 여러 규칙의 집합을 의미한다. 그러나 6장에서 보겠지만, 이런 독창적인 메커니즘이 제대로 작동하는 데 필요한 가정들 역시 '후생경제학 제1정리'의 공리만큼이나 현실 경제와는 거리가 멀다. 메커니즘 디자인은 아직까지 윤리적이고 타인을 고려하는 동기가 필요 없을 정도의 인센티브 제도를 고안해내지 못했으며 앞으로도 그럴 가능성은 희박해 보인다. 지금까지 법학자나 정책입안자들도 사람들이 오직 자신만을 고려하더라도 자기 행위가 타인에게 미치는 효과를 고려하는 것처럼 행동하게 하는 데 성공하지 못했다. 그 이유에 대해서는 6장에서 살펴보겠다.

따라서 경제학 수업시간이 아니면 사람들이 좀처럼 호모 이코노미쿠스 가정을 받아들이려 하지 않는다는 사실이 결코 놀랍지 않다. 고용주들은 이왕이면 확고한 노동윤리를 가진 노동자를 고용하고 싶어 한다. 은행은 대출계약 당시 제안서에 담긴 것보다 위험이 큰 프로젝트를 추진하려는 이기적인 사람보다는 계약 당시 제안대로 사업을 추진할 것으로 믿어지는 사람들에게 대출해주길 원한다. 한 세기 전 뒤르켐이 "계약의 규제는 원래 사회적이다"라고 서술했던 것처럼, 경제학 강의실 밖에서는 누구라도 "계약만으로 충분하지 않다"는 것을 잘 알고 있다.[46] 뒤르켐은 모든 거래에서는 악수가 중요하며, 악수가 중요하지 않은 곳에서는 경제가 제대로 작동할 수 없다는 상식을 반복해서 지적했다.

애로는 '보이지 않는 손 정리'를 설명하는 논문에 이렇게 적었다. "신뢰가 부족하면 협력을 통해 서로 이익을 얻을 수 있는 기회를 잃게 될 수도 있다. 어쩌면 윤리적이고 도덕적인 규범을 포함한 사회적 행위 규범은 시장실패를 보완하는 사회적 대응일지도 모른다."[47] 다르게 표현하자면 계약이 불완전하기 때문에 가격이 도덕을 대신하는 것이 아니라, 거꾸로 도덕이 가격의 역할을 대신해야 할 때가 있다.

애로가 주장한 핵심은 사회규범이나 도덕 규칙을 통해, 개인 행동이 타인에게 초래하는 편익이나 비용을 내부화하는 효과가 있다면 시장실패를 완화할 수 있다는 것이다. 현대 경제를 구성하는 주요 시장, 즉 노동시장·신용시장·지식시장 등이 계약의 불완전함 속에서도 비교적 잘 작동할 수 있다면 그 이유는 사회규범이나 타인을 고려하는 동기가 긍정적인 노동윤리, 자신이 추진하려는 프로젝트 내용을 정확히 전달해야 한다는 의무감, 약속을 지키려는 책임감 등을 장려하기 때문이다. '도덕경제moral economy'라는 말은 결코 형용모순이 아니다.

사회규범이나 사회적 동기는 보통 시장실패라 불리는 현상뿐만 아니라 그 밖의 많은 영역에서 중요하다. 한 개인의 행위가 타인에게 미치는 영향이 계약에 의해 제대로 규제되지 않는 사회적 삶의 영역 모두가 여기에 해당한다. 개인의 생활방식이 장기적으로 기후에 영향을 미치는 경우, 항생제 남용에 따라 약물에 내성을 갖는 슈퍼바이러스가 출현하는 경우, 개인들의 이동 경로 선택에 따라 교통 체증이 초래되는 경우 등등. 이런 문제가 우리의 복지에 점점 더 큰 도전이 됨에 따라, 좋은 거버넌스를 가능하게 해주는 사회규범이 필요해질 가능성도 높아진다. 노동의 성격이 변화하면서, 예를 들어 물품 생산에서 정보 처리나 돌봄 서비스의 제공으로 옮아가면서, 경제가 점점 더 계약의 불완전성이라는 특성을 갖게 될 것임을 볼 때 더더욱 그러하다.

▲▲▲

대체로 낯선 사람들 사이에 상호작용이 일어나는 경제에서는 윤리적이고 타인을 고려하는 동기만으로는 좋은 거버넌스가 확립되기에 불충분하다는 고전학파 경제학자들의 생각은 옳았다. 시민의 이기심을 활용하여 그가 의도하지 않은 목적을 달성할 수 있다는 스미스의 주장은 당시에는 놀라웠지만, 지금에 와서는 누구나 당연하게 받아들인다. 하지만 혁신과 기술 발전의 경제학을 개척한 조지프 슘페터Joseph Schumpeter가 "모든 사람들이 오직 자신의 공리주의적 목적에 의해서만 이끌린다면 어떤 사회 시스템도 제대로 작동할 수 없을 것이다"라고 서술했을 때, 그의 생각 역시 옳았다.[48] 슘페터가 이 문장에서 하는 이야기는 윤리적이고 타인을 고려하는 동기가 이미 중요하다고 널리 인정되는 영역인 가족이나 정치체제에 대한 것이 아니다. 슘페터는 자본주의 기업의 작동에 대해 말하고 있다.

마키아벨리는 공화주의적 입법자들이 "자연적이고 일상적인 기질"을 가진 사람들을 잘 다스릴 수 있는 공화국이 되도록 거버넌스 구조를 설계해야 한다고 주장했다. 이는 "있는 그대로의 인간"을 가정해야 한다는 루소의 권유(그리고 그로부터 4세기 후의 메커니즘 디자인)를 두 세기 이상 앞서 예고한 것이다. 이런 주장이 어떻게 정책이 수립되고 법이 집행되어야 하는지에 대한 우리 이해의 지평을 넓혀준 건 사실이다. 하지만 맨더빌을 시작으로 이후 경제학자들에 의해 이런 생각이 급진적으로 확장된 데 대해서는 좋은 평가를 내릴 수 없다. 오늘날에도 내가 속한 학문 분과의 학자들은 개인의 선호가 어떤 것인지에 대해서는 무관심하며, 인센티브 제도를 영리하게 설계하면 도덕에 무관심하고 이기적인 시민이 공익에 이바지하도록 행동하게 할 수 있다고 과신한다.

지금껏 그랬듯 앞으로도 윤리적이고 타인을 고려하는 동기는 사회가 잘 유지되는 데 필수적인 역할을 할 것이다. 아니, 그 역할은 더욱더 커질 것이다. 이런 사실을 무시한 채, 사람의 행동을 결정하는 선호가 어떤지를 고려하지 않고 정책을 수립한다면 인간이 가진 소중한 성향을 훼손할 수 있다. 따라서 정책을 수립하는 사람들은 소방청장이 처벌이라는 인센티브를 제공했을 때 소방관들의 대응이라든지, 하이파의 어린이집에서 벌금을 부과했을 때 어린이집에 더 늦게 도착한 부모들의 행동에 좀 더 관심을 가져야 한다.

우리는 앞으로 살펴볼 장에서 어떤 사회든 인센티브와 제약은 필수적이지만 그것만으로 충분하지 않으며, 나아가 인센티브와 제약이 윤리적 동기에 의도치 않은 부작용을 초래한다는 점을 잘 아는 **아리스토텔레스적 입법자**의 입장이 되어볼 것이다. 아리스토텔레스적 입법자의 관점에서 보면, 인간이 이기적이라는 가정 아래 수립된 정책 수단은 사람들이 부정직하며 사악하다는 전제에서 도출된 것이므로, 그 자체가 또 다른 새로운 문제를 일으킬 수 있다.

3 장

도덕감정과 물질적 이해관계

이 장에서 소개할 실험 이야기를 듣고 누군가 내게 이메일을 보냈다. 그는 1950년대 초 자신이 대통령 보좌관으로 근무하던 시절의 "흥분되고 활기차던 분위기"를 회상하며 이렇게 전했다. "사람들은 격무에 시달렸지만, 성취감과 (…) 자신이 중요한 사람이라는 느낌만으로도 보상받았죠. 금요일 오후마다 열리는 정기 회의는 밤 8시나 9시까지 계속되었고 결국에는 토요일 오전에 회의를 다시 속개하겠다는 의장의 선언으로 종료되곤 했습니다. 하지만 여기에 이의를 제기하는 사람은 없었죠. 우리 모두는 이것이 중요한 사안이며 스스로도 중차대한 역할을 맡은 인물이라 생각하고 있었으니까요. (…) 대통령이 토요일 회의에 참석하는 사람들에게 초과근무 수당을 지급하라는 지시를 내렸는데, 그때 무슨 일이 일어났는지 아십니까? 그 뒤로는 토요일 회의가 말 그대로 사라져버렸습니다."

이메일을 보낸 사람은 토머스 셸링Thomas Schelling이었다. 그는 백악관 보좌관직을 그만둔 지 반세기 후에 노벨 경제학상을 받았다. 그는 시장을 넘어서는 사회적 상호작용까지 경제학의 관심 영역을 확장할 수 있다는 점을 경제학자들에게 확신시킨 공로를 인정받아 노벨상 수상자로 선정됐다. 젊은 시절 셸링이 백악관에서 겪은 경험은 현실에서 찾기 힘든 예외적인 일이었을까?

인센티브는 효과가 있다. 사람들이 자신의 물질적 이익에만 관심이 있다고 가정하는 전통적인 경제학 이론의 예측대로, 인센티브가 그것이 부여되는 사람의 행위에 영향을 미치는 경우도 물론 있다. 경제학 교과서는 튀니지의 소작농이나 미국의 바람막이 창 설치공이 인센티브에 어떻게 반응하는지를 사례로 든다.[1] 이런 사례에서는 사람들이 물질적 이기심을 갖고 있다고 가정함으로써, 사람들을 더욱 더 열심히 일하게 하도록 인센티브를 사용하는 경우 다양한 수준의 인센티브가 어떤 효과를 가져올지를 잘 보여준다. 그들이 얼마나 열심히 일할지는 열심히 일할수록 보수가 얼마나 높아질 수 있는지와 밀접하게 연관되어 있기 때문이다.

하지만 강의실 칠판에 펼쳐진 경제학이 현실을 제대로 설명하지 못할 때도 있다. 백악관에서 초과근무 수당을 지급하기로 결정했을 때, 그 정책은 셸링을 비롯한 보좌관들이 토요일에 즐거운 마음으로 출근하도록 유도하는 데 성공하지 못했다. 이스라엘에서 대학 입학 자격 시험에 응시해 통과하면 상당한 지원금을 제공하는 정책*을 실시했을 때에도 남학생에게는 정책 효과가 전혀 나타나지 않았으며 여학생에게도 거의 효과가 없었다. 학업 성적이 좋은 일부 여학생에게만 효과가 있었는데, 이들은 이미 성적이 좋아서 시험만 치른다면 통과할 가능성이 높은 학생들이었다.[2] 미국 도시에 소재한 250개 학

* 이스라엘에서 고등학교 졸업예상자를 대상으로 몇 차례 시험에 통과하면 대학 입학 자격을 주는 바그루트(Bagrut) 제도. – 옮긴이

교를 대상으로 학업성취도 시험 성적에 따라 대규모 현금 지급 정책을 실시했을 때도 정책 효과는 거의 없었다. 학생들이 예컨대 독서 같은 자기학습을 더 열심히 하도록 인센티브를 제공하는 정책 역시 그 효과가 미미했다.[3] 흔치 않은 자연실험 사례가 하나 있다. 노르웨이에서는 병원이 불필요하게 입원 기간을 늘리지 못하도록 일종의 벌금을 부과한 적이 있는데, 이 제도는 기대에 반하는 결과를 낳았다.[4] 반면 영국에서는 병원의 이윤과 손실 계산에 영향을 미치도록 인센티브를 설계하는 대신, 병원 경영자의 수치심이나 자부심을 일깨우는 정책을 실시했는데, 그 결과 환자들의 입원 기간이 대폭 감소했다.[5]

요르단강 서안지구에 사는 유대인 정착민과 팔레스타인 난민, 팔레스타인 학생들을 대상으로 집단 간 이해가 대립하는 문제를 놓고 자신들의 정치 지도자가 양보하려 할 경우 얼마나 분노하고 혐오감을 느낄지, 또는 폭력 사용에 대해 어느 정도 지지를 보낼지 물었다.[6] 예를 들어 예루살렘의 지위에 관한 문제처럼 자신의 소속집단이 주장하는 권리가 "신성한 가치"를 갖는다고 여기는 경우(세 집단 모두에서 절반가량이 이 부류였다), 사람들은 소속집단이 양보의 대가로 물질적 보상을 받는다는 것을 알았을 때 훨씬 강한 분노와 혐오감을 표출했고 폭력 사용을 훨씬 강력하게 지지했다.

스위스 시민들을 대상으로 환경적 위험을 얼마나 수용할 수 있는지 설문조사를 실시했을 때도 비슷한 반응이 나타났다. 보상금이 지급된다고 알려주면 그들은 자기 거주지역에 핵폐기 시설을 설립하는 일에 훨씬 강한 반감을 보였다.[7] 많은 변호사들은 계약서에 계약

위반 조항을 명시적으로 삽입하면 계약위반 가능성이 높아진다고 믿으며, 실제 실험 결과도 그렇게 나타났다.[8]

이 사례들은 바람직한 결과를 달성하는 데 인센티브와 도덕감정이 단순히 가산적이라는 고전적 분리 가능성 가정에 의문을 던진다. 이 장에서는 익명적 조건 아래 상당한 금액을 걸고 진행되는 실험실 실험을 통해, 인센티브가 명시적으로 제공될 때 도덕적 동기를 비롯한 비경제적 동기를 몰아낼 수도 있다는 사실을 보일 것이다.

앞 장 마지막 부분에서 나는 이 문제를 인식하고 있는 아리스토텔레스적 입법자에게 몰아냄 효과를 고려해 공공정책을 수립하는 역할을 부여했다. 도덕감정이 애초에 존재하지 않는다면, 물질적 이기심에 대한 호소가 도덕감정을 훼손시킬 수 있다는 사실은 입법자에게 고민거리가 되지 않는다. 하지만 도덕감정이 애초에 존재하지 않는다는 것은 사실이 아니다. 현실을 관찰하거나 실험 데이터를 보면, 대부분의 인구 집단에서 이기적 개인은 거의 존재하지 않으며 도덕적 동기와 타인을 고려하는 동기가 일반적이라는 점이 일관되게 나타난다. 아울러 실험연구 결과로부터 실험실 바깥 사람들의 행동을 예측할 수 있다는 점도 보게 될 것이다. 예컨대 브라질 어부들의 경우 공공재 실험에서 협력적으로 행동한 사람일수록 실제 해안에서 작업할 때 훨씬 더 친환경적인 덫과 그물을 사용하는 것으로 조사됐다.

호모 소시알리스

죄수의 딜레마 게임에서는 상대 경기자가 어떤 결정을 내리느냐와 상관없이 상대 경기자와 협력할 때보다 상대 경기자를 배반할 때 항상 더 높은 보수를 얻게 된다. 여기서 배반은 게임이론가들이 우월전략이라고 부르는 것에 해당된다. 이 게임을 이해하는 데는 게임이론가의 설명도 필요 없다. 사람들이 자신의 보수에만 관심을 갖는다면, 우리는 언제나 배반이 일어날 것이라고 예측할 수 있다.

하지만 사람들이 실제로 이 게임을 하면 보통은 경기자의 절반 정도가 배반이 아니라 협력을 선택한다.[9] 대부분의 실험 참가자들은 협력자를 배반함으로써 얻을 수 있는 더 높은 물질적 보수보다는 두 사람 모두 협력해 얻어진 결과를 더 선호하며, 상대방도 자신과 똑같은 이유로 협력을 선택할 것이라 생각한다.

경기자들이 배반하는 경우에도 그 주된 이유는 배반이 더 높은 보수를 준다고 생각해서가 아니었다. 다른 경기자가 배반할지 모른다는 생각에 자신의 협력이 상대방에게 이용당한다는 사실이 끔찍하게 싫었기 때문이다. 이 사실은 각 경기자가 동시에 의사결정 하는 방식(이때 각 경기자는 다른 경기자가 무엇을 하는지 모른 채 의사결정을 한다)이 아니라 순차적으로 의사결정 하는 방식(이때 누가 먼저 의사결정을 할지는 무작위적으로 결정되며, 나중에 의사결정을 하는 경기자는 선행 경기자의 행동을 관찰하고 나서 의사결정을 한다)으로 죄수의 딜레마 게임을 실시했을 때 어떤 결과가 나오는지를 살펴봄으로써 확인할 수 있다. 순차적으로 죄수의 딜레마 게임을 해보면 보통 두 번째 경기자는 첫 번째 경기자의 선택을 그대로 따라 행하는 경우가 많다. 첫 번째 경기자가 협력하면 협력하고, 배반하면 배반하는 경우가 많은 것이다. 즉, 배반을 택하더라도 그때 경기자들의 동기는 더 높은 보수를 얻으려는 것이 아니라, 남에게 바보처럼 이용당하지 않으려는 것임을 기억해두기 바란다. 이 점에 대해서는 나중에 다시 살펴보겠다.

표 3.1에는 이 장과 다음 장에서 논의할 실험의 목록이 정리되어 있다(각 실험에 관한 상세한 설명은 찾아보기 항목의 해당 페이지 참고). 게임에 관한 더 구체적이고 기술적인 설명은 부록 2를 참고하기 바란다.

▲▲▲

실험 참가자들이 거듭 이기심 가정과 다르게 행동하는 것은 죄수의 딜레마 게임에만 나타나는 현상이 아니다.[10] 에른스트 페어Ernst Fehr와 지몬 게히터Simon Gächter가 여러 실험에서 추정한 결과에 따르면, 실험 참가자의 40~60퍼센트가 호혜적 선택을 했다. 다시 말해 그렇게 하지 않음으로써 더 높은 보수를 획득할 수 있는 상황에서도 호의에는 호의로 보답했다. 그리고 실험 참가자의 20~30퍼센트만이 자신만을 고려하는 선호를 가지고 있는 것으로 나타났다.[11] 뒤에서 설명할 아르민 팔크Armin Falk와 미하엘 코스펠트Michael Kosfeld의 신뢰 게임에서는 이기적 선택을 한 피험자의 비중이 5분의 1 미만이었다.

표 3.1 실험실 게임에서 간접적으로 측정되는 가치

게임	게임 내용	측정 가치
일회성 죄수의 딜레마 게임	두 경기자가 상호 협력할 때 평균 보수가 가장 높다. 하지만 이기적인 경기자는 배반을 선택한다.	다른 경기자가 어떤 행동을 취할지에 대한 믿음에 따른 경기자의 조건부 호혜성. 시장 프레이밍이 가치에 미치는 효과.
선물교환 게임	한 경기자는 다른 한 경기자에게 얼마를 이전할지 결정하며 다른 한 경기자는 자신이 이전받은 금액에 대해 보답할지 말지 결정한다.	호혜성, 그리고 상대방이 호혜적일 것이라는 예상.
신뢰 게임 (벌금이 있는 게임과 벌금이 없는 게임)	투자자가 수탁자에게 이전하겠다고 밝힌 금액은 실험 주관자에 의해 몇 배로 증액되어 수탁자에게 전달된다. 수탁자는 이 금액 중 얼마를 투자자에게 돌려줄지 선택한다.	투자자: 관대함 또는 상대방이 호혜적일 것이라는 예상. 수탁자: 호혜성. 벌금이 부과될 수 있다는 전망이 투자자의 관대함에 미치는 효과.
독재자 게임	한 경기자가 일방적으로 일정 금액을 두 번째 경기자(아무런 행동을 취하지 못하고 주는 대로 받을 수밖에 없는 수동적인 경기자)에게 전달한다. (이것은 엄밀한 의미에서 게임은 아니다.)	무조건적 관대함.
제3자 처벌 게임	제3자는 독재자가 상대에게 얼마를 전달하는지 관찰하고, 자기 비용을 지불하면서 독재자의 보수를 감소시킬 수 있는 독재자 게임의 변형.	제3자: 다른 경기자의 공정성 위반을 처벌하기 위해 비용을 지불하려는 의사. 첫 번째 경기자(독재자): 처벌에 대한 예상이 주는 효과.
최후통첩 게임	제안자는 자신에게 주어진 초기 자원의 일부를 응답자에게 분배하겠다고 제안하며 응답자는 이 제안을 받아들이거나 거절한다. 거절하는 경우 두 경기자 모두 어떤 보수도 얻지 못한다.	제안자: 무조건적 관대함 또는 응답자의 공정한 마음에 대한 믿음. 응답자: 공정성, 호혜성.

게임	게임 내용	측정 가치
공공재 게임	경기자가 두 명 이상인 용의자 딜레마 게임. 모든 경기자가 기여할 수 있는 최대치를 기여할 때, 평균 보수가 가장 높다. 하지만 이기적인 경기자는 그보다 작게 기여한다(대부분의 경우 전혀 기여하지 않는다).	이타성. 다른 경기자의 과거 행동에 따른 조건부 호혜성.
처벌이 있는 공공재 게임	다른 경기자 각각의 기여 수준을 확인한 후, 각 경기자는 자기 비용을 들여 특정한 경기자의 보수를 감소시킬 수 있다.	기여자: 무조건적 관대함, 또는 불공정성에 대해 처벌하려는 다른 경기자의 의지에 대한 믿음, 사회규범을 위반했을 때의 부끄러움. 처벌자: 공정성, 호혜성.

주: 지표화된 측정 가치는 실험에서 나타나는 행동과, 개인들이 게임 보수를 극대화하고자 행동했을 때 (그리고 다른 사람들도 자신과 같이 행동할 것이라고 믿을 때) 취할 것으로 예상되는 행동이 다르게 나타날 경우, 그에 대한 설명을 제공한다. 부록 2에는 이 게임들의 구조가 좀 더 상세히 설명되어 있다.

조지 로웬스타인George Loewenstein 연구팀은 자신들이 실시한 실험실 게임에서 경기자를 세 유형으로 분류했다. "**성인군자**는 항상 평등을 선호하며 상대 경기자와의 관계가 적대적인 경우에도 자신이 상대 경기자보다 더 높은 보수를 받는 것을 좋아하지 않는다. (…) **의리 추구자**는 상대 경기자와 중립적이거나 호의적인 관계에서는 자신이 더 높은 보수를 받는 것을 좋아하지 않지만 적대적 관계에 있는 상대에 대해서는 자신에게 유리한 쪽으로 불평등을 원한다. **무자비한 경쟁 추구자**는 상대방과 어떤 관계인지에 상관없이 항상 상대방보다 나은 결과를 얻기를 선호한다."(강조는 원문)[12] 이들이 실시한 실험에서는 실험 참가자의 22퍼센트가 성인군자, 39퍼센트가 의리 추구자, 29퍼센트가 무자비한 경쟁 추구자에 해당했다. 나머지 10퍼센트는 어떤 유형에도 속하지 않았다.

톨스토이는 가정이 행복한 이유는 모두 비슷하지만 가정이 불행한 이유는 제각각이라고 말했다. 이와 마찬가지로 어떤 게임에서든 이기적인 사람들이 취할 방식은 하나뿐이지만(로웬스타인의 분류에 따르면 무자비한 경쟁 추구자), 이기심이라는 표준적 경제학의 가정에서 벗어나는 방식은 무수히 많다. 다른 사람의 이익에만 가치를 두는 무조건적 이타주의자도 있고, 자신이 이익을 얻지 못할 것으로 예상하는 경우에도 상대방의 선한 행동에 대해 선한 행동으로 보답하는 조건부 이타주의자들도 있으며, 정의를 추구하기 때문에 불평등을 싫어하는 사람도 있다. 호모 이코노미쿠스가 경제라는 연극 무대에 등장하는 여러 인물 중 하나인 것만은 분명하다. 하지만 실험 결과에 따르면 호모 이코노미쿠스가 수적인 면에서 다른 유형에 한참 밀리는 경우를 흔히 볼 수 있다.

▲▲▲

나는 이타주의나 호혜성, 타인을 돕는 데서 얻는 내적 즐거움, 불평등 기피, 윤리적 헌신을 비롯해 자신의 부나 물질적 보수를 극대화하는 수준 이상으로 타인을 돕는 여러 동기를 가리켜 '사회적 선호'라 부를 것이다.

사회적 선호는 단지 행위자가 다른 행위자의 보수에 가치를 부여하는 경우에만 국한되지 않는다. 사회적 선호를 이렇게 넓게 정의하는 이유는 타인의 보수나 후생에 무관심한데도, 그 밖의 다양한 도덕적 동기나 내재적 동기로부터 비용을 감수하면서까지 타인을 돕고 사회규범을 지키려 하는 사람들이 있기 때문이다. 예를 들어 사람들이 사회규범을 지키는 이유는 이를 위반했을 때 타인에게 피해를 입히기 때문이 아니라, 단지 사회규범을 지키는 사람이 되고 싶어서일 수도 있다. 노숙자를 돕는 것이 빈곤층의 처지 개선에 관심이 있어서라기보다는 제임스 안드레오니James Andreoni의 용어를 빌려 말하자면 "자기만족warm glow" 때문일 수도 있다.[13] 사람들이 정직한 이유가 거짓말이 타인에게 피해를 주기 때문만은 아니다. 정직 자체가 하나의 목적이 되기도 한다.

인센티브 제공이 사회적 선호를 여러모로 훼손할 수 있다는 점을 인식하는 것은 아리스토텔레스적 입법자에게 경각심을 불러일으킬 수 있다. 그러나 그것만으로는 정책을 수립하는 데 충분한 지침을 제공하지 못한다. 몰아냄 효과가 존재한다면 인센티브 제공을 비롯한 여러 정책을 어떻게 설계해야 할까? 아리스토텔레스적 입법자는 인센티브를 제공할지 말지 그리고 인센티브를 제공한다면 어떤 유형의 인센티브를 제공할지 판단하기 위해서, 인센티브가 없을 때 시민들의 행동과 인센티브가 제공되었을 때 각 유형의 인센티브에 시민들이 어떻게 반응할지를 더 잘 이해해야 한다. 그러려면 인센티브가 어떻게 작동하는지, 그리고 제대로 작동하지 않는다면 이유가 무엇인지 이해할 필요가 있다.

도덕적 동기를 몰아낼 때 혹은 끌어들일 때

우선 아리스토텔레스적 입법자는 정책을 수립하는 사람이 직면하는 다음과 같은 전형적인 문제를 고민한다. 공공재에 기여하는 데 비용이 든다면 어떻게 시민들로 하여금 공공재에 기여하도록 할 수 있을까? 이 문제를 공공재 게임을 가지고 설명해보자.

친환경적인 방식으로 쓰레기를 처리하는 경우처럼, 개인이 공익을 위해서 행동하려면 그만큼 더 비용을 지불해야 한다. 공공재에 기여하는 개인 자신도 다른 시민들과 똑같이 공공재의 혜택을 누리지만, 그가 받게 될 혜택보다 그가 지불하는 기여 비용이 더 크다고 하자. 이런 경우 모든 시민이 공공재에 기여하는 것이 최선의 결과를 가져오지만(시민들의 총보수를 극대화하지만), 개별 시민 입장에서는 다른 시민들의 선택과 상관없이 공공재에 기여하지 않을 때 자신의 사적 보수가 극대화된다. 죄수의 딜레마 게임처럼 여기서도 자신의 보수를 극대화하려는 사람에게는 공공재에 전혀 기여하지 않는 것이 우월 전략이다. 공공재에 대한 기여는 비용을 감수하면서 타인을 돕는 행위이므로 일종의 이타주의라 볼 수 있다.

공공재 게임은 경기자가 두 명 이상인 죄수의 딜레마 게임이라 할 수 있다. 공공재 게임의 성격을 띠는 문제로는 자발적인 세금 납부, 자신의 탄소발자국 줄이기, 사회규범 준수, 저작권을 보호받지 못하는 경우에도 새로운 지식을 생산해내는 것, 공공안전망 유지, 자신이 속한 집단의 평판을 좋게 유지하려는 행동 등을 들 수 있다.

시민들에게 보조금을 비롯해 여러 경제적 인센티브를 제공함으로써 공공재에 기여하도록 유도할 수 있다. 앞으로는 어떤 행동에 관련된 물질적 기대 비용과 기대 편익에 영향을 미치는 정책적 개입을 가리켜 (경제적 또는 금전적이라는 형용사를 명시하지 않고) 그냥 '인센티브'라고 표현하겠다. 표준적인 경제학 모델에서는 여기서 이야기가 끝난다. 즉 보조금을 지급하면 공공재 기여에 드는 순비용이 감소할 것이므로, 전보다 더 많은 시민이 공공재에 기여하거나 시민 한 사람당 기여가 전보다 늘어날 것이라는 게 이야기의 전부다.

하지만 일부 시민은 사회적 선호를 갖고 있다. 그 때문에 비용을 감수하면서까지 타인에게 이로운 행동을 한다. 이런 선호가 자신의 이득만을 고려하는 물질적 동기에 비해 얼마나 더 두드러질지는 기여에 관한 의사결정이 어떤 맥락에서 이루어지는가에 따라 달라진다. 예를 들어 매우 다른 두 상황, 즉 쇼핑하는 경우와 투표하는 경우를 생각해보자. 대부분의 사람은 투표할 때와 달리 쇼핑할 때에는 이기적 목적을 추구하더라도 윤리적으로 결함이 없을 것이라 여기는 경향이 있다. 공공재의 경우 어떤 동기가 더 두드러질지는 공공재에 대한 기여가 어떻게 프레이밍되는지에 따라 달라질 수 있다. 공공재에 기여하는 사람에게 인센티브가 제공되는지 자체가 프레이밍의 역할을 하기도 한다. 즉 인센티브는 의사결정의 맥락을 구성하는 요소가 된다. 나는 공공재에 기여하도록 만드는 근접 동기들을 시민의 '체험가치experienced values'라고 부를 것이다.

▲▲▲

아리스토텔레스적 입법자가 고려할 사실은 인센티브가 제공하는 프레이밍이 개인의 의사결정에서 사회적 선호가 얼마나 두드러질지에 영향을 미치며, 그에 따라 사람들이 인센티브가 제공되지 않는 경우와는 다른 수준의 체험가치를 느끼게 될 수 있다는 점이다. 이때 사회적 선호와 인센티브는 서로 분리될 수 없으며 인센티브 제공이 사람들이 느끼는 체험가치에 (긍정적으로든 부정적으로든) 영향을 미칠 수 있다.

이 말을 이해하기 위해, 각 개인의 기여 수준뿐만 아니라 명시적 인센티브와 체험가치를 모두 수치로 나타낼 수 있다고 해보자. 인센티브가 존재한다는 사실과 그 정도가 개인의 체험가치에 영향을 미치는 경우 사회적 선호와 인센티브가 서로 분리 불가능하다고 말한다.

그림 3.1이 이를 보여준다. 먼저 그림 A가 보여주는 것은 분리 가능성이 존재하는 경우다. 위의 경로, 즉 '인센티브'에서 시작해 '인센티브를 반영한 기여의 순비용'을 거쳐 '공공재에 대한 기여'로 가는 경로는 이기심 패러다임이 강조하는 경로다. 기여의 순비용에서 공공재에 대한 기여로 가는 화살표 위에 음의 부호가 붙어 있는 데서 알 수 있듯이, 비용이 높아지면 공공재에 대한 기여는 감소한다. 이 인과적 경로에서는 인센티브를 제공하면 공익적 행동의 순비용이 감소해서 공공재에 기여하려는 동기가 강화된다.

그림 A에서 아래 경로, 즉 '체험가치'를 거치는 경로는 시민의 사회적 선호가 체험가치에 미치는 영향과 체험가치가 공공재에 대한 기여에 미치는 영향을 나타낸다. 체험가치의 효과는 위에서 본 보조금 등의 인센티브가 공공재에 대한 기여에 미치는 효과에 독립적으

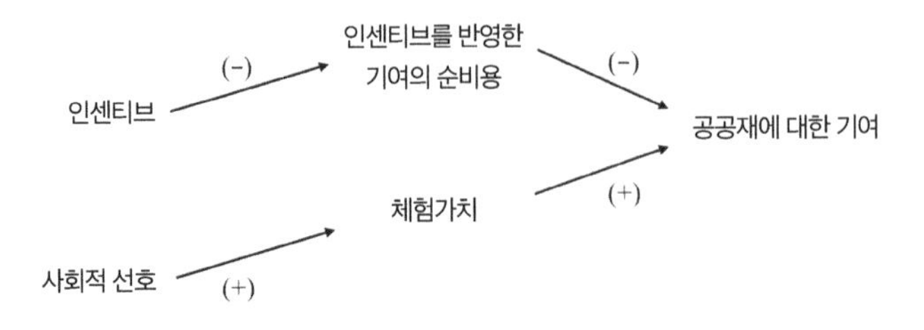

A. 분리 가능성: 인센티브가 가치에 영향을 주지 않는다

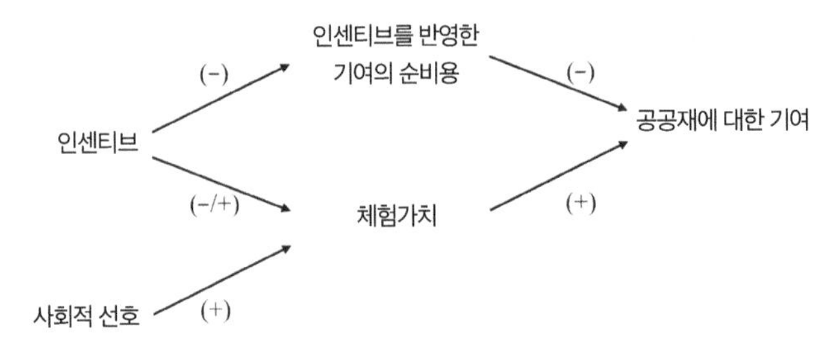

B. 분리 불가능성: 인센티브가 가치에 영향을 준다

그림 3.1 인센티브, 체험가치 그리고 공공재에 대한 기여: 분리 가능성과 동기 몰아냄 효과

화살표는 양(+) 또는 음(-)의 인과적 효과를 나타낸다. 그림 B에서 '인센티브'가 '체험가치'에 미치는 효과가 음(-)일 때 동기 몰아냄 효과가 발생한다.

로 추가된다. 인센티브 변화가 가져오는 효과는 사회적 선호의 정도에 따라 달라지지 않으며, 반대로 사회적 선호의 변화에서 발생하는 효과도 인센티브의 수준에 따라 달라지지 않는다. 이것이 바로 가산성(또는 분리 가능성)이 의미하는 것이다.

물론 이기심 패러다임은 사회적 선호의 역할을 무시하는 것일 수도 있고 아예 존재하지 않는다고 가정하는 것일 수도 있다. 하지만 공공재에 대한 기여 과정이 그림 A가 묘사한 대로라면, 그래서 인센티브의 효과가 사회적 선호의 수준과 독립적으로 작용한다면, 사회적 선호를 무시하는 것과 별 차이가 없다. 그림 A처럼 사회적 선호와 인센티브가 분리 가능하다면, 시민들을 호모 이코노미쿠스보다는 호모 소시알리스Homo socialis로 부르는 것이 더 적절한 경우에도 경제학자들이 제시한 정책은 예상대로 효과를 거둘 수 있다.

그림 B는 분리 불가능성이 존재하는 경우를 보여준다. 이 경우 분리 불가능성 문제는 위에서와 달리 인센티브가 개인의 체험가치에 미치는 효과가 음(-)이고 따라서 간접적으로 공공재에 대한 기여에 미치는 효과가 음(-)이기 때문에 발생한다. 오직 부를 소유하려는 존재로서의 시민에만 초점을 맞춘다는 점에서 존 스튜어트 밀을 따르는 경제학자들은 보통 이런 간접적인 효과를 무시해버린다. 그 이유는 그런 효과가 존재하지 않는다고 생각하기 때문일 수도 있고, 아니면 그런 효과가 존재한다고 생각하더라도 경제학이 다룰 주제는 아니라 보기 때문일 수도 있다. 하지만 그런 효과는 분명히 존재하며 또한 그런 효과로 말미암아 인센티브의 효과가 달라질 수 있다. 따라서 이제라도 경제학은 인센티브가 체험가치에 미치는 효과를 분석의 대상으로 삼아야 한다.

인센티브가 체험가치에 영향을 미치기 때문에, 인센티브의 총효과 즉 직접효과와 간접효과의 합은 인센티브 제공이 행동의 비용과 편익에 미치는 효과만을 고려할 때 기대되는 수준에 미치지 못할 수 있다. 이런 경우 인센티브가 사회적 선호를 몰아냈다고crowding out 말한다. 다르게 말하면 인센티브와 사회적 선호는 서로 대체재라는 말이다. 즉 각 요소가 행동에 미치는 효과가 다른 요소의 수준이 증가함에 따라 감소한다는 것이다. 인센티브가 사회적 선호에 미치는 효과가 양(+)이라면 아리스토텔레스적 입법자가 원하는 시너지가 존재한다고 볼 수 있다. 이 경우 끌어들임 효과crowding in가 발생한다고 하며, 이때 사회적 선호와 인센티브는 서로 보완재가 되어 서로가 서로의 효과를 강화한다.

인센티브 제공이 공공재에 대한 개인의 기여에 미치는 총효과는 보조금이 공공재에 대한 기여에 미치는 직접효과(이 경우 그 효과는 양이다)와, 보조금이 체험가치에 영향을 주고(이 효과는 양일 수도 음일 수도 있다) 그렇게 결정된 체험가치가 행동에 영향을 줌으로써(이 효과는 양이라고 가정했다) 공공재 기여에 미치는 간접효과를 합한 것이다. 분리 가능성이 존재하는 경우란 사회적 선호가 존재하지 않거나, 혹은 존재하더라도 인센티브가 '체험가치'로 나타나는 사회적 선호의 두드러짐 정도에 영향을 미치지 않아서 간접효과가 발생하지 않는 경우다. 미국의 바람막이 창 설치공이나 튀니지의 농부 사례를 비롯해 이 장 앞부분에서 언급한 여러 '교과서'적 사례는 인센티브의 효과에 대해 분리 가능성이 존재하는 경우다.

간접효과가 음(-)인 경우에는, 그래서 총효과가 직접효과보다 작은 경우에는 인센티브와 사회적 선호는 대체재가 된다(이 경우를 가리켜 '저가산적sub-additive'이라 부르기도 하고, 혹은 '음(-)의 시너지negative synergy'가 발생한다고 하거나, 또는 '몰아냄 효과'가 발생한다고 한다). 이 장의 서두에서 살펴본 것처럼 금전적 보상이 학업에 미치는 효과가 놀라울 정도로 미미하거나 심지어 거의 없는 사례가 여기에 해당한다.

인센티브의 간접효과가 음(-)이고 그 크기가 직접효과를 상쇄하고도 남을 만큼 큰 경우에는 애초 인센티브를 제공한 의도와 정반대 결과를 낳을 수 있는데, 이를 '강한 몰아냄 효과strong crowding out'라고 말한다. 인센티브 제공에 대한 보스턴 소방관들의 반응이나 하이파 부모들의 반응이 여기에 해당한다고 볼 수 있다.

간접효과가 양(+)인 경우에는 끌어들임 효과, 즉 두 효과 간 시너지가 일어난다. 이 경우 인센티브와 사회적 선호는 대체재가 아니라 보완재가 되며, 이때 둘의 관계를 '초가산적superadditive'이라고도 말한다. 분리 가능성, 몰아냄 효과, 끌어들임 효과, 강한 몰아냄 효과라는 네 가지 개념의 수학적 정의에 대해서는 부록 1을 참고하기 바란다.

▲▲▲

실험을 통해 인센티브와 사회적 선호 사이의 몰아냄 효과 혹은 끌어들임 효과가 발생하는 것을 관찰할 수 있을까? 실제로 인센티브 제공이 공공재에 대한 기여를 증가시키지 못하고 감소시킨다면, 그것은 몰아냄 효과가 발생한다는 확실한 증거가 된다. 하지만 이 정도로 강한 몰아냄 효과는 극단적인 경우에만 나타난다. 따라서 인센티브의 효과가 양(+)이라는 사실을 관찰했다고 해서 그 사실이 몰아냄 효과가 전혀 일어나지 않았다는 증거가 되지는 못한다. 몰아냄 효과가 발생했더라도 그 효과가 '강하지' 않다면 인센티브의 효과는 그 크기가 사회적 선호와 인센티브의 효과를 단순히 합한 경우만큼 크지는 않겠지만, 의도한 방향으로 나타나기는 할 것이다. 분리 가능성 아래서 인센티브 제공의 효과는 도덕에 무관심하고 오직 자기만을 고려하는 사람들의 행동과 정확하게 일치한다. 따라서 사회적 선호와 그것의 몰아냄 효과(또는 끌어들임 효과)의 존재 여부와 특성, 효과의 크기를 확인하려면 호모 이코노미쿠스를 가정했을 때 예상되는 인센티브의 효과를 준거점으로 삼아야 한다. 이 준거점으로부터 벗어난 행동이 관찰되면 그것을 사회적 선호가 존재하는 동시에, 사회적 선호가 물질적 인센티브와 분리될 수 없다는 증거로 간주할 수 있다.

보조금 같은 인센티브가 없으면 대단히 비이기적으로 행동할 사람이 보조금이 지급되자 거의 완벽하게 이기적으로 행동하게 되는 사례를 하나 들어보겠다. 후안 카밀로 카르데나스Juan Camilo Cardenas 연구팀은 실험실에서 공유자원 게임Common Pool Resource Game이라 불리는 '공공 비재화public bads' 게임을 실시했다. 이 게임의 구조는 실험 참가자인 콜롬비아 농촌 마을 주민들이 현실에서 마주하고 있는 공유자원 문제와 매우 유사했다.[14]

카르데나스는 실험에 참가한 농촌 주민들에게 가상의 '숲'(공유자원)으로부터 자원을 몇 '달' 동안 추출할 것인지 선택하도록 했다. 이 실험에서는 모든 사람이 준수한다는 전제 아래 집단의 총보수를 극대화해주는 이용 기간 수준이 존재하도록 설정했고(이 실험에서 그 기간은 1년당 한 달로 설정되었다. 즉 각 주민이 모두 1년당 한 달만 자원을 추출할 때 집단 전체의 총보수는 극대화되도록 했다), 각 개인이 집단의 총보수를 극대화할 수 있는 수준(1년당 한 달)보다 긴 기간 동안 자원을 추출하면 이보다 더 높은 이익을 얻을 수 있도록 했다. 이 실험에 참가한 농촌 주민들은 가상의 숲이 주어지는 실험실 게임이, 숲에서 삶의 자원을 마련해야 하는 당면한 현실 문제와 비슷하다는 사실을 곧바로 깨달았다. 실험에서 참가자들이 획득한 보수는 실제 화폐로 지급되었기 때문에 참가자들은 협력이 제대로 이루어지면 상당한 금액을 벌어들일 수 있었다.

이 실험의 구조는 공공재 게임과 유사하며 단지 자원의 과도한 추출이 '공공 비재화'라는 점만 차이가 날 뿐이다. 즉 보수 구조상 개별 참가자들은 다른 참가자들의 행동과 상관없이 '숲'을 과도하게 이용할 때 개인적으로 더 높은 물질적 보수를 얻을 수 있었지만, 집단 전체의 관점에서는 개별 참가자들이 자원 추출을 자제해야 최선의 결과를 얻을 수 있었다. 실험에 참가한 농촌 주민들은 자신과 다른 사람들의 행동에 따라 각각 얼마의 보수를 얻게 되는지 쉽게 확인할 수 있도록 보수표를 제공받았다. 각 농촌 주민은 14개 그룹 중 하나에 무작위로 배정되었으며, 실험은 몇 회 동안 반복적으로 의사결정이 이루어지도록 설계되었다.

카르데나스 연구팀은 행동경제학의 두 가지 관례를 그대로 따랐다. 첫째, 보수는 실제 화폐로 지급되었다. 실제로 몇몇 실험 참가자들은 상당한 금액의 화폐를 벌어 집으로 돌아갔다. 둘째, 게임은 익명으로 진행되었다. 경기자들 간의 의사소통이 가능한 경우에도 경기자가 숲으로부터 추출한 자원의 양은 실험을 주관한 연구자와 당사자만 알 수 있었다.

실험의 첫 단계는 8회 진행되었다. 이 단계에서는 어떤 인센티브도 제공되지 않았으며 피험자 간 의사소통도 허용되지 않았다. 실험 결과, 농촌 주민들이 추출한 실험 자원의 양은 개인의 보수를 극대화하는 수준보다 평균적으로 44퍼센트 낮았다. 카르데나스 연구팀은 한 마을 주민이 '숲'에서 얼마의 자원을 추출했는지, 그리고 다른 모두가 추출한 자원량이 주어졌을 때 그 주민의 개인적 보수를 극대화하려면 얼마의 자원을 추출해야 하는지를 계산한 다음, 이 둘의 차이를 이용해 각 마을 주민의 사회적 선호를 측정했다. 연구팀이 수치를 이렇게 해석한 것은 개인이 자신의 이득을 극대화하는 수준보다 적게 자원을 추출했다면 그 개인이 사회적 선호를 갖고 있다고 보는 것이 그럴듯하면서도 가장 간단한 설명이라고 여겼기 때문이다. 이 실험 첫 단계의 결과에 따르면 마을 주민들은 보편적으로 사회적 선호를 갖는 것으로 보였다.

▲▲▲

하지만 카르데나스가 궁금했던 것은 마을 주민들이 보편적으로 사회적 선호를 갖는지 여부가 아니었다. 그가 정말 알고 싶었던 것은 물질적 인센티브나 실험 참가자 간 의사소통이 자원 추출량에 어떤 영향을 미치는지, 그리고 어떤 조건 아래서 인센티브나 의사소통이 마을 주민들의 사회적 선호에 영향을 미칠 수 있는지였다. 카르데나스는 이 문제에 대한 답을 얻기 위해 다음과 같은 실험을 계속했다.

실험의 두 번째 단계는 9회 동안 진행됐다. 카르데나스는 여기에 두 가지 새로운 방식을 도입했다. 14개 그룹 중 9개 그룹에 배정된 마을 주민들에게는 게임을 하기 직전 익명성을 유지한 상태로 짧은 시간 동안 서로 의사소통할 수 있는 기회가 주어졌다. 이 그룹에 배정된 주민들은 의사소통이 허용되지 않았던 이전 단계에 비해 자원 추출을 자제했다. 다시 말해 의사소통이 허용되자 오직 자신의 보수에만 관심이 있는 사람이라면 선택했을 자원 추출량과 실제 자원 추출량의 차이가 더 커졌다. 이를 통해, 마을 주민들이 의사소통할 수 있게 되면 어느 정도는 사회적 선호가 행동에 영향을 미치는 요소로서 더 부각된다는 사실을 확인할 수 있었다.

두 번째 단계에서 14개 그룹 중 나머지 5개 그룹에서는 개인의 자원 추출량이 사회적 최적 추출량보다 많다는 사실이 그룹 내 다른 동료들에게 발각되면 그 사람에게 작은 액수의 벌금을 물도록 했다. 여기서 사회적 최적 추출량이란 모든 사람의 추출량이 동일하다는 전제 아래 그룹 전체 보수를 극대화하는 개인적 추출량을 의미한다. 그룹 구성원들이 사회적 최적 추출량보다 과도하게 자원을 추출했는지를 알기 위해, 실험 참가자들이 자원 채취 결정을 내린 후 이들 중 일부를 무작위로 뽑아 이들의 자원 추출량을 검사했다. (실험 참가자들에게는 사전에 각 개인이 이런 검사를 받을 확률이 얼마나 되는지를 알려주었다.)

예상대로 5개 그룹에 속한 마을 주민들은 벌금이 부과되지 않았던 첫 단계에 비해 처음에는 훨씬 더 적은 양의 자원을 추출했다. 결과만 봐서는 처벌이 의도한 효과를 가져온 것처럼 보였다.

하지만 이들 5개 그룹에서 게임이 반복적으로 진행됨에 따라 그룹 구성원들은 자원 추출량을 점점 늘리기 시작했다. 만일 이들이 완전히 이기적인 사람이었다면 벌금을 물 수도 있다는 사실 때문에라도 자원 추출량을 줄였을 것이다. 여기서 카르데나스가 알고 싶었던 것은 인센티브 제공이 마을 주민의 사회적 선호에 어떤 영향을 미치는지였다. 그리하여 인센티브 제공으로 그들의 행동이 완벽하게 이기적인 사람의 선택과 얼마나 달라지는지를 확인하고자 했다.

결과는 충격적이었다. 두 번째 단계가 끝날 무렵, 벌금제도가 시행된 5개 그룹에서 실험 참가자들의 자원 추출량은 완전히 이기적인 사람이 선택했을 추출량과 통계적으로 유의할 만큼의 차이를 보이지 않았다. 이 사람들이 인센티브가 제공되지 않았던 첫 번째 단계에서 스스로 추출을 자제해 완전히 이기적인 사람이 선택했을 양의 절반 정도만 자원을 추출했던 바로 그 사람들이라는 사실을 떠올려보라.

그림 3.2는 실험의 각 단계별로 그리고 두 번째 단계의 각 방식별(의사소통 허용 혹은 벌금 부과)로 마을 주민들의 자원 추출량이 완전히 이기적인 사람이었으면 선택했을 양보다 얼마나 적은지, 즉 마을 사람들이 이기적인 사람을 기준으로 볼 때 자원 추출을 얼마나 자제했는지를 보여준다.

그림에서 각 점의 높이는 사회적 선호의 정도를 나타내는 것으로 이해할 수 있다. 벌금이라는 인센티브의 제공은 일시적으로는 효과를 봤지만, 인센티브가 제공되지 않았던 첫 단계에서 보인 사회적 선호(집단 전체의 이익을 위해 자기 이익을 포기하면서까지 자신의 추출량을 자제하려 한 동기)는 거의 사라져버렸다. 이를 다르게 표현하면, 벌금의 도입은 '숲'을 보호할 추가적인 이유를 제공했다기보다는 이미 존재하던 마을 주민들의 사회적 선호를 대체해버린 것이다.

마을 주민들이 완전히 이기적이게 되더라도(사회적 선호가 뒷전으로

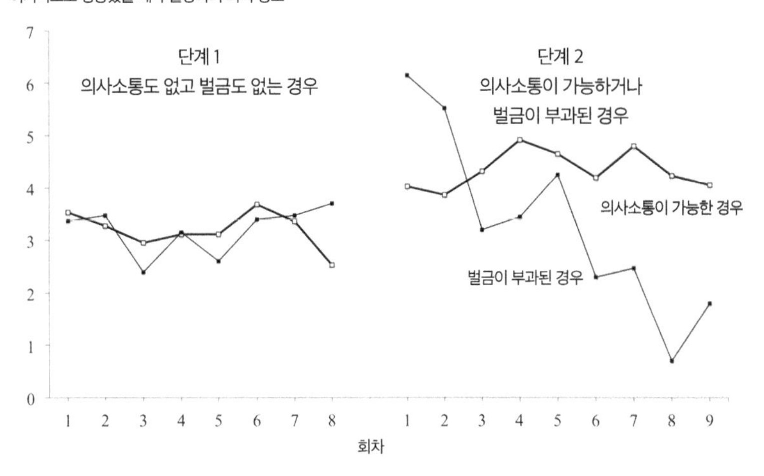

그림 3.2 의사소통과 경제적 인센티브가 사회적 선호의 강도에 미치는 효과

단계 1에서는 두 그룹이 동일한 조건 아래 실험했다. 의사소통이 허용되지 않았고 벌금도 부과되지 않았다. 단계 2의 '의사소통이 가능한 경우'라고 표기된 그래프는 게임의 구조라든지 어떻게 행동해야 하는지를 놓고 실험 참가자들 간에 토론할 기회가 제공됐을 때 나온 결과다. 이 경우에도 게임은 익명성 조건 아래 진행되었다. 한편 '벌금이 부과된 경우'라고 표기된 그래프는 실험 참가자들의 추출량을 검사해 과도한 추출이 발각되면 벌금을 내게 했을 때 나온 결과다. 벌금이 부과되는 그룹의 경우 실험 참가자들 간 의사소통은 허용되지 않았다. (자료: Cardenas, Stranlund, and Willis 2000)

밀려나더라도), 벌금이 충분히 높고 추출량에 대한 감시가 더 높은 확률로 이루어진다면 개인들의 자원 추출량은 사회적 최적 추출량과 같아질 수 있지 않을까라는 질문은 일단 남겨두자. 지금 중요한 점은 인센티브가 작동하는 것은 사실이지만, 그 과정에서 어느 정도 문화적 훼손을 동반한다는 점이다. 그런 문화적 훼손을 우려해야 하는 이유에 대해서는 6장에서 이야기할 것이다.

몰아냄 효과: 아리스토텔레스적 입법자에게 필요한 분류

앞의 실험에서 벌금을 부과하자 마을 주민들이 환경에 대한 관심을 줄인 이유는 무엇일까? 하이파의 부모들처럼 실험에 참가한 마을 주민들도 벌금을 사회규범을 위반한 대신 지불하면 되는 가격이라 여겼고, 벌금을 낼 위험을 감안하더라도 '숲'에서 자원을 과도하게 추출하는 것이 자신에게 이득이 될 수 있다는 사실을 깨달은 것으로 보인다. 물론 실험을 통해서는 마을 주민들의 행위만 관찰할 수 있을 뿐, 그들이 '숲'의 이용과 유지에 관해 어떤 생각과 느낌을 갖고 있는지까지 알아낼 수는 없다.

그런데 벌금의 도입으로 마을 주민들의 사회적 선호가 뒷전으로 밀려나는 이유를 제대로 이해하지 못한다면 이 문제를 극복할 방법을 찾아낼 수 없다. 따라서 아리스토텔레스적 입법자가 다음으로 해야 할 일은 몰아냄 현상이 일어나는 과정을 좀 더 구체적으로 알아보는 것이다. 이 입법자가 궁극적으로 알아내야 할 점은 인센티브 제공이 마을 주민들이 의사결정을 할 때 그들의 생각과 느낌에 어떤 영향을 미치는지다. 하지만 일단 그 전에라도 아리스토텔레스적 입법자는 몰아냄 효과의 유형을 분류함으로써 카르데나스 연구팀이 실시한 것 같은 실험에서 좀 더 많은 정보를 얻어낼 수 있다고 생각할 것이다.

콜롬비아 농촌 마을의 주민들이 보인 반응을 볼 때, 기부하면 세금을 감면해주는 정책이 오히려 자발적으로 기부하던 사람들의 기부를 줄어들게 하는 것은 아닐지 의심해볼 수 있다. 만일 그렇다면 이렇게 행동이 변화하는 이유는 무엇일까? 세금을 감면해주는 인센티브가 제공되어 기부의 의미가 변한 것이라면, 이는 세금을 감면한다는 사실 자체(세금 감면 액수와 상관없이) 때문일까? 아니면 세금 감면 액수가 문제일까?

인센티브의 크기 때문이 아니라, 인센티브를 제공한다는 사실 자체가 체험가치에 영향을 미치는 경우 그 효과를 '몰아냄의 범주적 효과categorical crowding out'라고 한다. 그리고 인센티브의 크기가 체험가치에 영향을 미치는 경우 그 효과를 '몰아냄의 한계적 효과marginal crowding out'라고 한다. 앞으로 보겠지만, 인센티브가 개인의 체험가치를 증가시키는 '끌어들임 효과'도 마찬가지로 범주적 효과와 한계적 효과로 구분할 수 있다.

보스턴 소방청장이 '몰아냄의 범주적 효과'와 '몰아냄의 한계적 효과'를 구분할 수 있었더라면 크리스마스 날 병가 신청이 쇄도하는 일이 벌어지지 않았을지도 모른다. 그는 과거를 돌아보며 자신의 처벌이 경미했기 때문에 실패한 것이고, 병가 신청에 대한 처벌이 충분히 무거웠다면 원하던 결과를 얻었을 수 있다고 생각했을지도 모른다. 그런데 그렇게 되려면 그가 겪었던 몰아냄 효과가 한계적인 것이 아니라 범주적인 것이었어야 한다. 다시 말해 처벌이 이루어진다는 사실 자체가 몰아냄 효과가 일어난 이유였어야 한다.

▲▲▲

이 개념들의 의미를 정확하게 이해하기 위해 그림 3.3을 보자. 이 그림은 보조금 지급이 공공재에 대한 기여에 어떤 영향을 미치는지

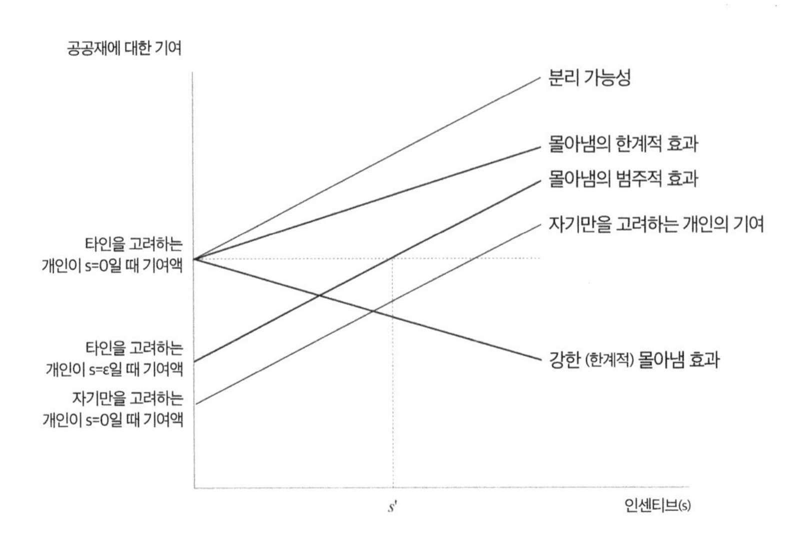

그림 3.3 인센티브와 가치 간의 분리 불가능성 아래서 시민들의 공공재에 대한 기여

맨 위 직선이 나타내는 분리 가능성 아래서는 체험가치와 인센티브가 가산적이다. 몰아냄의 범주적 효과가 발생하면 이 직선은 아래로 수평 이동한다. s=ε은 보조금이 지급되기는 하지만 그 크기가 매우 작은 경우를 의미한다. 여기서 ε은 임의의 작은 수를 의미한다. 몰아냄 효과가 강하게 발생하는 경우, 인센티브를 제공하는 것은 역효과를 낳는다. 이 사실은 '강한 (한계적) 몰아냄 효과'라고 표기된 우하향하는 직선이 보여주는 것처럼 모든 보조금 수준에서 성립한다. 몰아냄의 범주적 효과가 발생할 때 s'보다 적은 보조금을 지급하는 것도 인센티브가 제공될 때의 공공재에 대한 기여가 인센티브가 제공되지 않을 경우보다 낮다는 의미에서 역효과를 낳는다.

를 몰아냄의 범주적 효과가 일어나는 경우와 한계적 효과가 일어나는 경우, 그리고 분리 가능성이 성립해서 몰아냄 효과가 일어나지 않는 경우 각각에 대해 보여주고 있다. 각 직선의 높이는 가로축에 표시된 보조금 액수가 주어졌을 때, 인센티브와 체험가치로부터 얻는 개인의 효용을 극대화할 수 있는 기여 수준, 즉 주어진 보조금에 대한 개인의 최적반응을 나타낸다. 예를 들어 '자기만을 고려하는 개인의 기여'라고 표기된 직선은 자기만 고려하는 (그래서 애초에 사회적 선호를 갖고 있지 않아 인센티브에 의해 사라질 것도 없는) 가상적인 개인의 최적반응을 나타낸다. 이런 사람이라면 작은 액수를 기여하더라도 그것은 오직 이기심 때문이며, 따라서 기여에 대해 보조금을 받을 수 있게 되면 더 많은 금액을 기여한다. 이 다섯 개의 직선을 각 유형의 '최적반응함수'라고 부르자. 이 직선들의 기울기는 보조금의 변화가 기여 수준에 미치는 효과를 나타낸다(이 최적반응함수를 직선으로 나타낸 것은 논의를 단순화하기 위한 가정일 뿐이다).

맨 위 직선이 나타내는 분리 가능성 아래서는 체험가치와 인센티브가 가산적이다. 몰아냄의 범주적 효과가 발생하면 이 직선은 아래로 수평 이동한다. s=ε은 보조금이 지급되기는 하지만 그 크기가 매우 작은 경우를 의미한다. 여기서 ε은 임의의 작은 수를 의미한다. 몰아냄 효과가 강하게 발생하는 경우, 인센티브를 제공하는 것은 역효과를 낳는다. 이 사실은 '강한 (한계적) 몰아냄 효과'라고 표기된 우하향하는 직선이 보여주는 것처럼 모든 보조금 수준에서 성립한다. 몰아냄의 범주적 효과가 발생할 때 s′보다 적은 보조금을 지급하는 것도 인센티브가 제공될 때의 공공재에 대한 기여가 인센티브가 제공되지 않을 때보다 낮다는 의미에서 역효과를 낳는다.

'분리 가능성'이라고 표기된 맨 위 직선을 기준으로 삼자. 이 직선은 그림 3.1의 A에서 모델화한 것과 유사한 개인을 묘사하고 있다. 이 개인은 사회적 선호를 갖고 있으며 그로 인해 느끼는 체험가치 때문에 보조금이 지급되지 않더라도 맨 위 직선의 수직축 절편에 해당되는 만큼의 상당히 큰 금액을 공공재에 기여한다. 맨 위 직선의 기울기는 몰아냄의 한계적 효과가 일어나지 않는 경우의 보조금 효과를 나타낸다(왜냐하면 분리 가능성이란 이런 경우를 배제하기 때문이다).

'몰아냄의 한계적 효과'라고 표기된 직선의 기울기는 맨 위 직선보다 완만한데, 이는 몰아냄의 한계적 효과가 발생하는 경우 보조금 증가에 따른 기부금의 증가폭이 감소한다는 것을 의미한다. 직선이 우하향할 정도로 몰아냄의 한계적 효과가 강하게 발생하면 보조금이 공공재 기여에 미치는 효과는 음(-)이 될 수 있다. 이 경우라면 보조금이 증가할수록 공공재에 대한 기여액이 감소한다. 이 그림에는 나타나지 않지만, 끌어들임의 경우에도 한계적 효과가 발생하는 경우의 직선을 그려보면, 분리 가능성이 존재하는 경우를 나타내는 직선보다 더 가파른 기울기를 가질 것이다.

최적반응함수의 수직축 절편은 보조금이 전혀 지급되지 않을 때 개인이 기여하는 금액을 나타낸다. 보조금이 전혀 지급되지 않을 때, 타인을 고려하는 시민이 자기만을 고려하는 시민보다 더 많은 금액을 기여한다는 것을 확인하라. '타인을 고려하는 개인이 s=ε일 때 기여액'이라고 표기된 절편은 보조금이 지급되기는 하지만 그 액수가 매우 작을 때의 기여 수준을 나타낸다(여기서 ε은 0에 한없이 가깝지만 0은 아닌 임의의 작은 수를 의미한다). '분리 가능성' 직선과 '몰아냄의 범주적 효과' 직선의 수직축 절편의 차이는 보조금이 지급된다는 사실 자체가 사회적 선호를 얼마나 감소시키는지를 보여준다.

▲▲▲

그림 3.3은 아리스토텔레스적 입법자가 보조금 지급에 관한 결정을 내려야 할 때 필요한 정보를 담고 있다. 이는 보조금 액수가 주어

졌을 때, 몰아냄 효과의 성격과 정도에 따라 공공재에 대한 기여를 얼마나 기대할 수 있을지 보여준다. 시민들의 최적반응함수에 대한 추정 결과, 시민들이 타인을 고려하며, 보조금 지급에 따라 몰아냄의 한계적 효과가 강하게 나타날 것으로 판단되면, 아리스토텔레스적 입법자는 더 이상 인센티브를 제공하려고 하지 않을 것이다. 만약 인센티브 제공이 사회적 선호에 대한 몰아냄의 범주적 효과만을 초래한다고 여겨지면, 아리스토텔레스적 입법자는 그림에 표시된 s′보다 많은 액수의 보조금을 지급하거나 아예 보조금을 지급하지 않을 것이다. 이 그림에 따르면 0과 s′ 사이의 보조금을 지급하는 경우 오히려 공공재에 대한 기여가 감소하기 때문이다.

아리스토텔레스적 입법자라면 그림 3.3의 최적반응함수를 기꺼이 자신의 도구상자에 추가할 것이다. 그는 이 그림을 보면서 몰아냄 효과를 제대로 인식하지 못한 채 '분리 가능성'으로 표기된 맨 위 직선을 자신이 선택 가능한 정책 집합이라고 여기는 순진한 입법자가 놓일 곤경을 머릿속에 그려볼 것이다. 이런 순진한 입법자는 분리 가능성을 토대로 한 최적반응함수를 가지고 결과를 예측할 것이고, 따라서 끌어들임 효과(이 그림에 나타나 있지는 않지만)가 발생하지 않는 한, 자신의 기대에 못 미치는 실망스러운 결과를 마주하게 될 것이다.

몰아냄의 범주적 효과와 한계적 효과 측정

앞의 그래프는 단지 머릿속으로 그려보는 사고실험에 그치지 않는다. 주목할 만한 연구에 따르면 인센티브의 효과는 경험적으로도 추정할 수 있으며, 그렇게 추정한 결과를 보건대 몰아냄의 범주적 효과와 한계적 효과 모두가 발생하는 것으로 나타났다. 베른트 이를렌부슈Bernd Irlenbusch와 가브리엘 루샬라Gabriele Ruchala는 독일 학생 192명을 대상으로 공공재 실험을 실시했다. 이 실험은 세 가지 조건 아래 이루어졌다. 첫 번째 실험에서는 공공재 기여에 따른 보너스를 지급하지 않았다. 나머지 두 실험에서는 가장 많이 기여한 개인에게 보너스를 지급했는데, 그중 한 실험에서는 큰 액수의 보너스를 지급하고 다른 한 실험에서는 작은 액수의 보너스를 지급했다.[15] 실험의 보수 구조는 보너스가 지급되지 않는 경우, 개인이 공공재에 25단위를 기여했을 때 개인의 보수가 극대화되도록 설계되었다(각 개인이 기여할 수 있는 최고액은 120단위였다). 실험 과정에 발생한 모든 보수는 실험을 마친 후 보수 한 단위당 정해진 비율로 현금으로 환전되었다. 즉 콜롬비아 농촌 마을의 주민을 대상으로 한 실험과 마찬가지로 이 게임 역시 실제 화폐로 진행되었다.

그림 3.4에서 보듯 보너스가 지급되지 않는 경우의 평균 기여액은 약 37단위로 실험 참가자가 오직 물질적 보상에만 관심을 가지는 경우의 기여액 25단위보다 48퍼센트 높았다. 요컨대 콜롬비아 농촌 마을의 주민들처럼 이 실험에 참가한 독일 학생들도 강한 사회적 선호를 가진 것으로 나타났다.

작은 액수의 보너스가 지급되는 경우, 인센티브가 전혀 제공되지 않을 때(37.04단위)보다 기여액이 약간 더 증가하기는 했다(38.27단위). 하지만 그 차이는 통계적으로 유의할 정도로 크지는 않았다. 큰 액수

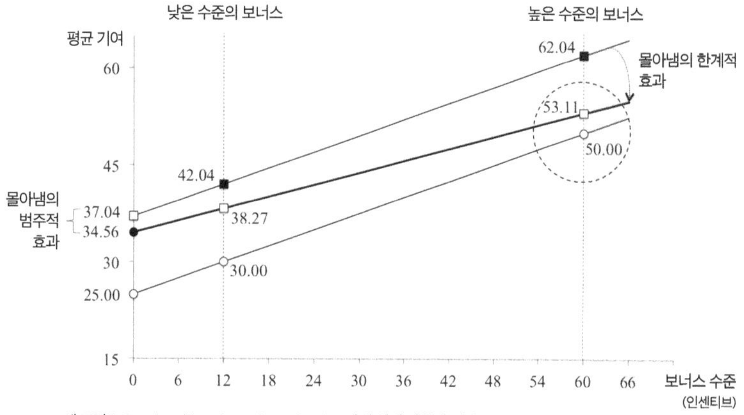

-□- 세 조건(높은 보너스, 낮은 보너스 그리고 보너스 없음) 아래 실제 관찰된 기여 수준

-●- 실험 참가자들 가운데 사회적 선호를 가졌다고 판단되는 참가자에게 아주 작은 수준의 보조금이 지급되는 경우 예측되는 기여 수준

-■- 분리 가능성 가정 아래 실험 참가자들 가운데 사회적 선호를 가졌다고 판단되는 참가자의 예측되는 기여 수준

-○- 자기만을 고려하는 실험 참가자의 예측되는 기여 수준

그림 3.4 몰아냄의 범주적 효과와 한계적 효과

이 실험은 공공재 게임으로 인센티브가 전혀 제공되지 않는 경우, 팀에서 가장 높은 기여를 한 사람에게 높은 보너스를 지급하는 경우와 낮은 보너스를 지급하는 경우를 각각 비교할 수 있도록 설계되었다. 실험 참가자가 기여할 수 있는 최고액은 120단위였다. (자료: Irlenbusch and Ruchala 2008; 본문에서 설명한 계산을 바탕으로 재구성)

의 보너스가 지급되는 경우에는 매우 많은 금액의 기여가 이루어졌지만(53.11단위), 이때 기여액 수준은 이기적인 실험 참가자가 그 정도의 보너스 아래 기여할 것으로 예상되는 금액(50단위)보다 아주 약간 높은 정도였고, 그 차이는 통계적으로 유의하지 않았다. 이 점에서도 독일 학생들은 콜롬비아 농촌 마을의 주민들과 매우 유사했다. 인센티브 제공이 효과는 있었지만 문화적 훼손을 동반한 것이다. 보너스 지급이 이미 존재하던 사회적 선호를 사라지게 한 것처럼 보

인다.

▲▲▲

그렇다면 이런 문화적 훼손을 분석하고 이러한 현상이 이 일어난 이유를 알아낼 수 있을까? 샌드라 폴라니아-레예스Sandra Polanía-Reyes와 나는 한 가지 방법을 고안해냈다.[16] 우선 우리는 몰아냄의 한계적 효과로 기울기가 감소했지만, 시민들의 최적반응함수 기울기는 모든 보너스 수준에서 동일하다고 가정했다(다시 말해 그림 3.3에 나타난 것처럼 보조금 도입 이후에도 최적반응함수는 여전히 직선이라고 가정했다). 이 가정 아래 우리는 큰 액수의 보너스가 지급되는 경우와 작은 액수의 보너스가 지급되는 경우 각각에 대하여, 실험 참가자들의 기여 수준의 관찰값을 기초로 보너스 지급이 얼마만큼 몰아냄의 한계적 효과를 낳는지, 즉 인센티브 제공이 직선의 기울기를 얼마나 감소시키는지 추정해보았다. 그 결과 보너스가 한 단위 증가할 때마다 기여액이 0.31단위 증가한다는 사실을 발견했다. 이 수치는 실험 참가자가 사회적 선호가 없는 상태에서 오직 인센티브에 대해서만 최적반응을 하는 경우의 한계효과인 0.42와 비교될 수 있다. 다시 말해, 몰아냄 효과로 인해 인센티브 제공의 한계효과가 0.11만큼 감소했으며, 이는 분리 가능성 아래 인센티브 효과의 26퍼센트에 해당하는 크기다.

또한 인센티브에 대한 반응을 추정한 결과로부터 몰아냄의 범주적 효과의 크기도 알아낼 수 있다. 몰아냄의 범주적 효과의 크기는 어떤 인센티브도 제공되지 않는 경우의 기여액(37.04단위)과 굵은 점으로 표시된, 임의의 아주 작은 인센티브('ε 인센티브')가 제공되는 경우 예상되는 기여액(34.56단위, 즉 그림 3.4에서 관찰된 점들을 통과하는 직선의 수직축 절편) 간의 차이라고 볼 수 있다. 이렇게 보면, 인센티브 제공은 범주적으로 기여액을 2.48만큼 감소시킨 것으로 나타났다. 인센티브가 전혀 제공되지 않을 때 완전하게 이기적인 개인이 기여할 것으로 예상되는 금액을 실제 기여액이 얼마나 초과하는지를 가지고 피험자의 사회적 선호를 측정할 수 있는데, 이렇게 계산된 기여액의 범주적 감소폭은 실험 참가자의 사회적 선호에 기인한 기여량 증가폭의 21퍼센트에 해당하는 수준이었다(지금까지 수치 계산이 각각 어떻게 이루어졌는지는 부록 3에서 자세히 설명했다).

보조금의 직접효과와 간접효과를 합한 총효과는 그림 3.1의 B에 나오는 인과적 과정을 통해 설명할 수 있다. 여기서는 보너스가 전혀 지급되지 않는 경우와 비교해 큰 액수의 보너스 지급이 어떤 효과를 가져오는지 살펴보자. 큰 액수의 보너스 지급이 가져오는 직접효과(그림 3.1에서 B의 위쪽 경로에 해당)는 25단위만큼의 예상 기여액 증가였다(이 수치는 보너스가 지급되지 않는 경우 예상되는 기여액 37.04와 분리 가능성이 성립하는 경우 예상되는 기여액 62.04 간의 차이다). 간접효과는 두 가지로 구분할 수 있는데, 하나는 한계적 효과이고 다른 하나는 범주적 효과이다. 앞서 본 것처럼 몰아냄의 범주적 효과 때문에 기여액이 2.48단위 감소했고, 몰아냄의 한계적 효과 때문에 기여액이 6.6단위 감소했다(여기서 6.6이라는 수치는 최적반응함수 기울기의 감소분 0.11에 보조금 액수 60을 곱한 것이다). 따라서 총효과는 직접효과(25단위 증가)에서 간접효과(9.08단위 감소)를 뺀 15.92였다. 큰 액수의 보너스가 지급되는 경우에는 음(-)의 값을 갖는 간접효과 중 한계적 효과가 차지하는 비중이 훨씬 더 컸다. 반면 작은 액수의 보너스가 지급되는 경우에는 범주적 효과가 간접효과의 대부분을 차지했다(이에 대해서는 부록 3 참고).

입법자는 그림 3.4를 통해 어떤 정책을 활용할 수 있고 각 정책이 어떤 효과를 가질지 확인할 수 있다. 흄의 원칙에 부합하도록, 시민들이 부정직하다고 가정하는 순진한 입법자라면 그림의 가장 아래쪽 흰 점들을 지나는 직선으로 정책 효과를 가늠할 것이다. 시민들이 사회적 선호를 갖고 있지만(흄은 분명이 그렇게 생각했다), 사회적 선호가 보조금을 통한 인센티브 제공과 분리될 수 있다고 생각하는(어쩌면 흄도 그렇게 생각했을지 모른다) 약간 덜 순진한 입법자라면 그림의 가장 위쪽 (사각형 점들을 지나는) 직선으로 정책 효과를 판단할 것이다. 마지막으로, 사회적 선호가 행동에 영향을 미칠 수 있으며 인센티브 제공이 사회적 선호를 몰아낼 수 있음을 인식하는 아리스토텔레스적 입법자라면 가운데 직선을 가지고 자신이 실제 어떤 정책 수단을 사용할지를 고민할 것이다.

▲▲▲

몰아냄의 범주적 효과는 다른 실험에서도 종종 관찰된다. 어떤 실험에 따르면 낯선 사람이 소파를 차에 싣는 것을 보았을 때, 약간의 금전적 인센티브가 제공되는 경우엔 인센티브가 전혀 제공되지 않는 경우보다 상대를 도와주려는 의사가 훨씬 낮게 나타났다. 반대로 중간 정도의 인센티브가 제공되는 경우엔 낯선 사람을 도와주려는 의사가 높아졌다.[17] 이런 결과는 몰아냄의 범주적 효과가 발생한 증거로 볼 수 있다. 이 데이터를 가지고 폴라니아-레예스와 내가 이를 렌부슈와 루샬라의 연구를 활용한 방식대로 추정한 결과, 인센티브가 제공되지 않는 경우와 비교해 인센티브가 제공된다는 사실만으로도 낯선 사람을 도와주려는 의사가 27퍼센트가량 줄어드는 것으로 나타났다.

카르데나스의 또 다른 실험 결과를 놓고 범주적 효과와 한계적 효과를 구분하는 작업을 진행하던 중, 이번에는 끌어들임의 범주적 효과가 발생한 것이 확인되었다.[18] 이는 인센티브와 사회적 선호가 서로를 대체하는 것이 아니라 보완할 수도 있다는 사실을 보여주는 첫 증거였다. 아리스토텔레스적 입법자라면 바로 이러한 결과를 원했을 것이다. 그러니 좀 더 자세히 살펴볼 가치가 있다.

카르데나스는 앞선 연구에서와 마찬가지로 콜롬비아 농촌 마을의 주민들을 대상으로 그들이 실제 겪는 자원 보존 문제와 비슷한 구조를 갖는 공유자원(공공 비재화) 게임을 실시했다. 카르데나스의 이전 실험과 마찬가지로, 이번에도 인센티브가 명시적으로 제공되지 않는 경우 마을 주민들은 평균적으로 개인의 보수가 극대화되는 것보다 적은 양의 '자원'을 추출했다. 이 결과는 자원을 보호하고 집단 전체의 보수를 증가시키기 위해 개인의 사적 이익을 희생할 용의가 있음을 뚜렷이 보여주는 증거다. 그런데 이 실험에서는 자원을 과도하게 추출한 사실이 발각되면 작은 액수의 벌금을 부과하기로 했더니, 벌금을 전혀 부과하지 않는 경우보다 자원을 훨씬 적게 추출했다. 이 결과는 벌금이 의도했던 효과를 가져왔다는 사실을 보여준다.

하지만 벌금이 효과적이었다는 것 자체는 주목할 만한 결과가 아니다. 중요한 것은 이기적인 사람을 가정했을 때 기대되는 벌금의 효과(자원 추출량 감소)에 비해 실험을 통해 관찰된 자원 추출량의 감소 폭이 25퍼센트 이상 컸다는 사실이다. 이는 벌금의 부과로 마을 주민들의 사회적 선호가 부각되었고, 그 결과 과도한 자원 추출을 자제하는 데에 더 많은 체험가치를 부여하게 되었음을 보여준다. 다시 말해 작은 액수의 벌금 부과로 사회적 선호가 끌려들어오게 되었으며, 인센티브 제공은 이에 부수적인 문화적 편익을 낳았음을 알 수 있다.

여기서 눈에 띄는 점은 벌금 액수를 늘리는 것은 별다른 효과가 없었다는 점이다. 벌금이 효과 있는 것은 사실이지만 결코 인센티브로서 역할을 한 것 같진 않다(만일 인센티브 역할을 했다면 벌금 액수가 증가함에 따라 벌금의 효과도 증가했어야 한다). 카르데나스는 벌금 액수가 많고 적음은 중요하지 않으며, 벌금을 부과한다는 사실 자체가 실험 참가자들에게 상호작용의 공공성과 자원 보호의 중요성을 상기하는 신호라고 보았다. 벌금이 끌어들임 효과를 낳은 이유는 숲의 자원을 추출함으로써 발생하는 물질적 비용과 이득을 상기시켜서가 아니라 상황을 특정한 방식으로 프레이밍해서다. 쉽게 말해 카르데나스는 벌금이 금전적 동기를 부추겼기 때문이 아니라 도덕적 메시지를 전달했기 때문에 효과가 있었다고 보았다.

아리스토텔레스적 입법가라면 카르데나스의 두 번째 실험에서는 작은 액수의 벌금이 사회적 선호를 강화한 반면, 첫 번째 실험에서는 정반대로 사회적 선호를 약화하는 효과를 낳은 이유가 궁금할 것이다. 물론 두 실험에 참가한 사람들이 달랐기 때문일 수도 있다. 하지만 그보다는 두 실험에서 벌금이 프레이밍되는 방식이 달랐기 때문이다. 우리는 벌금이 메시지 전달 역할을 하는 여러 사례를 살펴볼 텐데, 방금 본 사례처럼 그 효과가 양(+)인 경우 즉 끌어들임 효과가 발생하는 경우도 있지만, 그보다는 그 효과가 음(-)인 경우 즉 몰아냄 효과가 나타나는 경우가 더 일반적이다. 이런 사례를 통해 인센티브 제공이 비생산적일 수 있는 이유, 그리고 인센티브가 사회적 선호를 강화하도록 정책을 설계하는 방법에 관해 중요한 교훈을 얻을 수 있다.

아리스토텔레스적 입법자를 놀라게 하는 사실

시장경제에서는 가격이 사람들 사이에 경제적 상호작용을 매개하고 조정한다. 가격이 자원을 효율적으로 사용하도록 인센티브를 제공하는 데 실패할 경우 이를 시장실패라고 부른다. 이때 아리스토텔레스적 입법자는 시장실패를 교정하거나 완화하기 위해 최적의 조세나 벌금 또는 보조금을 설계하는 것을 자기 역할로 여긴다. 물론 어떤 정책이 최적인지는 시민들의 선호에 따라 달라진다. 하지만 앞서 언급한 증거들을 받아들인다면 이 문제는 좀 더 복잡해진다. 왜냐하면 입법자가 제공하는 인센티브에 시민들이 어떻게 반응할지는 시민들이 어떤 선호를 갖느냐에 따라 다른데, 인센티브가 이 선호 자체를 변화시킬 수 있기 때문이다. 따라서 어떤 인센티브가 최적인지는, (벌금이나 보조금 같은) 인센티브 제공으로 어떤 선호 체계가 형성되느냐에 따라 달라질 수 있다. 이렇게 형성된 선호가 인센티브의 효과를 결정하기 때문이다.

개인의 선호가 인센티브에 따라 달라진다면 입법자의 역할은 좀 더 복잡해진다. 흔히 경제학자들이 그러는 것처럼 조세나 보조금 등 인센티브를 설계할 때 시민의 선호를 단순히 주어진 것으로 간주해서는 안 되기 때문이다. 이런 어려움이 있는 것은 사실이지만, 그렇다고 해서 이 문제가 닭이 먼저냐 달걀이 먼저냐 식의 해결 불가능한 난제인 것만은 아니다.

정책을 수립할 때 몰아냄 효과가 예상된다면, 간접효과까지 고려해 유인을 설계하면 된다. 이제 입법자는 단순히 세율만 선택하는 것이 아니라, 인센티브 제공이 초래할 범주적 효과와 한계적 효과 때문에 달라질 시민들의 선호 분포까지 고려해야 한다. 즉 복잡한 사고를 하는 입법자라면 정책을 수립할 때 세율의 효과뿐 아니라, 세율 변화에 따른 선호의 변화가 가져올 효과까지 종합적으로 따져봐야 한다.

인센티브 제공을 비롯한 여러 정책이 선호에 영향을 미칠 수 있다고 보고 그림 3.3과 3.4에 나타난 개념들을 활용하면, 복잡한 사고를 하는 입법자는 최적 인센티브 제도를 설계하는 문제에 새롭게 접근할 수 있다. 이런 입법자라면 직관적으로 몰아냄 효과로 인해 인센티브의 효과가 감소할 것으로 생각하기 때문에, 인센티브의 역효과를 인식하지 못하는 순진한 입법자보다 인센티브를 적게 사용하려고 할 것이다.

'강한' 몰아냄 효과가 발생한다면, 그래서 인센티브 제공이 의도와는 정반대 결과를 초래한다면, 입법자는 당연히 인센티브를 제공하려 하지 않을 것이다. 따라서 이 경우에는 복잡한 사고를 하는 입법자의 직관('몰아냄 효과가 있을 때 인센티브를 적게 사용해야 한다')이 옳다. 하지만 인센티브의 효과를 역전시킬 정도가 아닌 약한 몰아냄 효과가 발생한다면, 복잡한 사고를 하는 입법자 입장에서는 인센티브를 더 많이 사용하는 것과 더 적게 사용하는 것, 어느 쪽이 최적인지를 판단하기가 쉽지 않다. 어떤 경우에는 복잡한 사고를 하는 입법자는 몰아냄 효과에 직면할 때 인센티브를 더 적게 사용하기보다, 직관과 달리 더 많이 사용하려 할 수도 있다.

▲▲▲

그 이유를 알아보기 위해 다음과 같은 예를 들어보자. 입법자가 사람들이 특정 수준으로 공공재에 기여하거나 공공정신에 기반하여 행동하도록, 예컨대 시민이라면 누구나 네 시간 동안 의무적인 응급처치 교육을 받도록 유도하고 싶어 한다고 해보자. 시민이 응급처치를 수행하는 데는 의무교육 네 시간이면 충분하고, 네 시간을 초과해도 추가 이득은 없다고 해보자. 더 나아가 교육받은 시간이 네 시간 미만이면 도움이 필요한 사람에게 응급조치를 수행할 때 교육받지 않은 사람보다 나을 바 없다고 해보자. 이러한 상황은 규모수익체감의 극단적 형태라 할 수 있다. 왜냐하면 이 가상적 상황에서는 교육 시간이 네 시간을 초과하면, 교육 시간이 아무리 늘어도 추가 이익이 전혀 발생하지 않기 때문이다.

이 상황이 그림 3.5에 묘사되어 있다. 이 그림의 수평선은 목표(의무교육 네 시간)를 나타낸다. 보조금을 지급하려면 비용이 발생하기 때

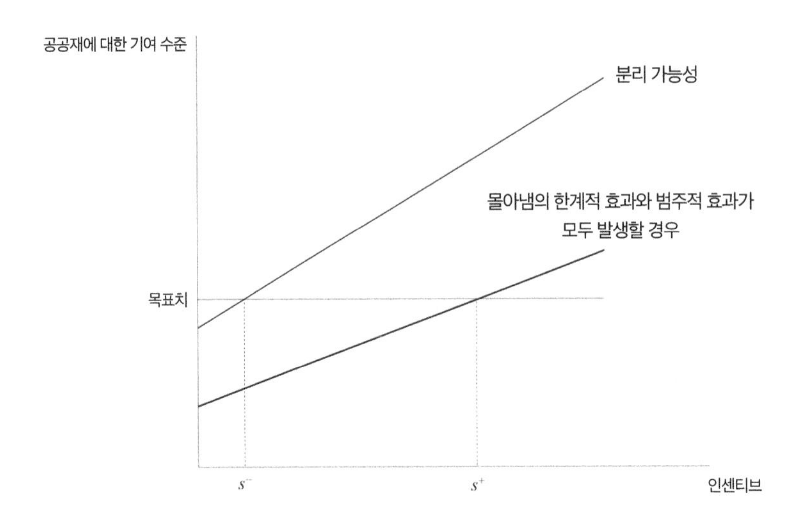

그림 3.5 단순한 입법자에 의한 인센티브의 과소 사용

몰아냄 효과를 인식하여 복잡한 사고를 하는 아리스토텔레스적 입법자는 인센티브와 사회적 선호가 분리되지 않는다는 사실을 알지 못하는 단순한 입법자가 선택하는 보조금 수준 s^-보다 많은 s^+의 보조금을 선택할 것이다.

문에, 정책입안자는 시민들이 이 목표에 도달하도록 하는 데 필요한 최저 보조금을 찾아내려고 할 것이다. 그림에 나타난 우상향하는 두 개의 직선은 앞의 두 그림에서 그대로 가져온 것으로, 아래 직선은 복잡한 사고를 하는 입법자가 고려할 정책 대안들을 나타내며, 위 직선은 단순한 입법자가 고려할 정책 대안들을 나타낸다. 이 그림대로라면, 복잡한 입법자가 목표를 달성하기 위해 선택하는 보조금 수준인 s^+는 몰아냄/끌어들임 효과를 인식하지 못하는 단순한 입법자가 선택하는 보조금 수준인 s^-보다 커야 할 것이다. .

시민들이 네 시간의 의무교육을 받으면 편익이 발생하고 네 시간에 미달하면 편익이 발생하지 않는 식으로 '목표 달성' 유무에 따라 편익이 발생한다고 가정했기 때문에 이런 결과가 나온 것은 아니다. 위의 논리는 공공재 공급량이 증가함에 따라 편익이 증가하지만 증가율은 점점 감소하는 사례에도 그대로 적용할 수 있다. 이와 같이 좀 더 일반적인 경우 복잡한 입법자는 다음과 같이 추론한다고 볼 수 있다.[19]

몰아냄 효과가 일어나는 경우, 복잡한 입법자는 보조금의 실제 효과가 단순한 입법자가 생각하는 정도보다 작을 것임을 알고 있다. 이때 정책의 편익(정책 실시로 가능해진 효과)과 정책을 실시하는 데 드는 비용을 단순 비교한다면 보조금을 좀 더 적게 지급하는 것이 적절해 보일 수도 있다. 하지만 이를 상쇄하는 두 번째 효과가 존재한다.

특정 목표 수준을 정해놓고 이를 달성하려 했던 응급처치 교육의 사례와 마찬가지로, (범주적이든 한계적이든) 몰아냄 효과가 있으면 그렇지 않은 경우에 비해 인센티브의 효과가 작을 것이다. 그 때문에 각 보조금 수준에서 공공재가 과소 공급되는 정도도 더 커질 것이다. 다시 말해 몰아냄 효과가 일어나는 경우, 모든 보조금 수준에서 시민들의 실제 최적반응함수는 항상 단순한 입법자가 생각하는 최적반응함수보다 밑에 있을 것이다(몰아냄의 범주적 효과가 없고 한계적 효과만 있다면 두 최적반응함수는 s=0인 상태에서 만날 것이다). 따라서 복잡한 입법자는 단순한 입법자보다 공공재가 과소 공급되는 정도를 더 크게 예상할 것이다.

복잡한 사고를 하는 아리스토텔레스적 입법자는 공공재 공급의 증가에 수확 체감이 발생하면, 공공재 증가에 따른 편익의 증가는 공공재 공급 수준이 낮을 때 특히 클 것임을 알고 있다. 이 경우 단순한 사고를 하는 입법자보다 복잡한 사고를 하는 아리스토텔레스적 입법자가 시민들의 기여 증가에 따라 더 큰 편익이 발생할 것이라고 예측할 것이다. 왜냐하면 어떤 보조금 수준에서도 공공재가 더 많이 공급될 것으로 생각하는 쪽은 단순한 사고를 하는 입법자일 것이기 때문이다. 따라서 아리스토텔레스적 입법자는 단순한 입법자보다 더 많은 보조금을 지급하려 할 것이다. 이것이 분리 불가능성을 고려했을 때 나타나는 두 번째 효과인데, 이 효과가 보조금 효과의 감소에 따른 첫 번째 효과를 능가할 수도 있다. 이 두 번째 효과가 없다면, 아리스토텔레스적 입법자들은 몰아냄 효과가 있을 때 작은 액수의 보조금을 지급하려 할 것이다. 그러나 복잡한 사고를 하는 아리스토텔레스적 입법자라면, 보조금 증가가 시민의 행동을 변화시켜 발생하는 편익(두 번째 효과)이 보조금 증가에 따른 한계효과의 체감(첫 번째 효과)을 상쇄하고도 남을 경우 보조금을 더 많이 지급하려 할 것이다.[20]

복잡한 사고를 하는 아리스토텔레스적 입법자가 인센티브 제도에 몰아냄 효과가 있을 것임을 알고 나서도 오히려 보조금을 더 많이 지급하려 할 수 있다는 사실이 이상해 보일지 모른다. 하지만 전혀 이상한 일이 아니다. 의사가 어떤 치료법이 생각보다 큰 효과가 없다는 사실을 발견했다고 해보자. 이 의사는 치료제를 그 전보다 적게 처방할까? 반드시 그렇지는 않다. 아예 그 치료법을 포기하고 다른 치료법을 시도할 수도 있지만, 반대로 치료제를 더 강하게 처방할 수도 있다. 아리스토텔레스적 입법자도 이 의사처럼 보조금의 효과가 생각보다 크지 않다고 판단하면 더 많은 보조금을 지급하려 할 수 있다.

하지만 치료법이 생각보다 덜 효과적일 때, 의사나 아리스토텔레스적 입법자 모두 동일한 목적을 달성할 수 있는 완전히 다른 방법을 모색할 수도 있다. 예를 들어 자연재해가 발생할 것에 대비해 대다수 사람이 응급처치를 할 줄 안다는 것이 얼마나 중요한지를 시민들에게 명확하게 홍보하는 것처럼, 사람들의 사회적 선호에 직접적으로 호소함으로써 응급처치 교육에 동참하도록 독려할 수도 있다. 아리스토텔레스적 입법자는 다른 선택지가 있는 경우 몰아냄 효과가 발생한다는 사실을 알고 보조금 정책을 완전히 포기할 수도 있지만, 시민들의 사회적 선호에 직접 호소하면서 여기에 보조금 정책을 보완하는 이른바 결합 정책을 시행할 수도 있을 것이다.

실험과 현실 사이

실험실의 결과가 실험실 바깥의 행동을 제대로 예측하지 못한다면, 몰아냄 효과가 발생한다는 실험적 증거나 그것이 아리스토텔레스적 입법자에게 주는 지침은 전혀 흥미롭지 않을 것이다. 우리는 어떤 경험적 연구에서도, 심지어 분리 가능성보다 훨씬 단순한 현상에 대해서도 실험 결과를 곧바로 현실로 일반화하고 싶어 하지만, 그런 일반화가 제대로 이루어지기 어려운 경우가 자주 있다.[21]

한 가지 예로 독재자 게임을 살펴보자. 독재자 게임은 두 사람 사이에 벌어지는 게임이다. 이 게임에서는 첫 번째 경기자에게 일정 금액을 주고, 그로 하여금 받은 금액 중 얼마를 두 번째 경기자에게 나눠줄지 결정하게 한다(나눠줄 금액은 받은 돈의 전부일 수도 있고 일부일 수도 있으며 0일 수도 있다). 이때 두 번째 경기자는 첫 번째 경기자가 분배하는 금액을 받는 수동적인 역할만 한다. 첫 번째 경기자(독재자)와 두 번째 경기자(수혜자)는 서로 인적 사항을 모른다. 이 게임을 실시해보면 보통 독재자의 60퍼센트 이상이 수혜자에게 0보다 큰 금액을 분배하며, 평균적으로 실험 주관자가 독재자에게 지급한 금액의 약 5분의 1을 수혜자에게 나눠준다.

하지만 이 실험 결과를 바탕으로 세상 사람의 60퍼센트가 길에서 만난 낯선 이에게 자발적으로 기부할 것이라거나, 도움을 청하는 노숙자에게 지갑에 든 돈의 5분의 1을 건네줄 것이라고 판단한다면, 유감스럽게도 그 예상은 빗나갈 것이다. 다른 예를 하나 보자. 과거 자선단체에 단 한 번도 기부한 적이 없다고 밝힌 참가자들도 한 유명 자선단체에 기여할 것인지를 결정하는 실험 현장에서는 주어진 실험 자원의 65퍼센트를 그 단체에 기부했다.[22] 그렇다고 해서 그들이 길에서 마주친 이웃 노숙자에게 호주머니를 털어 도움을 줄까? 그러지 않으리라는 데 내기를 걸어도 좋다.

실험실에서 관찰되는 행동과 현실의 행동에 차이가 나는 이유에 대해 한 가지 설명이 가능하다. 사람들은 자기 앞에 놓인 상황이 주는 맥락적 신호에 매우 민감하게 영향을 받는다는 것이다. 실험이라 해도 다르지 않다. 기부에 관해 실험한다는 자체가 기부행위를 하게 만들 수도 있다는 말이다.

▲▲▲

매우 잘 설계된 자연과학 실험과는 달리 인간 행동에 관한 실험에는 네 가지 외적 타당성 문제가 발생한다.

첫째, 실험 참가자는 보통 실험을 주관하는 연구자가 자신을 관찰한다는 것을 알고 있다. 그 때문에, 실험실에서 하는 행동은 완전히 익명적인 상황일 때 하는 행동과 다를 수 있고, 이웃이나 가족 또는 직장 동료가 지켜볼 때 하는 행동과도 다를 수 있다(후자가 사회행동 연구에 좀 더 적절하다). 둘째, 실험에서 다른 참가자와의 상호작용은 보통 익명적으로 이뤄지고, 지속적인 면대면 의사소통을 할 기회가 주어지는 경우는 거의 없다. 반면 경제학자와 정책입안자가 관심을 두는 실제 사회적 상호작용은 이와 다른 성격일 때가 많다. 셋째, 지금까지 대부분의 실험에서 참가자들은 대학생이었는데, 이들은 몇몇 측면에서 다른 인구 집단과 상이한 특성을 가질 수 있다. 예컨대 이들은 특정 연령만을 대표하며, 모집 과정에서 자기선별 효과가 있을 수도 있다.

마지막으로 대부분의 실험은 사회적 딜레마 문제(죄수의 딜레마 게임, 변형된 여러 공공재 게임 등이 여기에 해당한다)나 타인과의 공유 문제(최후통첩 게임, 독재자 게임 등이 여기에 해당한다)를 다룬다. 이런 설정에서는 사회적 선호가 중요하게 부각될 가능성이 높으며, 따라서 인센티브 제공에 의해 사라질 뭔가가 존재하게 된다. 따라서 이런 실험 결과를 가지고 인센티브 제공에 따라 헌혈이나 공동체 서비스 프로젝트 참여 같은 행동이 사라질 수 있다고 결론 내리는 것은 가능하다. 그러나 이를 토대로 인센티브가 쇼핑이나 호텔방 청소 같은 행동에 미치는 효과에 대해 많은 얘기를 할 수 있을 것 같진 않다. 알다시피 튀니지의 소작농이나 미국의 바람막이 창 설치공의 경우, 몰아냄 효과에 따른 인센티브 효과의 감소가 나타나지 않았다.

방금 본 것과 같은 인간 행동에 관한 실험의 네 가지 특성이 분리 가능성 문제와 관련지어 볼 때 편향된 결과를 발생시킬지 여부는 알 수 없다. 예를 들어 대부분 실험 참가자들은 실험에 참가한 대가로 '참가비'를 받는다. 이 관행 때문에 좀 더 물질 지향적이며, 따라서 문제가 되는 사회적 선호가 덜 발달된 사람들이 실험에 참가할 가능성이 더 높아지는 건 아닐까? 혹은 이와 반대로 실험 주관자들이 참가자들과 연구 주제를 놓고 의견 교환을 하지는 않더라도, 실험이 협력에 관한 것이라는 사실이 알려져 있다면 예외적으로 시민의식이 높은 사람들이 주로 실험에 참가할 수도 있는 건 아닐까?

다행히도 우리는 위에 언급한 문제에 대해 단순한 추측에 머물지 않고 그 이상을 확인해볼 수 있다. 니콜 배런Nicole Baran 연구팀의 실험을 살펴보자. 이들은 시카고대학교 경영대학원 학생들을 대상으로 실험실 게임을 실시한 다음, 실험에서 더 높은 호혜성을 보인 학생일수록 졸업 후 자신이 받은 훌륭한 교육에 대한 보답으로 출신 대학에 더 많이 기부하는지를 알아보기로 했다.

배런 연구팀은 다음의 방식으로 신뢰 게임을 진행했다. 우선 '투자자' 역할을 맡은 실험 참가자들에게 일정 금액을 지급하고 나서 그중 얼마를 '수탁자'에게 건네줄지 결정하도록 했다. 투자자가 건네주기로 한 금액은 실험 주관자에 의해 세 배로 증액되어 수탁자에게 전달되도록 했다. 수탁자에게는 자기가 받은 금액을 보고 투자자가 자신에게 얼마를 건넸는지 확인한 상태에서, 주어진 금액의 일부를 다시 투자자에게 되돌려주도록 했다(전부를 돌려줄 수도 있고 한 푼도 돌려주지 않을 수도 있다). 배런 연구팀은 이렇게 실험을 진행한 다음, 실험실에서 투자자가 큰 금액을 건네줄 때 이에 큰 금액으로 보답한 사람일수록, 현실에서 시카고대학교 동문 기금에 더 많이 기부하는 경향이 있는지 살펴봤다. 그리고 실제 그렇다는 것을 확인했다.[23]

제프리 카펜터Jeffrey Carpenter와 에리카 세키Erika Seki가 일본의 새우잡이 어부들을 대상으로 한 연구에서도 비슷한 결과를 확인할 수 있다. 이 연구 결과에 따르면, 공공재 게임에서 많이 기부한 어부일수록 현실에서도 일반적인 개별 어선 체제로 작업하기보다는 비용과 수확을 여러 어선이 공유하는 어업협동조합의 구성원이 되는 경우가 많았다.[24] 브라질 북동 지역 어부들도 비슷한 경향을 보였다. 그들 중 일부는 연안에서, 일부는 민물에서 고기잡이를 한다. 연안 고기잡이는 집단적이어서 성공 여부가 협력과 조정에 달려 있는 반면, 민물 고기잡이는 단독 작업이다. 이때 연안 어부가 민물 어부보다 공공재 게임이나 최후통첩 게임, 독재자 게임에서 훨씬 더 관대하게 행동하는 것으로 나타났다.[25]

이 테스트는 단순히 실험 참가자들이 현실에서 연안 어업이나 협력 어업처럼 협력이 중요한 생산 과정에 참여했는지 여부에만 주목한 것이다. 그런데 실험이 외적 타당성을 갖는지를 제대로 검증하려면 그 이상이 필요하다. 즉 개인별 협력 정도를 나타내는 지표를 만들어, 실험실에서 보인 협력 정도에 따라 실제 현실에서 얼마나 협력을 보이는지 확인할 수 있어야 한다. 브라질 어부의 사례에서 그런 테스트를 해볼 수 있다. 이 지역 어부들은 대형 플라스틱 양동이처럼 생긴 장치로 새우잡이를 하는데, 대개의 경우 미래 수확에 필요한 자원을 보존하기 위해서 어린 새우가 빠져나갈 수 있도록 어망 바닥에 구멍을 뚫는다.

따라서 이 어부들은 현실에서 일종의 사회적 딜레마 상황에 직면하고 있는 셈이다. 어부들은 다른 어부들이 어망에 구멍을 크게 뚫을 때(미래의 자원량을 보존하려고 할 때) 자신의 어망에는 작게 구멍을 뚫음으로써, 자신만의 수확량을 늘릴 수 있고 수입을 가장 크게 만들 수 있다. 죄수의 딜레마 게임 용어를 빌리면 어망에 구멍을 작게 내는 것은 일종의 배반 전략으로, 그렇게 함으로써 다른 사람이 어떤 선택을 하는지와 상관없이 자신의 물질적 보수를 가장 크게 만들어 준다는 의미에서 우월 전략이라고 부른다. 하지만 새우잡이 어부가 다른 어부들을 배려하는 공익 정신을 갖고 있다면, 자신이 어망 구멍을 작게 낼 때 다 같이 잃을 미래 자원의 가치를 고려할 만큼 장기적 안목을 갖고 있다면, 배반의 유혹을 견뎌낼 수 있을 것이다.

에른스트 페어와 안드레아스 라이브란트Andreas Leibbrandt는 공공재 게임으로 브라질 새우잡이 어부들의 인내심과 협동심 정도를 측정했다. 이들이 발견한 바에 따르면, 실험에서 인내심과 협동심이 높게 나타난 새우잡이 어부일수록 현실에서 어망에 구멍을 더 크게 냄으로써 공동체 전체를 위해 미래 자원을 보존하려고 했다.[26] 어망의 구멍 크기에 영향을 줄 수 있는 다른 여러 변수를 통제한 후 추정해 본 효과의 크기는 상당했다. 실험에서 측정된 인내심과 협동심이 평균보다 표준편차 1단위만큼 높은 어부라면, 대체로 구멍 크기가 평균보다 표준편차 2분의 1단위 큰 어망을 사용하는 것으로 추정되었다.

실험의 외적 타당성에 대한 증거는 에티오피아의 베일 오로모Bale Oromo족 49개 목동 집단을 대상으로 한 실험들과 현장 연구에서도 거듭 확인되었다. 이 연구들은 공유 숲 관리에 관한 것이었다. 데비시 러스타기Devesh Rustagi 연구팀은 총 679명의 목동을 대상으로 공공재 실험을 실시하는 한편, 이들이 현실에서 숲 보존 프로젝트에 성공했는지 여부도 살펴보았다.

러스타기 연구팀의 실험에 가장 일반적으로 나타난 행동 유형은 '조건부 협력자'였고, 참가자들의 3분의 1 이상이 이 유형에 해당했다.[27] 이 유형의 참가자들은 다른 사람들이 공공재에 많이 기여할수록 자신들도 많이 기여했다. 연구팀이 확인한 결과에 따르면, 숲 보존 프로젝트의 성공 여부에 영향을 미치는 다른 여러 변수를 통제했을 때, 실험에서 조건부 협력자로 드러난 목동이 많은 집단은 그렇지 않은 집단보다 숲 보존 프로젝트에 성공적이었다. 다시 말해 해당 집단이 나무를 더 많이 심었다. 조건부 협력자가 많은 집단의 구성원일수록 다른 사람들의 숲 이용을 감시하는 데 훨씬 더 많은 시간을 할애했기 때문이다. 브라질 새우잡이 어부들과 마찬가지로, 한 집단에서 조건부 협력자가 차지하는 비중이 클수록 나무도 많이 심었고 다른 목동이 무절제하게 방목하는지 감시하는 시간도 길었다.

▲▲▲

한편 여러 실험을 조사한 결과에 따르면, 실험에 자원한 학생들이 다른 일반 학생들보다 더 친사회적인 것도 아니었고, 대학생들이 일반인들보다 더 친사회적인 것도 아니었다. 오히려 그 반대인 것 같았다. 카르데나스의 공유자원 실험 결과에 따르면, 보고타에서 그가 가르치는 대학생들은 바로 앞에서 언급한 실험에 참여한 마을 주민들보다 더 이기적으로 행동했다. 독재자 게임에 참여한 캔자스시티의 창고 노동자들은 같은 실험에 참여한 캔자스시티의 커뮤니티대학 학생들보다 더 관대했다. 실험에 나타난 행동만 보면, 네덜란드에서도 학생들이 일반 시민보다 불평등 기피 정도가 덜한 것으로 나타났다.[28]

에른스트 페어와 존 리스트John List는 신뢰 게임을 학생들 대상으로도 시행해보고 코스타리카 소재 기업의 CEO들 대상으로도 시행해봤다. 그랬더니 투자자 역할을 맡았을 때 CEO들이 학생들보다 수탁자에게 더 많은 신뢰를 보였고(수탁자에게 더 많은 금액을 건네주었고), 수탁자 역할을 맡았을 때도 CEO들이 학생들보다 투자자가 보여준 신뢰에 대해 훨씬 더 많은 금액을 되돌려주는 것으로 나타났다. 이 결과는 그림 3.6에서 볼 수 있다.[29]

사회적 선호에 관한 실험의 외적 타당성을 확인하려는 이런 테스트가 고무적이긴 하다. 그러나 이 중 어떤 테스트도 실험실에서 분리 가능한 선호를 가진 것처럼 행동하는 사람이 실험실 밖에서도 그렇게 행동할지를 테스트한 것은 아니다. 현실에서 분리 가능성을 직접 테스트하기란 어렵고, 그런 테스트를 어떻게 할 수 있는지도 명확하지 않다.

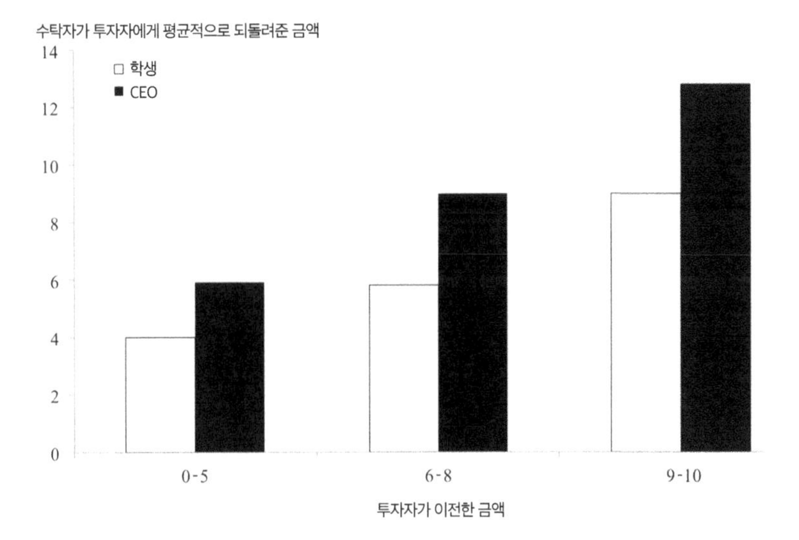

그림 3.6 코스타리카 학생들과 CEO들을 대상으로 한 신뢰 게임에서 투자자가 보낸 신뢰에 대해 수탁자가 보인 호혜성

투자자가 수탁자에게 건넨 금액에 대해 수탁자 역할을 맡은 CEO들이 같은 역할을 맡은 학생들에 비해 더 많은 금액을 투자자에게 되돌려주었다. (자료: Fehr and List 2004)

도덕과 물질적 이익 간의 시너지

존 스튜어트 밀은 정치경제학을 "단지 부를 소유하려는 존재"로서의 개인에 대한 연구로 국한시킴으로써 정치경제학을 잘못된 방향으로 이끌었다. 실제로 윤리적 동기나 타인을 고려하는 동기가 존재하지 않거나(밀은 사실 그렇게 생각하진 않았다), 인센티브의 효과가 이런 동기의 효과에 단순히 더해지는 것이라면(밀은 틀림없이 그렇게 생각했다), 밀이 이런 윤리적 동기나 타인을 고려하는 동기를 배제한

것은 놀랍기는 해도 그리 큰 문제는 아니었을 수 있다. 하지만 지금까지 살펴본 바에 따르면 이 두 가지 가정 중 어느 하나도 정당화될 수 없다.

호혜성·관대함·신뢰 같은 동기는 보편적이지만, 인센티브가 명시적으로 제공되면 사라질 수도 있다. 우리는 복잡한 사고를 하는 아리스토텔레스적 입법자가 몰아냄 효과의 성격(범주적인지 한계적인지, 강한지 약한지)과 이 몰아냄 현상이 얼마나 광범위하게 나타나는지에 관한 정보를 통해, 적절한 인센티브 수준을 결정하는 데 어떤 지침을 얻을 수 있는지 살펴보았다.

아리스토텔레스적 입법자라면 시민들의 최적반응함수와 거기서 얻어진 인센티브의 직간접 효과에 관한 새로운 정보를 일말의 망설임 없이 자신의 도구상자에 추가할 것이다. 그리고 몰아냄 효과를 현실로 받아들이고 그 조건 아래 적절한 정책을 수립하는 데만 그치는 것이 아니라, 그 이상을 하고 싶어 할 것이다. 이 입법자는 콜롬비아 농촌에서 실시된 카르데나스의 두 번째 실험에서처럼, 윤리적이고 타인을 고려하는 동기를 몰아내는 것이 아니라 오히려 끌어들일 수 있도록, 인센티브나 그 밖의 여러 정책을 프레이밍할 방법을 찾으려 할 것이다.

이렇게 생각한다는 것은 입법자의 도구상자에 또 하나의 도구가 추가된다는 것을 의미한다. 그것은 바로 끌어들임 효과를 고려한 최적반응함수다. 그림 3.5에 나타나는 것처럼 끌어들임 효과가 발생한다면, 시민들의 실제 최적반응함수(이 그림에는 나타나지 않지만)는 단순한 사고를 하는 입법자가 생각하는 분리 가능성 직선보다 위에 놓일 것이다. 즉 끌어들임 효과가 있을 때의 최적반응을 보여주는 직선을 그려보면, 분리 가능한 경우를 나타내는 직선보다 수직축 절편이 크거나(카르데나스의 실험에서처럼 끌어들임의 범주적 효과가 발생한다면), 기울기가 더 가파르거나(끌어들임의 한계적 효과로 인해 보조금의 효과가 더 크게 나타난다면), 아니면 둘 다일 것이다. 하지만 이런 현상이 발생하려면 몰아냄 효과 때와는 정반대로, 보조금의 효과가 단순한 사고를 하는 입법자의 예상을 능가할 만큼, 사회적 선호와 인센티브가 시너지를 창출할 수 있어야 한다.

그렇다면 인센티브와 사회적 선호의 분리 불가능성을 저주가 아닌 축복이 되게 할 방법이 있을까? 이를 위해서는 이 장에서 소개한 단순한 분류(한계적인지 범주적인지, 몰아냄인지 끌어들임인지) 이상이 필요하다. 아리스토텔레스적 입법자는 블랙박스를 열어 그동안 보이지 않던 몰아냄 효과의 인과적 기원을 살펴야 한다. 그래서 물질적 이해와 도덕감정이 분리될 수 없게 만드는 인지적 과정을 밝혀내야 한다.

4 장

정보로서의 인센티브

마키아벨리는 이기적인 사람도 '선한' 사람처럼 행동하도록 유도할 수 있는 정책을 고안하려 했다. 흄은 부정직한 자들의 '그칠 줄 모르는 탐욕'을 잘 인도해서 공공의 이익에 봉사하도록 하고 싶어 했다. 이런 주장은 여전히 훌륭한 아이디어로 간주된다.

하지만 부정직한 자들을 전제로 법을 만들면, 그 법이 사람들을 부정직하게 만든다. 그래서 선한 사람도 '나쁜' 사람처럼 행동하게 될 수 있다. 이런 경고는 데이비드 패커드David Packard 같은 성공한 기업인에게는 새로운 이야기가 아니다.

> "나는 1930년대 후반 제너럴 일렉트릭에서 일했다. 회사는 공장 보안에 엄청나게 신경 썼다. (…) 노동자들이 도구나 부품을 훔쳐가지 못하도록 보안 장치를 설치해 도구와 부품 창고 경비를 강화했다. (…) 기업 측이 이렇게 노동자에 대한 불신을 공공연히 드러내자, 노동자들은 마치 회사의 불신이 사실임을 입증하려는 듯 감시가 소홀한 틈을 타 도구와 부품을 슬쩍 빼돌리기 시작했다."

나중에 휴렛팩커드를 창립했을 때, 그는 이렇게 적었다.

"나는 공장의 부품 창고를 언제나 열어놓기로 했다. 이 조치는 두 가지 면에서 회사에 도움이 됐다. 상품 개발자나 노동자가 도구와 부품에 쉽게 접근할 수 있기 때문에, 집에서 혹은 주말에 회사에 나와 자신의 새로운 아이디어를 실험해볼 수 있었다. (…) 그리고 부품 창고를 열어놓는다는 사실 자체가 신뢰의 상징이 됐는데, 신뢰야말로 휴렛팩커드 경영의 핵심 요소였다."[1]

패커드의 이야기와 비슷한 맥락에서, 아리스토텔레스적 입법자도 기업과 국가가 잘 운영되기 위해서는 선의가 중요하다는 사실을 알고 있다. 서로 신뢰도 없고 관심도 없는 세상, 혹은 신뢰나 관심 따위가 전혀 중요치 않은 세상에서나 잘 작동할 법한 정책이 선의를 잠식할 수 있으리라는 점을 그는 잘 안다. 아마도 그에게 가장 힘든 도전은 사회적 선호와 경제적 이해를 자극하는 인센티브를 잘 결합하여 시너지 효과를 내는 것, 이 둘이 서로 긍정적인 영향을 끼치며 상생할 수 있는 정책을 개발하는 것이다. 이 정도까지는 아니더라도, 가령 '해를 끼치지 말라'는 원칙 정도만 소박하게 채택해 사회적 선호에는 영향을 미치지 않은 채 추가적인 효과만 가져올 수 있는 인센티브를 고안하려 할 때에도, 입법자는 몰아냄 효과가 왜 발생하는지를 알아야 한다.

실험을 통해 선호를 이해하기

2011년 샌드라 폴라니아-레예스와 나는 사회적 선호와 인센티브가 서로 분리 가능하다는 가정에 대해 살펴볼 수 있는 경제학적 실험 증거를 모으기 시작했다. 우리는 51개 실험연구를 찾았는데, 모두 100명 이상의 실험 참가자를 대상으로 진행되었으며, 실험 참가자를 모두 합하면 35개국 2만 6000명에 육박했다.[2] 우리가 모은 데이터는 독재자 게임, 신뢰 게임, 최후통첩 게임, 공공재 게임, 제3자 처벌 게임, 공유자원 채취 게임, 선물교환 게임, 그 밖에 주인-대리인 문제를 다루는 게임에서 실험 참가자들의 행동을 취합한 자료다. 이 게임들은 개인이 어떻게 행동하느냐에 따라 다른 사람들 보수에 영향을 주고, 따라서 사회적 선호가 개인 행동에 영향을 주도록 설계되었다. 한 게임을 제외한 나머지 모든 게임에서는 실험 참가자들 간 관계가 전략적이다(경기자의 보수가 다른 경기자들이 어떻게 행동하느냐에 따라 달라지고, 모든 경기자가 이 사실을 안다고 할 때, 경기자들의 관계가 전략적이라고 말한다). 여기서 전략적 관계가 아닌 하나의 예외는 독재자 게임이다. 독재자 게임에서는 한 경기자가 주어진 일정액 중 얼마를 상대 경기자에게 줄지 결정하고, 상대 경기자는 주어지는 양을 수동적으로 받기만 한다. 요컨대 금액을 나눠주는 역할을 맡은 경기자의 보수는 다른 한 경기자의 행동에 영향을 받지 않으므로, 이 게임은 전략적이지 않다. (이상의 게임들은 표 3.1에 간략히 소개되었고 부록 2에도 자세히 설명되어 있다.)

몇몇 예외를 제외하면, 대부분의 실험은 인센티브가 선호에 어떤 영향을 주는지를 테스트하거나 그런 효과가 왜 일어나는지를 보기 위해 고안된 것은 아니다. 이 실험들의 원래 목적은 비이기적 선호가 어떤 것인지, 그게 어느 정도인지를 보기 위한 것이다. 하지만 앞 장의 몰아냄의 범주적·한계적 효과 분석에서 보듯, 우리는 인센티브가 사회적 선호에 어떤 영향을 줄지와 관련해 여러 가설을 테스트할 방법이 있다.

우리는 이 장 전체에서 동일한 방법을 사용할 것이므로 여기서 우리가 사용할 방법의 논리를 잠시 살펴봐도 좋겠다. 폴라니아-레예스와 내가 직면했던 문제는 앞선 실험들이 행위자의 선호를 직접 측정하고 있지는 않다는 점이었다. 그 실험들에서 측정하려 한 것은 실험 참가자의 마음속 선호가 아닌 드러난 행동이었고, 실험 목적은 제약과 물질적 보상에 대한 기대가 바뀜에 따라 참가자들이 어떤 행동을 취하는지였다. 따라서 우리가 할 일은 실험 참가자의 행동을 관찰한 다음, 이를 토대로 그들이 게임에 나타날 수 있는 모든 가능한 결과를 어떻게 평가하고 있는지를 역추론해내는 것이었다. 다시 말해 우리는 실험에 드러난 참가자의 행동으로부터 이런 행동의 배후에서 참가자를 그렇게 행동하도록 이끄는 선호를 추론해내고자 했다. 이 같은 방법을 경제학에서는 '현시선호revealed preferences'라고 한다.

제임스 안드레오니와 존 밀러John Miller는 〈GARP에 따른 도움주기 행동Giving according to GARP〉이라는 연구 논문에서 이런 방식을 사용해 실험 데이터로부터 이타주의적 효용함수를 역으로 도출했다(GARP란 '현시선호의 일반공리Generalized Axiom of Revealed Preference'의 약자다).[3] 이 논문의 골자는, 예컨대 개인들의 쇼핑 행태로부터 아이스크림에 대한 선호를 찾아내는 데 사용되는 경제학 분석 도구를 그대로 사용하여, 이타주의적 선호와 그것이 사회적 행동에 미치는 영향을 분석할 수 있다는 이야기였다. 이것이 내가 사람들의 행동(실험실에서 하는 행동이든 실제 살아가며 하는 행동이든)을 설명하면서, 그들의 행동을 그들이 원하는 목적을 얻기 위한 시도라고 해석하는 이유다. 이 방법은 경제학에서는 자주 사용되는 표준적인 방법이다. 하지만 이를 사회적 선호에 적용해보는 것은 그 방법론을 새로운 방향으로 틀어보려는 시도다. 그림 3.1처럼, 사람들이 바라는 목적은 고정된 것이 아니며 목적 자체도 인센티브 사용에 의해 영향을 받을 수 있음을 보여주는 결과가 적지 않다.

▲▲▲

실험 데이터로부터 사회적 선호를 유추해내는 작업이 어려운 까닭은 이렇다. 상호작용이 전략적일 때, 실험 참가자의 행동은 자신의 선호뿐 아니라 다른 사람이 어떻게 행동할 것으로 믿느냐에도 의존하기 때문이다. 명확히 말해 선호란 자신의 행동이 가져올 결과에 대한 개인의 평가다. 반면 믿음은 자신의 행동이 어떤 결과를 낳을지에 대한 이해, 말하자면 인과관계에 대한 이해다. 믿음이 문제가 되는 이유는 (독재자 게임을 제외한) 대부분의 실험에서 개인들이 받게 될 보수는 자신의 행동뿐 아니라 상대방의 행동에도 영향을 받는 까닭에, 상대방의 행동을 어떻게 예상하느냐에 따라 개인의 행동이 달라질 수 있기 때문이다.

이 경우 실제 일어난 행동으로부터 선호를 유추해내는 작업이 얼마나 어려워지는지 이해하기 위해, 앞 장에서 묘사한 신뢰 게임을 떠올려보자. 투자자가 수탁자에게 초기 자원 중 상당한 액수를 이전하기로 했다고 해서(수탁자는 투자자가 이전한 금액의 세 배를 받는다), 곧바로 투자자가 관대한 선호를 가진 사람인지 이기적인 사람인지 결론을 내릴 수는 없다. 왜냐하면 이기적인 투자자라도 수탁자가 받은 금액의 절반 이상을 돌려줄 것이라는 믿음이 있다면, 큰 금액을 이전할 만한 동기가 부여되기 때문이다. 상대가 절반을 돌려줄 것이라는 믿음대로라면, 1달러를 이전했을 때 1.5달러를 되돌려받는다. 그 믿음 아래 '투자' 수익률은 50퍼센트에 육박한다. 이런 계산에 이타주의가 반드시 요구되는 건 아니다.

어쩌면 투자자가 큰 금액을 이전한 것은 적어도 그가 수탁자를 신뢰한다는(수탁자에게 이전한 돈 가운데 충분히 큰 액수를 돌려받을 것으로 믿는다는) 증거가 될지 모른다. 하지만 그게 아닐 수도 있다. 투자자는 수탁자가 받은 돈을 하나도 되돌려주지 않을 사람으로 믿는데도 그가 가난하기 때문에 그렇게 했을 수 있다. 이 경우라면 신뢰가 아니라 관대함이 동기가 될 것이고, 그게 (스스로에게도) 최선의 결과라 여겼기 때문일 것이다.

따라서 실험에 드러난 행동이 선호 때문인지 믿음 때문인지 구별하기란 쉽지 않다. 하지만 실험을 잘 고안하면, 특정 행동에 영향을 미칠 만한 동기들만 추려내는 것이 가능하다. 반복되지 않는 일회성 신뢰 게임에서 수탁자가 (세 배로 불려져) 받은 금액 중 상당한 양을 투자자에게 돌려주었다면, 그 행동은 이기심에서는 절대 나올 수 없는 행동이다. 이 경우처럼 실험 참가자들의 행동을 최소한의 동기들로 환원해보더라도 개인이 사회적 선호를 갖는다는 사실을 인정할 수밖에 없을 때, 나는 "실험 참가자가 외견상 이기심 이외의 동기를 가진 것으로 보인다"고 표현한다. 여기서 '외견상'이라는 말을 굳이 쓰는 이유는, 실험이 선호 자체를 직접적으로 관찰한 것은 아니기 때문이다. 하지만 관측된 행동으로부터 선호를 추론해낼 수 있다는 전제 아래, 오해의 소지가 없는 경우라면 나는 '외견상'이라는 말을 생략하기도 한다. 덧붙이자면 그림 3.4에서처럼, 전적으로 이기적인 사람이라면 어떤 행동을 취했을지, 그리고 선호와 인센티브가 독립적으로 작용한다면(단순히 가산적으로 작용한다면) 어떤 결과가 나타날지를 예측할 수 있다.

우리는 실험 결과들로부터 선호를 유추해내기 위해, 우리가 3장에서 본 이를렌부슈와 루샬라의 실험에서 몰아냄의 한계적 효과와 범주적 효과를 분석했을 때 사용한 것과 동일한 방법을 따랐다. 우리는 인센티브가 실험 참가자들의 행동에 준 총효과를 관측하고 나서, 그 값이 직접효과만 존재한다고 가정했을 때 예측되는 결과(그림 3.1의 두 그림에서 맨 위에 있는 화살표)와 얼마나 다른지를 확인했다. 관측된 총효과가 직접효과(물질적 비용과 이득만을 고려했을 때의 효과)와 다르면, 인센티브가 실험 참가자들의 (관측되지 않은) 체험가치를 어떻게든 변화시킨 것으로, 그 결과 그의 행동을 변화시킨 것으로 해석할 수 있다(그림 3.1의 맨 아래 화살표).[4]

폴라니아-레예스와 내가 발견한 바는 이렇다. 대부분의 인센티브는 체험가치에 부정적인 효과를 끼친다. 실험 결과에 따르면, 시민이나 피고용인을 완전히 이기적인 사람으로 믿는 정책은 사람들을 정확히 그 믿음에 부합하는 방향(이기적인 방향)으로 행동하게 만들곤 한다. 이제 우리가 해야 할 일은 왜 그런지를 이해하는 것이다.

인센티브의 의미

몰아냄 효과가 나타나는 원인을 규명하는 데 도움을 얻기 위해 프리드리히 하이에크의 글 하나를 옮겨보자. 하이에크는 가격을 메시지로 해석할 것을 주장한 사람이다.[5] 예를 들어 미국 중서부 지방의 가뭄으로 밀 가격이 상승해 빵 가격이 오르고 있다고 해보자. 이 경우 가격은 다음과 같은 메시지를 전달한다. "빵이 예전보다 희소해졌으니 빵 소비를 줄여라. 오늘 저녁에는 빵 대신 감자나 쌀로 만든 요리를 준비하는 게 좋을 것이다." 하이에크는 경제를 조직화하는 시스템으로서 시장이 발휘하는 뛰어난 능력은, 가격이 전달하는 메시지가 우리에게 어디에 주의를 기울여야 하는지 알려주는 데 있다고 지적했다. '빵 대신 감자를 먹어라, 그러면 돈을 절약할 수 있을 것이다'라고.

인센티브도 일종의 가격이다. 하이파의 정책 당국이 아리스토텔레스적 입법자와 상의했더라면, 놀이방에서 아이를 늦게 데려가는 부모에 대한 벌금이 주는 메시지는 아마도 이런 것이었을 수도 있다. "늦게 오시는 바람에 놀이방 선생님들에게 비용이 발생하고 있습니다. 제때 오시도록 조금만 더 노력해주십시오." 하지만 빵 가격이 적어도 대략적으로나마 제대로 된 정보를 전달해주는 것과 달리, 하이파 부모들의 지각에 부과된 가격은 부모들로 하여금 지각을 '줄이는' 방향과 반대로 움직이게 하는 잘못된 메시지를 전달했다.

▲▲▲

3장에서 이야기한 몰아냄의 범주적 효과와 한계적 효과의 구분에 덧붙여, 몰아냄 효과가 일어나는 두 가지 인과적 메커니즘을 구별해 보려 한다.

첫째, 인센티브는 선호에 영향을 미친다. 인센티브는 우리가 놓인 상황이 어떤 상황인지 신호를 전해줌으로써, 그 상황에 적절한 행동이 무엇이며 우리가 가진 상이한 선호들 가운데 어떤 선호를 적용해야 하는지 알려준다(예컨대 "쇼핑할 때는 이기적으로만 행동해도 무방하다. 하지만 가족관계에서는 그렇게 행동하면 안 된다"). 이를 가리켜 '선호가 상황 의존적'이라고 말한다. 여기서 인센티브의 존재와 성격 자체는 우리가 처한 상황의 일부가 된다.[6]

둘째, 몰아냄 효과는 인센티브가 사람들이 생애에 걸쳐 자신의 선호를 습득해나가는 과정 자체를 변화시키기 때문에 나타난다. 이를 가리켜 '선호가 내생적'이라고 말한다. 실험 증거를 통해 인센티브가 이 과정에 어떤 영향을 주는지 이해를 도울 수도 있다. 그러나 대부분의 실험은 사회적 학습 과정이나 사회화 과정을 포착해내기에는 너무 짧다. 실험은 길어봐야 고작 한 시간가량인 반면, 사회적 학습이나 사회화 과정은 아동기와 청소년기 전체에 걸쳐 일어나며, 이 과정에서 선호가 내생적으로 형성된다. 선호의 내생성에 대해서는 다음 장에서 살펴보자. 이번 장에서는 선호가 상황 의존적임을 보여주는 실험 사례들을 살펴볼 것이다.

상황 의존성이 나타나는 이유는 다음과 같다. 선호는 우리 행동에 동기를 부여하는데, 이때 선호는 다양하고 이질적인 레퍼토리로 구성되고(악의적 선호, 이익 극대화 선호, 관대한 선호 등), 이 다양한 선호들 중 어떤 선호가 전면에 부각될지는 의사결정이 내려지는 상황의 특성에 의존한다. 우리는 직장 상사가 갑질을 하려 들 때, 쇼핑할 때, 이웃과 교류할 때 각각 다른 선호 체계를 작동시킨다. 예를 들어 상대가 갑질을 하려 든다면 그에 걸맞은 적대적인 선호를 끌어낼 것이고, 이웃과 교류할 때면 그에 걸맞게 관대한 선호에 따라 행동할 것이다.

이것이 어떻게 작동하는지를 보기 위해, 선물을 주고받는 행위를 생각해보자.[7] 경제학자들은 가장 완벽한 선물은 돈이라고 생각한다. 선물을 주는 경우 받는 사람이 무엇을 원하는지 모를 수 있지만, 돈으로 주면 받는 사람이 자신에게 가장 필요한 물건이나 서비스를 고를 수 있기 때문이다. 하지만 경제학자들이라고 해서 친구와 가족, 직장 동료들에게 생일이나 크리스마스 선물로 돈을 주는 경우는 거의 없다. 사려 깊고 애정 어린 관심이나 배려는 선물에 담아 전달할 수 있어도 돈으로는 전달할 수 없다는 사실을 우리는 잘 알고 있다. 선물이란 단지 자원의 이전이 아니다. 선물이란 주는 사람이 받는 사람과의 관계를 어떻게 생각하는지를 알려주는 일종의 신호다. 돈은 선물과는 다른 신호를 전달한다.

인센티브에 대해서도 같은 말을 할 수 있지 않을까? 심리학자들은 흔히 그렇게 생각한다. 마크 레퍼Mark Lepper 연구팀은 그 이유를 다음과 같이 설명한다. "손에 잡히는 보상을 사용한다는 것은 다중의 사회적 의미를 갖는다. 매일매일 일상에서 보상을 받을 때 우리는 그것이 보너스인지 뇌물인지, 성과 인센티브인지 급료의 일부인지를 구별한다. (…) 물질적 보상은 이를테면 (1) 어떤 조건과 상황에서 제공되는지, (2) 보상을 주는 사람이 어떤 동기로 제공하는지, (3) 보상을 주는 사람과 받는 사람의 관계가 어떤지에 따라 다른 의미를 전달한다."[8] 인센티브가 전달하는 정보, 즉 지금이 어떤 상황인지, 주는 사람의 동기가 무엇인지, 둘 사이의 관계가 어떤지 등의 정보는 인센티브를 받는 사람의 사회적 선호에 영향을 줄 수 있다. 때때로 그렇게 전달되는 정보는 불쾌한 내용을 담고 있을 수 있다.

인센티브가 불쾌한 소식을 전달할 때

인센티브는 목적을 갖는다. 때로는 인센티브를 통해 그 목적이 너무 명백히 드러나기 때문에 인센티브의 대상이 되는 사람은 인센티브를 설계하는 사람이 어떤 사람인지, 그 사람이 나를 어떻게 생각하는지, 그리고 내가 수행해야 할 작업의 성격이 어떤 것인지 등을 유추할 수 있다.[9]

따라서 인센티브는 이런 경로를 통해 선호에 영향을 미칠 수 있다. 이 이야기는 경제학자들에게도 익숙하다. 마크 레퍼 연구팀이 지적하듯, 인센티브는 '보상을 설계하는 사람의 동기가 무엇인지를 추정'할 수 있게 해준다. 인센티브는 그가 어떤 의도를 갖고 있는지(이익을 극대화하려는 사람인지 공정함을 추구하려는 사람인지), 그가 상대방을 어떻게 생각하는지(상대방을 열심히 일하려는 사람으로 생각하는지 아닌지), 일의 성격이 어떤지(얼마나 힘들고 부담스러운 일인지) 등을 알려준다. 이렇게 드러난 정보는 그 일을 수행하려는 상대방의 동기에 영향을 줄 수 있다.

15일 이상 병가를 내는 소방관을 감봉 조치하겠다는 보스턴 소방청장의 협박은, 소방청장 자신이 소방관들을 신뢰하지 않으며 소방관들을 가급적 (특히 월요일과 금요일에) 출근하지 않으려는 사람들로 믿고 있다는 정보를 전달한다. 따라서 소방관들은 상사가 자신들을 믿지 않는다는 사실을 알게 되고, 이에 맞춰 자신들의 동기 구조를 바꿨던 것 같다. 물론 우리는 병가가 갑자기 증가한 이유를 정확히 알 수는 없다. 어쩌면 하필 그때 지독한 독감이 돌기 시작했을지도 모른다. 따라서 왜 몰아냄 효과가 발생하는지를 이해하려면 당시 일어난 일 자체를 관찰하는 데 머물지 않고, 실험으로부터 추가적 증거를 찾아내야 한다.

인센티브가 전달하는 '불쾌한 소식bad news' 효과는 보통 주인(principal)과 대리인(agent)의 관계에서 나타난다. 주인은 시간당 임금률이나, 약속된 작업이 지연될 경우 적용할 벌칙 등 인센티브를 설계하며, 인센티브를 통해 대리인으로 하여금 좀 더 주인의 이익에 부합하는 방향으로 행동하도록 유도하고자 한다. 이것이 성공하려면 주인은 실행을 염두에 두고 있는 모든 가능한 인센티브 각각에 대해 대리인이 어떻게 반응할지를 알고 있어야 (혹은 추측할 수 있어야) 한다. 물론 대리인도 이런 사실을 잘 알고 있다. 따라서 대리인의 행동에 영향을 미칠 수 있는 여러 가능한 방법 가운데 하나로 주인이 특정 인센티브를 선택할 때, 대리인은 주인이 무슨 생각으로 그렇게 했는지를 파악해낼 수 있다.

▲▲▲

인센티브가 때로는 제대로 작동하지 않게 됨을 말해주는 실험 하나를 보자. 이 게임은 독일 학생들을 대상으로 했다. 실험은 3장에서 본 코스타리카 CEO들과 학생들 대상의 신뢰 게임과 기본 구조는 동일했다. '투자자' 역할을 맡은 주인은 '수탁자' 역할을 맡은 대리인에게 일정액을 이전한다. 이 게임에서도 보통의 신뢰 게임과 마찬가지로 이전된 금액은 세 배 불어나 수탁자에게 전달된다. 수탁자는 투자자가 얼마를 전달했는지 확인하고, 자신에게 전달된 금액(투자자가 이전한 금액에서 세 배 불어난 금액) 중 일부를 되돌려준다(전부를 돌려줘도 되고 한 푼도 안 돌려줘도 된다).[10]

다만 이번 실험은 통상적인 버전의 신뢰 게임을 조금 변형하여 진행되었다. 우선 투자자가 수탁자에게 돈을 전달할 때, 얼마를 되돌려받고 싶어 하는지 희망액을 밝히도록 했다. 그리고 이와 함께 인센티브 조건도 추가했다. 즉 실험의 일부 세션에서는 투자자가 미리 밝힌 희망액보다 수탁자가 작은 액수를 되돌려주는 경우, 투자자가 수탁자에게 벌금을 부과할 수 있는 권리를 주었다. 그리고 투자자는 사전에 이 권리를 행사할지 여부를 미리 선언하도록 했다. 다시 말해, 이 '벌금 조건'에서 투자자는 벌금 부과 권리를 행사할지 말지 미리 선택할 수 있고, 수탁자는 전달받은 돈 중 얼마를 돌려줄지 결정하기

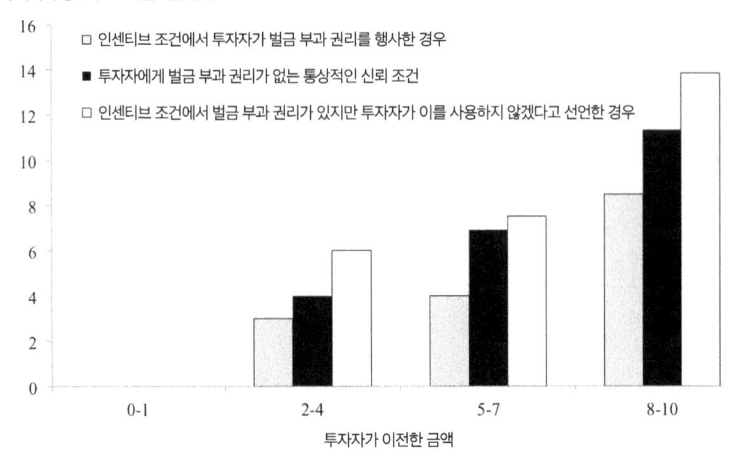

그림 4.1 신뢰 게임에서 인센티브를 사용하지 않겠다는 결정이 호혜성을 끌어들인다

투자자에게 벌금을 부과할 수 있는 권리를 줬지만 투자자가 그 권리를 행사하지 않겠다고 선언했을 때, 수탁자가 되돌려주는 금액의 크기가 가장 컸다. (자료: Fehr and Rockenbach 2003)

전에 투자자가 벌금을 부과할지 여부를 놓고 어떤 선택을 내렸는지 안다. 이와 비교하기 위해 벌금 관련 인센티브를 부여할 권리가 일체 없는 통상적인 '신뢰' 조건에서도 실험을 진행해보았다. 그림 4.1이 이 실험 결과를 요약해준다.

신뢰 조건(그림의 검은색 막대, 즉 벌금 부과 권리가 주어지지 않을 때)에서 수탁자는 투자자가 관대한 금액을 이전해줬을 때 큰 금액을 돌려주는 것으로 화답했다. 하지만 요구한 액수를 돌려주지 않으면 벌금을 부과하겠다고 선언한 경우(회색 막대), 투자자의 이전 금액이 동일하더라도 수탁자가 되돌려주는 금액은 줄어들었다. 이는 벌금제도 때문에 투자자에 대한 수탁자의 호혜성이 낮아졌음을 의미한다. 흥미롭게도 투자자가 벌금을 부과할 권리가 있는데도 이를 사용하지 않겠다고 선언한 경우(흰색 막대), 수탁자가 되돌려주는 금액이 가장 컸다(투자자가 이전한 금액 대비 수탁자가 되돌려준 금액의 상대적 크기가 가장 컸다).

벌금 부과 권리가 있을 때 이를 사용하지 않겠다고 선언한 투자자들은 전체의 3분의 1에 불과했다. 그런데 이들의 보수는 벌금 부과 권리를 실제로 사용한 투자자들에 비해 50퍼센트 정도 높았다. 페어와 로켄바흐Bettina Rockenbach는 이것이 '불쾌한 소식' 효과 때문이라고 해석했다. 이에 따르면 신뢰 조건에서, 혹은 벌금 조건인데도 투자자가 벌금 부과 권리를 포기하겠다고 선언한 경우, 투자자가 건넨 금액의 크기는 그가 수탁자를 얼마나 믿는지를 나타내는 신호로 작용한다. 하지만 투자자가 벌금의 위협과 함께 건넨 금액의 크기는 이와 다른 메시지를 전달했으며, 그런 메시지를 전달받은 수탁자는 호혜성 수준을 낮췄다.[11] 투자자 입장에서는 벌금 부과 권리가 있어도 이를 거부한다고 선언할 수 있게 되면서, 자신이 수탁자를 신뢰한다는 메시지를 보낼 기회를 얻은 셈이다.

▲▲▲

여기서 우리는 제도나 조직을 설계할 때 참고할 만한 교훈을 얻을 수 있다. 인센티브가 주인이 악의적 의도를 갖고 있거나 대리인을 신뢰하지 않는다는 불쾌한 소식을 전달해주는 신호로 기능할 때, 몰아냄 효과가 나타날 수 있다. 이는 주인과 대리인의 관계에서 흔히 나타날 수 있다. 하지만 이와 반대로 주인이 공정하거나 그가 대리인을 믿는다는 신호를 전달할 수단을 갖는 경우라면 그 효과는 반전될 수도 있다.

폴라니아-레예스와 나는 벌금의 위협에 부정적으로 반응하는 사람들이 누구인지 살펴보고 싶었다. 실험연구들을 검토한 결과, 몰아냄 효과가 나타난 사람들은 내재적 동기에 따라 행동하거나 공정성을 추구하는 사람들이었음을 확인할 수 있었다. 이윤을 극대화하는 데만 관심 있는 사람들에게는 인센티브 때문에 사라질 어떤 것도 없다. 이는 그리 놀라운 결과는 아니니다. 하지만 벌금을 부과할 수 있는데도 그 권리를 포기한 투자자들의 행동 및 그에 대한 수탁자들의 반응은 아리스토텔레스적 입법자에게 모종의 시사점을 준다.

인센티브가 도덕과 거리두기를 부추길 때

몰아냄 효과를 초래할 수 있는 또 다른 이유를 살펴보자. 이번 이유는 경제학자들에게는 다소 덜 친숙한 것이다. 대부분의 경우 사람들은 어떤 행동이 적절한지 따질 때 맥락적 단서를 찾게 되는데, 인센티브가 그 단서가 되기도 한다. 인센티브가 가져오는 프레이밍 효과에 대한 설득력 있는 한 가지 설명에 따르면, 시장 친화적 인센티브는 심리학자들이 '도덕적 거리두기moral disengagement'라고 하는 현상을 일으킨다. 도덕적 거리두기란 "사람들이 자신들의 윤리적 스위치를 필요에 따라 켰다 껐다 할 수 있기 때문에" 나타난다.[12]

이 경우 인센티브가 부정적인 효과를 일으킨다면 인센티브가 주인이 어떤 사람이며 어떤 의도를 가졌고 대리인을 어떻게 생각하는지 등의 정보를 전달하기 때문이 아니다. 이 효과는 비전략적 상황에서도 나타날 수 있다. 레퍼 연구팀의 말을 빌려 이야기하자면 인센티브는 "보상이 어떤 조건과 상황에서 제공되는지"에 대한 정보를 전달함으로써 어떻게 행동하는 것이 옳은지 알려준다. 실험적 증거들을 보면 몰아냄 효과를 야기하는 원인으로서 도덕적 거리두기 효과는 앞서 말한 불쾌한 소식 효과와는 구별된다. 불쾌한 소식 효과를 보여주는 실험에서는 대개 인센티브를 도입하는 주체가 함께 게임을 벌이는 또 다른 행위자인 주인이다. 이와 달리 도덕적 거리두기를 입증하는 실험에서 인센티브의 대상자들은 인센티브를 설계한 사람과 게임을 벌이는 것은 아니다. 도덕적 거리두기를 보여주는 실험에서 인센티브를 도입하는 주체는 (카르데나스의 콜롬비아 농촌 실험에서처럼) 게임 참여자가 아닌 실험을 진행하는 주관자인 경우가 대부분이고, 인센티브 도입 주체가 게임에 참가하는 사람인 경우라면 동등한 지위를 갖는 구성원이다.

맥락적 단서는 미묘한 차이로 작동하며, 그에 대한 반응은 그것을 인지하지 못하는 상태에서 일어난다. 몰래 커닝할 기회가 있고 커닝해서 높은 금전적 보상을 얻을 수 있는 상황을 만든 다음, 실험실을 적당히 밝게 했더니 실험 참가자들 중 25퍼센트 미만이 커닝을 시도했다. 이때 실험실 밝기를 약간 줄였더니 커닝을 시도하는 사람이 절반 이상으로 늘었다(물론 이때 실험실 밝기가 달라지더라도 커닝을 적발하는 데 어려움의 차이는 없었다). 다른 실험에서는 독재자 게임을 할 때 실험 참가자들에게 짙은 선글라스를 쓰게 했더니 색 없는 안경을 쓰고 게임에 임한 사람들에 비해 상대에게 훨씬 덜 관대한 몫을 건넸다.[13]

이 연구팀은 검은색 안경이나 약간 어두운 방이 실험 참가자들에게 익명성이 보장된다는 느낌을 갖게 한다고 해석했다. 하지만 이때 익명성이라는 느낌은 완전히 착각이다. 실험 참가자가 검은색 안경을 썼다고 해서 자신의 행동이 관찰될 가능성이 줄어들었다고 생각할 리는 없다. 더군다나 실험이 실험실이라는 폐쇄된 좁은 공간의 컴퓨터 단말기 앞에서 이루어진다는 걸 감안하면 더욱 그렇다. 개들도 어두울 때 더 많이 훔치지만, 개들이라면 그 이유가 도덕적 거리두기 때문은 아닐 것이다.[14]

검은색 안경은 단지 익명성에 대한 맥락적 단서일 뿐이다. 마치 정말로 익명적인 것처럼 행동해도 좋다는 일종의 암시다. 이것이 왜 중요한지 알아보기 위해 사람들에게 개인적 행복에 대해 다음 두 가지 방식으로 묻는다고 생각해보자. 하나는 "당신이 무척 즐거웠던 경험을 몇 가지 알려주세요"라고 묻는 방식이다. 다른 하나는 "당신이 무척 즐거웠던 경험을 몇 가지 알려주세요. 단 당신이 어떤 대답을 하더라도 당신의 답변은 누구에게도 알려지지 않습니다"라고 묻는 방식이다. 검은색 안경은 마치 두 번째처럼 묻는 효과를 낳는다. 사람들에게 어떤 종류의 위반은 해도 좋다는 맥락적 단서를 던져주는 것이다.

▲▲▲

익명성의 정도는 우리가 가족·직장·시장 등 사회적 교류의 영역 어디에 있느냐에 따라 급격히 달라진다. 앨런 페이지 피스크Alan Page Fiske는 사회적 교류가 이루어지는 양식에 따라 네 가지 심리학적 관계 모델을 제시했다. 그에 따르면 네 가지 관계란 권위적 관계, 공동체적 관계, 평등주의적 관계, 시장적 관계인데, 이 네 유형마다 문화적으로 적절하다고 규정된 고유의 행위 패턴이 있다.[15] 인센티브는 우리가 이 네 유형 중 어디에 있는지를 알려주는 정보다. 부분적으로는 각 상황마다 익명성 정도가 달라서 사람들의 행동도 달라진다. 인센티브란 시장에 일반화되어 있고, 시장은 익명성의 공간이며 다른 사람들과 일정한 거리를 두고 행동하게 되는 공간이기에, 인센티브가 익명성을 상상하게 하는 단서로 작용할 수 있다.

한 가지 예를 보자. 이 예는 시장에서의 상호작용이 가져오는 도덕적 거리두기 효과가 문자 그대로 익명성 문제만은 아니라는 것을 보여준다. 아르민 팔크와 노라 제흐Nora Szech는 독일 본대학교 학생들에게 아주 귀여운 쥐 사진 하나를 보여주면서, '그들의' 건강하고 어린 쥐를 독가스로 죽이는 데 동의해줄지 물었다.[16] 그리고 그 어린 쥐들을 독가스로 처분하는 데 동의해준다면 보수를 주겠다고 제안했다. 실험 참가자들이 결정을 내리기 전에 쥐가 독가스로 죽음에 이르는 끔찍한 비디오도 보여줬다.

이런 '개인 조건' 실험과 별도로 '시장 조건' 실험도 진행했다. 이번에는 실험 참가자들에게 그 쥐를 독가스로 죽이는 데 이미 동의한 다른 학생에게 쥐를 팔 수 있는지 물었다. 팔크와 제흐가 설정한 가설은 다음과 같았다. "개인 조건에서 쥐를 죽이는 데 동의하길 주저했던 학생들도, 시장 조건에서는 그런 결정을 내릴 가능성이 있을 것이다." 왜냐하면 다른 학생에게 판매함으로써 그 처분 행위로부터 일종의 거리두기를 할 수 있기 때문이다.

개인 조건(비시장 조건)의 실험에 참여했던 참가자들 중 46퍼센트가 10유로 이하의 금액을 받는 조건으로 그들이 맡은 쥐의 처분을 허락했다. 그런데 쥐를 처분하는 데 동의해줄 다른 사람에게 자신이 맡은 쥐를 파는 것이 가능해지자, 10유로 이하의 금액에 그 쥐를 팔겠다고 말한 사람은 72퍼센트로 늘었다.

이어서 팔크와 제흐는 실험 참가자들에게 자기가 맡은 쥐를 처분하는 데 동의하기 위해서는 얼마를 받아야 한다고 생각하는지 물었다. 이렇게 얻어진 수치를 통해, 개인 조건에 있는 실험 참가자들에게 얼마를 지급해야 이들 중 72퍼센트(시장 조건에서 쥐를 팔겠다고 답한 실험 참가자의 비율)가 자신의 쥐를 포기하겠다고 결정할지 계산해낼 수 있었다.

팔크와 제흐가 발견한 결과는 놀라웠다. 개인 조건에 참여한 실험 참가자들의 72퍼센트가 자신이 맡은 쥐를 죽게 하는데 동의하도록 하려면, 이들에게 47.5유로를 지불해야 했다. 시장 조건에서는 10유로만 줘도 72퍼센트가 쥐를 넘겨줄 용의가 있었다는 것을 떠올려보자. 시장 조건 실험과 개인 조건 실험에 나타난 다섯 배 가까운 금액의 차이는 시장 환경이 만들어낸 도덕적 거리두기 효과가 그만큼 크다는 것을 의미한다.

실험 참가자들이 쥐를 죽이는 데 동의하도록 만드는 금액이, 시장 조건에서 낮아진 이유는 인센티브 자체 때문이 아니다. 시장 조건에 있든 개인 조건에 있든, 쥐를 처분하는 데 동의하면 금전적 인센티브를 받기로 되어 있었다. 두 조건이 다른 것은, 실험 참가자들이 시장 조건에서는 도덕과 거리를 둔다는 점 때문이다.

이와 달리 죽을 운명에 놓인 쥐를 실험 참가자가 사면 그 쥐를 살릴 수 있게 한 후, 참가자가 쥐를 살리기 위해 얼마를 지불할 용의가 있는지 알아보는 것도 의미 있을 것이다. 만일 이때 결과가 앞서 시장 조건에서 얻은 결과와 비슷하다면, 즉 개인 조건에 비해 시장 조건에서 쥐를 살리기 위해 지불할 용의가 있는 금액이 급감한다면, 그 이유는 시장 자체가 아니라 시장이라는 상황이 주는 거리감이라는 특성 때문이라고 결론 내릴 수 있을 것이다.

▲▲▲

엘리자베스 호프먼Elizabeth Hoffman 연구팀은 실험에서 게임을 뭐라고 부르는지에 따라 강력한 프레이밍 효과가 발생한다는 것을 확인한 바 있다.[17] 이들은 행동경제학에서 자주 활용하는 실험인 최후통첩 게임을 실시했다. 최후통첩 게임은 다음과 같이 진행된다. 먼저 '제안자'라 불리는 실험 참가자에게 일정 금액을 주고 이를 '응답자'라 불리는 상대 참가자와 어떻게 나눌지 결정하게 한다. 응답자는 제안자에게 얼마의 금액이 주어졌는지 아는 상태에서, 제안자의 배분 결정을 받아들일지 말지 선택할 수 있다(응답자는 받아들일지 말지 선택할 수 있을 뿐 역제안을 할 권리가 없기 때문에, 제안자의 배분 결정은 최후통첩이 된다). 응답자가 이 제안을 받아들이면 제안자의 결정에 따라 돈을 나눈 후 집으로 돌아가면 되고, 만일 거부하면 둘 다 한 푼도 받지 못한다.

최후통첩 게임은 지금까지 세계적으로 수백 개 이상의 피실험군을 대상으로 실시된 바 있다(다음 장에서 경제학자·인류학자로 구성된 연구팀이 실시한 비교문화 실험에 대해 이야기할 것이다). 문화권마다 결과가 다르게 나왔지만, 응답자들은 대체로 자신에게 너무 적은 몫을 주겠다는 제안자의 결정에 단호히 거절을 선택했다. 실험을 마치고 이뤄진 토론 과정에서 일부 실험 참가자들은 제안자들의 불공정함에 분노를 표현하기도 했고, 그 분노 때문에 자기에게 한 푼도 돌아오지 않을 것을 알면서도 거절을 선택했다고 대답하기도 했다. 파이를 불공정하게 나누겠다는 제안자가 이득 보는 꼴을 보느니 차라리 그게 낫다는 것이었다.

제안자가 파이의 꽤 큰 몫을 응답자에게 나눠주겠다고 제안한 경우, 그런 결정을 내리게 된 동기는 좀 더 복합적이다. 예를 들어 5대 5로 나누겠다고 한 경우, 이 결정이 제안자의 공정함이나 관대함 때문인지, 아니면 제안자는 완전히 이기적인데 응답자가 공정함을 추구하는 사람이어서 낮은 금액을 제안하면 이를 거절할 것이라고 판단했기 때문인지는 확인할 수 없다.

그런데 호프먼 연구팀이 실험을 진행하면서 게임 이름을 단순히 '교환' 게임으로 바꾸고 제안자와 응답자를 각각 '판매자'와 '구매자'라 불렀더니, 제안자들의 제안 금액이 낮아졌으며 낮은 금액에 대한 응답자들의 거부율도 하락했다. '교환' 게임으로 이름을 붙였을 뿐 게임에 추가적인 인센티브가 제공되는 것도 아니었다. 단지 바뀐 이름이 어떻게 행동해야 적절한지에 대한 실험 참가자들의 판단에 영향을 준 것이다. 응답자들에게 나타난 변화를 보자면, 새로운 이름이 무엇이 공정한 제안인지에 대한 그들의 판단 기준 자체를 변화시켰을 수도 있고, 혹은 그들 마음속에 공정성이라는 요소를 덜 부각시켰을 수도 있다. 다른 한편 제안자들은 새로운 이름 아래 덜 관대해졌거나, 혹은 응답자가 낮은 제안을 거절할 가능성을 덜 걱정하는 듯이 행동했다.

이름을 어떻게 붙이느냐에 따라 결과가 크게 달라질 수 있다는 사실은 이후에도 (모든 경우는 아니지만) 많은 실험에서 확인되었다. 호프먼 연구팀의 실험에서도 그랬을 수 있는데, 어떤 경우에는 프레이밍 효과가 실험 참가자들의 선호를 바꾼다기보다는 타인이 어떻게 행동할지에 대한 믿음을 변화시키는 것으로 분석됐다.[18]

게임 이름만 프레이밍 효과를 낳는 것은 아니다. 인센티브만으로도 강력한 프레이밍 효과를 낳을 수 있다. 앤드루 쇼터Andrew Schotter 연구팀은, 서바이벌 게임을 하는 미국 최초 리얼리티 텔레비전 프로그램이 방영되기 1년 전에 이와 유사한 방식으로 변형된 최후통첩 게임을 실시한 바 있다. 연구팀은 실험 참가자들 간에 시장경쟁과 유사한 '서바이벌' 게임을 도입한 결과, 참가자들의 공정성에 대한 인식이 크게 약화되더라는 사실을 확인했다. 실험 참가자들은 일단 표준적인 최후통첩 게임을 벌였는데, 이때 결과는 앞서 살펴본 실험 결과와 크게 다르지 않았다. 즉 제안자들이 상당한 몫을 제안한 경우 응답자들은 이를 수락한 반면, 적은 몫을 제안한 경우 제안은 거절되었다.

하지만 실험 참가자들에게 이제부터 낮은 보수를 얻은 사람들은 탈락해 두 번째 게임에 참가하지 못한다고 말했더니, 제안자들은 덜 관대한 몫을 전달하기 시작했고, 응답자들은 낮은 제안도 수락하기 시작했다. 연구팀의 해석은 이랬다. "시장에 고유한 경쟁은 경쟁이 없었더라면 정당화되기 힘든 행동들을 정당화해준다."[19]

▲▲▲

이러한 설명은 설득력 있어 보이지만, 앞서 본 실험들과 마찬가지로 이 실험도 도덕적 거리두기에 대한 직접적인 증거를 제공해주지는 않는다. 하지만 인센티브가 사람들 마음속에서 윤리적 추론을 얼마나 후퇴시키는지, 그 정도를 직접적으로 측정해낼 수 있는 경우도 있다.

인류학자·경제학자들이 대규모 연구팀을 꾸려, 문화적 조건이 서로 다른 15개 사회에서 독재자 게임과 제3자 처벌 게임을 실시한 적이 있다. 이 실험에는 아마존 유역, 북극 지방, 아프리카의 수렵·채취 부족, 가나 아크라Accra의 제조업 노동자, 미국 대학생 등이 포함되었다.[20] 독재자 게임이란 실험 참가자가 자신에게 주어진 금액을 상대방과 어떻게 나눌지 결정하고 상대 경기자는 그 결정을 그대로 따를 수밖에 없는 게임임을 기억하자. 제3자 처벌 게임은 두 사람 사이에 벌어지는 독재자 게임을 제3자가 관찰하고, 독재자의 분배 결정에 일종의 징계를 내릴 수 있게 만든 게임이다.

제3자 처벌 게임에서 제3자는 독재자가 주어진 몫을 상대방과 어떻게 나누는지 관찰한 다음, 독재자에게 징계성 벌금을 부과할 수 있다. 제3자 역할을 맡은 실험 참가자 대부분이 인색한 독재자를 처벌하는 경향을 보인다. 그리고 독재자들도 제3자들이 그럴 것이라고 예상한다. 그렇다면, 제3자가 존재해서 인색한 배분 결정에 대해 처벌할 가능성이 있을 때, 독재자는 제3자가 존재하지 않을 때(인색한 결정을 하더라도 처벌될 가능성이 없는 경우)보다 상대방에게 더 많은 몫을 나눠주리라고 예측할 수 있다.

하지만 그런 결과는 나타나지 않았다.

놀랍게도 실험이 실시된 15개 집단 중 단 두 집단에서만, 제3자 처벌 아래 독재자가 단순한 독재자 게임일 때보다 상대방에게 통계적으로 유의할 만큼 더 많은 몫을 나눠줬다. 심지어 4개 집단에서는 제3자가 존재할 때 통계적으로 유의할 정도로 더 적은 몫을 전달하기도 했다. 아크라에서 실시된 제3자 처벌 실험에서는 41퍼센트에 달하는 독재자가 제3자로부터 벌금을 부과받았는데, 이 실험에서 독재자가 상대방에게 전달해준 몫은 단순 독재자 게임 때보다 30퍼센트가량 적었다. 벌금이라는 인센티브는 독재자로 하여금 좀 더 많은 몫을 상대에게 나눠주도록 이끌어내지 못했다. 그러기는커녕 반대의 효과만 낳았다.

윤리적 동기가 사라져버린 것일까? 그렇다는 것을 확인해주는 몇몇 증거가 있다. 보통의 독재자 게임에서는, 독재자가 주요 종교 중 하나(예컨대 이슬람교, 혹은 러시아 정교를 포함하는 기독교)를 믿는 경우 종교가 없는 경우에 비해 약 23퍼센트가량 많은 몫을 상대에게 건넸다. 하지만 제3자 처벌 게임에서 이런 '종교 효과'는 사라져버렸다. 제3자의 벌금 위협이 있는 게임에서는 종교 신자라고 해서 종교가 없는 이들과 비교해 더 관대하지 않았다. 벌금이라는 금전적 인센티브가 존재한다는 사실이 현 상황을 관대함 같은 종교의 도덕적 가르침이 더 이상 적절한 행동 기준이 아닌 것으로 규정해버린 듯했다.

또한 제3자로부터의 벌금 형태로 제시된 인센티브가 경제적 관심을 부각시켰다는 증거들도 있다. 표준적인 독재자 게임에서 독재자의 결정은 독재자 역할을 맡은 실험 참가자의 현실 경제적 처지와는 상관관계가 없는 것으로 알려져 있다. 하지만 제3자 처벌 게임에서는 독재자 역할을 맡은 실험 참가자의 현실 경제적 처지가 그의 배분 몫 결정에 크게 영향을 미치는 것으로 나타난다. 제3자 처벌 게임에 내재한 인센티브가 종교적이고 도덕적인 고려 대신 그 자리에 경제적 동기를 채워 넣었던 것 같다. 이 실험 결과들은 인센티브가 애초에 사회적 선호를 갖고 행동하던 사람들에게 영향을 미침으로써 몰아냄 효과를 초래할 것이라는 예상에 부합한다. 사라질 도덕성이 없던 사람들에게는 그런 효과도 나타나지 않는다.

▲▲▲

도덕적 거리두기를 보여주는 증거들은 아리스토텔레스적 입법자가 취할 수 있는 수단이 엄청나게 많다는 것을 알려준다. 이제 입법자는 레퍼 연구팀이 말했듯 물질적 보상이 '뇌물로도 혹은 보너스로도' 프레이밍될 수 있고, '성과 인센티브로도 혹은 급료의 일부로도' 프레이밍될 수 있음을 알게 됐다. 우리는 여기에다 물질적 보상이 때로는 '상으로, 벌금으로 혹은 징계로' 프레이밍될 수 있다는 점을 추가할 수 있다. 아리스토텔레스적 입법자는 사회적 교류를 위한 도덕적 프레임을 구성하거나 억제하는 것이 그리 어렵지 않음을 알게 될 것이다.

인센티브가 자율성을 침해할 때: 통제 기피

인센티브가 사회적 선호를 몰아내게 되는 세 번째 이유를 보자. 사람들은 인센티브가 자신들을 통제하려는 의도에서 도입되었다는 게 분명할 때, 그러한 인센티브의 정치적 본질에 대해 부정적으로 반응한다는 것이다.[21] 심리학자들은 어떻게 인센티브나 제약조건이 사람들의 자율성을 침해하는지를 연구해왔고, 그런 인센티브의 부작용이 어떻게 사람들의 내재적 동기를 감소시키는지를 설명하고자 했다.[22] 여기서 중요한 심리적 메커니즘은 내재적으로 동기 부여된 행동을 할 때 생겨나는 "역량감과 자기결정권"이라는 욕구다.[23]

인센티브가 주인(예컨대 고용주)이 대리인(예컨대 피고용인)을 통제하고자 한다는 메시지를 전달할 수 있음을 이해하기란 어렵지 않다. 하지만 방금 말한 역량감과 자기결정권을 향한 욕구라는 심리적 메커니즘을 보여주는 대부분의 증거는 비전략적 상황에서, 즉 인센티브를 도입하는 주체가 주인이 아닌 상황의 실험에서 나온 것이다.

자기결정권 메커니즘은 인센티브의 영향을 받는 사람의 자율성에 대한 욕구 자체에 기인한다. 이 점이 앞서 본 다른 두 메커니즘(불쾌한 소식 메커니즘과 도덕적 거리두기 메커니즘)과 다르다. 다시 말해, 여기서 문제는 인센티브의 대상인 사람 입장에서 주인이 자신을 통제하려 한다고 유추할 수 있느냐 없느냐가 아니고, 주인이 어떤 의도를 갖는지에 대해 부정적 정보가 전달되느냐 마느냐도 아니며, 현 상황에 적절한 행동이 뭔지 알려주는 맥락적 단서의 문제도 아니다.

레퍼 연구팀은 다른 논문에서 "그 자체로 바람직한 행동이 그 이면에 감춰진 어떤 목적을 위한 수단이 되는 경우, 그 행동이 더 이상 목적 자체로 여겨지지 않게 되는" 이유를 규명하고자 했다. 연구팀 설명에 따르면 인센티브는 사람들 자신의 동기에 대한 인식을 변화시킨다. "사람들의 행동을 통제하는 외적 강화 조건external reinforcement contingencies이 두드러지고 명확하며, 그 행동을 설명하는 데 충분할수록, 사람들은 자신의 행동 이유를 외적 통제 조건에서 찾는다. 하지만 이런 외적 강화 조건이 인식되지 않는다면 (…) 그는 자신의 행동을 자신의 성향, 이해 그리고 욕구에서 나오는 것으로 생각한다."[24] 이때 사람들은 끊임없이 자기 정체성을 형성하고 확인하려 하며, 자기가 자율적 존재라는 사실을 스스로에게 확신시키는 방식으로 행동한다. 그런데 인센티브가 주어지면 그런 확신은 설득력이 떨어지게 된다. 인센티브가 그의 행동이 인센티브 때문에 나오는 것일 수 있다는 또 다른 설명을 제공하기 때문이다.

심리학자들에 따르면 사람들이 보상 없이도 행동 자체로부터 만족을 얻고 있을 때 인센티브의 도입이 행동을 '과잉 정당화'할 수 있으며, 인센티브가 부여됨에 따라 개인들은 스스로를 더 이상 자율적 존재로 여기지 않게 될 수 있다고 한다. 1장에서 언급한 실험 사례를 떠올려보자. 이제 막 걸음마를 배우기 시작한 아이들의 경우, 어른이 손을 뻗어 닿지 않는 물건을 집는 것을 도와줬다고 장난감을 상으로 주면, 상을 받지 않은 아이들에 비해 이후 어른을 덜 돕게 되더라는 이야기 말이다. 이 연구를 진행한 저자들은 다음과 같이 결론 내렸다. "보상이 주어지고 나면, 아이들은 예전에는 그 자체로 충분한 목적일 수 있었던 행동을 단지 더 가치 있는 목적을 성취하기 위한 수단으로만 인식하기 시작한다."[25] 그 결과 돕고자 하는 내재적 동기가 감소한다. 그리고 이제 보상 자체가 충분치 않다고 느끼면 도움주기를 그만둘지도 모른다.

▲▲▲

과잉 정당화를 보여주는 대표적 실험 하나를 살펴보자. 아이들이 예전에는 보상 없이도 열의를 갖고 수행했던 행동에 대해 보상을 해준 후 아이들의 동기가 어떻게 변하는지 관찰하고자 하는 실험이다. 먼저 한때 그림 그리기를 좋아한 아이들을 추려 세 가지 조건에서 그림을 그리게 했다.[26] 첫 번째, '예상치 못한 보상 조건'에서는 일정 시간 동안 그림을 그리게 한 다음, 한 아이를 뽑아 '우수 화가상'이라고 적힌 카드에 금색 별과 빨간 리본을 붙이고 밑에 아이 이름을 적어서 주었다. 두 번째, '예상된 보상 조건'에서는 그림 그리기 전 상장 카드를 보여주면서 "우수 화가상을 타고 싶니?"라고 묻고, 그 밖에는 첫 번째 조건과 동일하게 진행했다. 아이들은 모두 대회에 참가하겠다고 했고, 그림을 그린 후 모두 상을 받았다. 세 번째 조건에서는 상이 없었다.

2주 후, 실험 주관자들은 일상적인 학교 일과 시간 동안 아이들이 어떤 활동을 선택하는지 관찰했다. '예상된 보상 조건' 실험에 참여했던 아이들은 '예상치 못한 보상 조건'이나 '상이 없는 조건'에 참여했던 아이들에 비해 절반 정도만 그림 그리기를 선택했다. 게다가 '예상된 보상 조건' 실험에 참여했던 아이들은, 실험에 참여하기 전보다 미술 활동을 확실히 더 적게 선택했다. 더 나아가 실험 때 아이들이 그린 그림의 수준을 평가해봤더니, '예상된 보상 조건'에 참여했던 아이들 그림은 '상이 없는 조건'에서 참여했던 아이들 그림에 비해 눈에 띄게 수준이 낮았다(그림 수준을 평가한 사람은 각 아이들이 어떤 조건에서 실험에 참여했는지 모르는 상태에서 그림을 평가했다).

연구자들이 이 실험을 고안했던 이유는 이런 부정적인 효과가 상을 줘서 나타나는 것인지, 아니면 상이 주어질 것을 알고 그 활동을 선택했기 때문에 나타나는 것인지를 구별해보기 위해서였다. 아이들의 이후 행동에 영향을 미친 것은 상을 주리라는 기대이지 상을 주었다는 사실 자체가 아니었다(상을 준 것 자체가 문제라면 '예상된 보상 조건'에 참여한 아이들과 '예상치 못한 보상 조건'에 참여한 아이들 사이에 차이가 나타나지 않았어야 했다). 이는 아이들에게 나타난 부정적인 효과는 자율성이 침해된 것과 관련 있으며, 상을 받았다는 사실 자체 때문은 아님을 말해준다.

이런 해석은 평소 즐겨 하던 일도 누가 잘하는지 가까이서 감시하거나 마감을 설정해놓으면, 물질적 보상이 제공되었을 때 나타나는 것과 거의 유사한 부정적 효과가 나타난다는 다른 관찰 결과들과도 부합한다. 레퍼 연구팀은 "어른들이 불필요할 정도로 가까이서 감시한다거나 필요하지 않은데도 마감 시한을 설정할 때 초래되는 좋지 않은 결과는 보상 때문이라기보다는 아이들의 행동에 과잉 제약을 설정한 데서 오는 것"이라고 지적했다.[27] 그렇다면 몰아냄 효과를 초래하는 것도 물질적 보상 자체가 아닐 수 있다. 이게 사실이라면 아리스토텔레스적 입법자는 공공정책을 설계할 때 중요한 함의를 하나 얻은 셈이다. 이 문제는 나중에 다시 이야기하자.

▲▲▲

일반적으로 심리학자들의 과잉 정당화 실험에서는 인센티브가 실험을 주관하는 연구자들에 의해 제공된다. 반면 경제학자들의 실험은 인센티브가 게임에 참가하는 경기자 중 한 사람에 의해 제공되는 전략적 상호작용의 상황을 다루곤 한다.

아르민 팔크와 미하엘 코스펠트는 자기결정권을 확보하려는 동기에서 나오는 통제 기피 현상 때문에 때때로 인센티브가 성과를 저하시키는 결과를 가져올 수 있는지 확인하고자 했고, 이를 위해 다음과 같은 주인-대리인 게임을 실시했다.[28] 대리인(피고용인)이 '노력' 수준을 높일수록 자신에게는 손해가 되고, 주인(고용주)에게는 이득이 되도록 보수가 설계된 상황에서, 피고용인 역할을 맡은 실험 참가자로 하여금 노력 수준을 결정하게 했다. 대리인의 선택에 따라 주인과 대리인의 이익 크기가 결정되며, 대리인이 0의 노력 수준을 선택할 때 자신의 보수가 최대가 되는 설정이었다.

대리인이 결정을 내리기 전에 주인은 노력 수준의 결정을 완전히 대리인의 재량에 맡겨놓거나, 아니면 대리인이 노력 수준을 선택할 때 어느 수준 이하는 선택하지 못하도록 하한선을 설정할 수 있었다. 하한선 수준은 사전에 실험 주관자가 정해놓았고, 주인은 이미 설정되어 있는 하한선을 부과할지 말지만 결정했다. 대리인이 자기 이익만을 생각하고 행동하는 사람이라면, 하한선이 부과됐을 때는 하한선이 요구하는 노력 수준만큼만 선택할 것이고, 하한선이 부과되지 않으면 0의 노력 수준을 선택할 것이다. 주인이 대리인을 그런 사람으로 생각한다면 하한선을 부과하는 것이 주인의 보수를 극대화하는 선택이 될 것이다.

그런데 실험에서 대리인들은 주인이 하한선을 부과하지 않았을 때보다 하한선을 부과했을 때 더 낮은 노력 수준을 선택했다. 이런 부정적인 반응을 예상했기 때문인지, 중간 혹은 낮은 수준으로 하한선을 설정해놓고 이를 부과할 것인지를 선택할 수 있도록 설계된 실험에서는 주인 역할을 맡은 참가자들의 3분의 1 미만만이 하한선을 부과하기로 결정했다. 그리고 이렇게 대리인을 '신뢰하지 못했던' 소수의 주인들은, 하한선을 도입할 수 있었음에도 대리인의 선택을 통제하려 하지 않았던 주인들보다 보수가 낮았다. 하한선 수준이 낮게 설계됐을 때는 보수가 절반 정도밖에 되지 않았고, 하한선 수준이 중간일 때는 3분의 1 정도 낮았다. 하한선 수준이 높게 설계됐을 때에도, 하한선을 부과하기로 결정한 주인들의 보수는 그러지 않은 주인들의 보수에 비해 통계적으로 유의한 정도는 아니지만 더 낮았다.

이 결과는 타인에 의한 통제가 역반응을 초래할 수 있다는 기존 심리학 실험의 관찰 결과와도 일맥상통한다. 물론 이 결과는 통제 기피 자체에서 연유한 것일 수도 있지만, 주인이 대리인에게 제한을 부과함으로써 불쾌한 소식이 전달되었기 때문에 나온 것일 수도 있다. 개브리엘 부르딘Gabriel Burdin, 사이먼 할리데이Simon Halliday, 파비오 란디니Fabio Landini는 둘 중 어느 것이 원인인지 구별해낼 수 있는 기발한 실험을 고안했다.[29] 우선 이들은 팔크와 코스펠트의 실험과 동일한 실험을 반복함으로써 하한선을 부과하는 경우 몰아냄 효과가 나타난다는 것을 재확인했다. 그러고는 이제 하한선을 부과할 권한을 제3자에게 맡겨보았다. 이때 대리인(피고용인)의 노력 수준은 주인(고용주)의 보수에만 영향을 주며, 제3자에게는 어떤 영향도 주지 않도록 했다. 팔크와 코스펠트의 실험에 나타났던 하한선 도입에 따른 역효과가, 하한선을 도입하면서 주인이 자신을 믿지 못한다는 (혹은 주인이 자기 이익만 챙기는 사람이라는) 불쾌한 소식이 전달되기 때문이 아니라 통제 기피 자체에서 비롯한 것이라면, 제3자가 하한선을 도입하는 경우에도 유사한 역효과가 관찰되었어야 한다.

하지만 결과는 그렇지 않았다. 즉 제3자가 하한선을 설정하는 경우에는 하한선 도입의 역효과가 발생하지 않았다. 이 실험 결과로부터 부르딘·할리데이·란디니 실험팀은 팔크와 코스펠트의 실험에 나타난 몰아냄 효과는 통제 기피 자체로부터 오는 게 아니라, 주인이 전달하는 메시지가 담고 있는 불쾌한 소식 때문일 것으로 결론 내릴 수 있었다.

인센티브가 때때로 의도치 않게 메시지 역할을 한다는 이론이 말하듯, 팔크와 코스펠트의 실험에서 주인의 하한선 부과는 대리인에게 주인이 대리인을 어떻게 생각하는지 전달해주는 정확한 정보였다. 실험 후 참가자들과 진행한 인터뷰에서 대리인 역할을 맡았던 이들 중 다수가 하한선 부과가 주인이 자신을 불신한다는 신호였다는 데 동의했다. 또한 주인 역할을 맡았던 참가자들 중 하한선을 부과하기로 결정한 이들의 경우 실제로 대리인에 대한 기대감이 낮았다. 주인이 이렇게 대리인을 불신하여 대리인의 선택을 통제하려고 시도한 경우 (하한선 수준이 상·중·하로 각각 결정되어 있던 조건 모두에서) 절반 이상의 대리인들이 부과된 하한선에 딱 맞춰 노력 수준을 선택했다. 대리인들은 이렇게 대응함으로써 주인들이 가졌던 최초의 비관주의를 실제로 확인시켜준 셈이다.

▲▲▲

이렇게 이야기는 아리스토텔레스적 입법자의 예상을 뛰어넘는 방향으로 전개되었다. 통제 기피를 확인해주는 실험의 구체적이고 세세한 결과들을 살펴봄으로써 사회 전반에 대해 갖는 함의를 찾아보고자 했던 아리스토텔레스적 입법자는 이제 골치 아픈 고민거리를 하나 갖게 되었다. 만일 현실 경제에서도 대부분의 고용주가 자신의 노동자를 믿지 못한다면, 그런 고용주는 실험에서 하한선을 부과했던 것처럼 보상과 감시 위주의 정책을 펴고자 할 것이다. 그리고 그 결과 실험에서 그랬듯이 최소 요구 조건만을 가까스로 충족시키는 식의 노동자들 반응에 직면할 것이다. 그리고 고용주들은 작업 현장에서 노동자들의 태만함을 지켜보며 그들이 최초에 갖고 있던 암울한 예측이 틀리지 않았다고 생각할 것이다.

어떤 실제 집단 구성원들의 선호가 실험 참가자들이 보여준 것과 유사하게 이루어져 있다고 가정해보자. 이때 대리인에 대한 주인의 사전적 기대가 어떤지에 따라 상이한 결과가 초래될 수 있다. 즉 같은 집단이라도 서로 신뢰하면서 매우 생산적인 결과를 얻을 수도 있고(주인이 대리인의 노력 수준이 높을 것으로 기대하고, 대리인은 그 기대에 호혜적으로 대응하는 경우), 반대로 서로 불신에 사로잡혀 안 좋은 결과를 얻을 수도 있다(주인이 대리인을 자기 이익만 고려하는 이기적인 존재로 기대해 감시 및 하한선 제도를 도입하며, 이로부터 불편한 메시지를 전달받은 대리인은 자신을 불신하는 주인의 기대에 걸맞게 행동하는 경우). 후자라면 법이나 명령으로밖에 강제할 수 없는 최소한의 노력 수준을 간신히 얻어내는 데 머물 것이다. 위 두 가능성 중 어떤 경우에도 주인은 자신이 갖고 있던 사전적 기대대로 결과가 실현되었음을 확인할 것이기에, 자신의 기대를 그대로 유지할 것이고, 따라서 동일한 결과가 무한히 반복될 것이다.

어쩌면 아리스토텔레스적 입법자는 이런 상황을 인식하면서도 이 문제가 별로 중요하지 않다고 생각할지 모른다. 어쨌든 하한선을 부과함으로써 고용주가 원하는 바를 충분히 충족시킬 수 있다면 하한선을 높이 부과하면 될 것 아닌가. 불편하게 들릴지 몰라도, 사탕수수 농장 노예들의 노역처럼 감독관이 노동 속도를 쉽게 관측할 수 있고 가혹한 처벌로 노동 속도를 충분히 높이 유지할 수 있는 사례도 있다. 이 사례가 좀 심하다 싶으면, 공장의 조립 공정을 떠올릴 수도 있다. 작업 속도를 기계의 속도에 맞추게 함으로써 피고용인의 노력을 충분히 뽑아낼 수 있으며 그 과정에서 속도가 뒤처지는 사람을 골라내는 건 쉽다. 하지만 입법자는 지식집약적인 서비스와 돌봄 서비스가 주를 이루는 현대 경제에서는, 가능하면 일을 안 하려는 사람들에게 일종의 하한선을 설정해 높은 수준의 생산을 이끌어낼 수 있다는 것을 보여주는 사례를 찾기가 좀처럼 쉽지 않다는 것을 깨닫게 될 것이다.

입법자는 다행스럽게도 단 한 차례 개입만으로 선순환을 만들 수 있음을 알아차리게 될 것이다. 입법자가 고용주로 하여금 피고용인의 노동 투입에 대해 하한선을 부과하지 않도록 딱 한 번만 개입한다면, 고용주는 노동자들이 정상적인 조건에서는 신뢰받은 데 대한 보답으로 상당한 노동 투입을 자발적으로 제공한다는 것을 알 수 있지 않을까. 그렇게만 되면, 그래서 고용주가 일단 노동자들을 신뢰할 만한 사람들로 여기게 되면, 입법자의 단 한 차례 개입이 사라진 뒤에도 여전히 신뢰에 기반한 새로운 선순환이 계속될 수 있을 것이다. 요컨대 고용주로 하여금 하한선을 설정·부과하지 못하게 하는 단 한 차례 개입만으로도 악순환의 고리를 끊고 선순환으로 전환시킬 수 있다는 말이다.

여기서 입법자의 정책이 효과를 거둘 수 있는 것은 그 정책으로 노동자나 고용주의 선호가 변해서가 아니다. 그 정책이 고용주의 행동을 변화시킴으로써 고용주에 대한 노동자의 인식이 바뀌고, 그리하여 노동자의 행동이 바뀌면, 이번에는 노동자에 대한 고용주의 인식이 뒤따라 바뀌기 때문이다.

입법자가 단 한 차례 개입을 노동자의 행동을 변화시키는 쪽으로 시도해도 동일한 효과를 낼 수 있다. 하한선이 부과되었을 때 노동자로 하여금 하한선에만 맞추지 말고 더 높은 노력을 투입하도록 단 한 차례만 강제하더라도, 그 노동자에 대한 고용주의 낮은 기대 수준이 변화할 수 있다. 그렇게 되면 앞서와 같은 선순환으로 이어지는 효과를 낳을 수 있다. 경제학자들은 하나의 관행에서 다른 관행으로의 전환을 묘사하고자 '균형 선택equlibrium selection'이라는 용어를 사용한다. 아리스토텔레스적 입법자라면 이런 가능성을 자신의 도구상자에 담아두어야 한다.

감정, 숙고 그리고 몰아냄 효과

아리스토텔레스적 입법자가 '인센티브는 메시지 역할을 한다'는 사실을 이해하는 것을 넘어, 몰아냄 효과의 근접인proximate으로서 신경과학적 기초를 탐구하는 데까지 나아갈 수 있을까? 두뇌 활동은 숙고적인 방식으로 일어나기도 하고 정서적인 방식으로 일어나기도 한다. 이때 인센티브가 어떤 방식으로 우리의 숙고적이거나 정서적인 뇌 활동에 자극을 주게 되는지 이해할 수 있을까? 그리고 이 정보를 토대로, 우리의 협력적이고 관대한 행위를 관장하는 신경 경로를 활성화시키도록 인센티브 정책을 고안해낼 수 있을까?

예를 들어 일부 학자들은 뇌 영상 자료 등 여러 증거를 토대로 인센티브가 숙고적인 인지 활동을 좀 더 활성화하는 반면, 정서적인 과정의 활성화를 막는다는 것을 확인하고, 숙고가 우리를 더 이기적으로 행동하게 만든다고 결론 내리기도 한다. 그렇다면 인센티브가 사회적 선호와 시너지 효과를 만들어내도록 보조금과 벌금을 프레이밍함으로써, 계산적이기보다는 감정적이고 본능적인 반응을 자극할 수 있을까?

독자들도 알게 되겠지만, 나는 여기에 의구심을 갖고 있다. 물론 방금 말한 이야기가 그렇게 설득력이 없는 얘기는 아니다. 우선 인센티브와 사회적 보상은 뇌의 상이한 영역을 활성화한다는 증거들이 있다. 지안 리Jian Li 연구팀은 페어와 로켄바흐의 신뢰 게임에서 나타난 몰아냄 효과의 근접인을 확인하고자 다음과 같은 연구를 진행했다. 이들은 되돌려주는 금액이 요구 수준에 미달했을 경우 벌금을 부과하겠다는 투자자의 위협이 있을 때, 수탁자들의 뇌에서 어떤 영역이 활성화되는지를 분석했다. 그리고 이 결과를 벌금의 위협에 노출되어 있지 않은 수탁자들의 뇌 활성화 자료와 비교해보았다.[30] 우선 이들의 실험에서도 페어와 로켄바흐의 연구에서처럼, 벌금이 부과되면 수탁자들이 되돌려주는 금액이 줄어드는 경향이 있음을 확인할 수 있었다.

뇌 스캔 결과는, 벌금의 위협이 복내측시상하핵 전전두엽 피질 ventromedial prefrontal cortex, 즉 실험에서 높은 금액을 되돌려줄 때 활성화되는 뇌 영역과 사회적 보상 처리와 관련된 뇌 영역을 비활성화시킨다는 것을 보여준다. 대신에 벌금 위협은 두정엽parietal cortex 부위를 활성화하는데, 이 영역은 비용-편익 분석 등과 같이 이기적 극대화를 할 때 활성화되는 영역으로 알려져 있다. 이러한 결과를 토대로 리 연구팀은 벌금제도가 인지 전환perception shift을 야기해 더 계산적이고 이기적인 반응을 하도록 유도한다고 결론 내렸다.

신뢰 게임에서 투자자의 벌금 도입 위협 같은 인센티브가 계산적인 이기심과 관련된 뇌 영역을 활성화하는 게 사실이라면, 어쩌면 우리는 그런 효과를 가져오지 않는 인센티브를 고안하면 되는지도 모른다. 실험 참가자들에게 나타나는 인지 전환은 자극에 반응하는 꽤나 다른 두 방식 사이에서 일어난다. 그 하나는 정서적(본능적 혹은 감정적)인 것이고, 다른 하나는 숙고적(인지적)인 것이다.

▲▲▲

철학자이면서 뇌과학자이기도 한 조슈아 그린Joshua Greene은 이

두 과정을 다음과 같이 묘사했다. "인간의 뇌는 자동 설정과 수동 설정이 모두 가능한 듀얼 모드 카메라와 유사하다."[31] 수동 모드로 사진을 찍을 때는 상황에 맞는 세팅을 위해 신중한 선택을 내려야 한다. 반면 자동 모드는 이런 신중함을 피할 수 있게 해준다. 그린이 사용한 용어에 따르면 숙고하는 과정 즉 인지적 과정은 수동 모드에 해당하고, 본능적이고 감정적인 방식의 대응은 정서적 과정을 구성하는데 이는 자동 모드에 해당한다. 심리학자들은 이를 '이중과정 이론dual process theory'이라고 부른다.[32]

그린은 《옳고 그름*Moral Tribes: Emotion, Reason, and the Gap Between Us and Them*》이라는 책에서 인센티브와 도덕을 이해할 수 있는 이론 틀을 제공했다. 첫째, 숙고의 과정은 결과에 기반하고(철학자들 용어에 따르자면 '결과주의적'이고) 공리주의적인 반면, 정서적 과정은 의무나 일련의 규칙에 순응하는 등 비결과주의적(철학자들 용어에 따르자면 '의무론적') 판단을 관장한다. 둘째, 이런 행위 방식들은 각각 상이한 뇌 영역, 즉 하나는 (숙고적인) 전두엽prefrontal cortex의 활성화와 관련 있고, 다른 하나는 (정서적인) 변연엽limbic system의 활성화와 관련 있다.

뇌과학적 증거들을 두고, 경제적 인센티브가 결과주의적 추론을 전면에 나서게 하며(전두엽의 활성화), 의무론적 판단을 뒷전으로 밀어낸다는(변연엽의 비활성화) 뜻으로 해석하기도 한다. 만일 이 해석이 옳다면, 그동안 많은 실험에서 확인되어온 몰아냄 효과란 덜 친사회적인 결과주의적 추론이 때로는(항상은 아니더라도) 친사회적인 의무론적 판단을 몰아내는 효과로 이해할 수 있을 것이다.

이중과정 이론이 신뢰 게임뿐 아니라 다른 여러 실험에서 나타나는 행동의 근접인을 식별할 수 있음을 보여주는 몇몇 증거가 있다. 앨런 산페이Alan Sanfey 연구팀은 자신들의 이전 실험 결과들을 다음과 같이 해석한 바 있다.

"최후통첩 게임에 대한 신경 촬영 연구를 통해, 실험 참가자가 불공정한 제안에 직면할 때 뇌에서 특별히 활성화되는 두 영역을 확인할 수 있었다. 하나는 앞뇌섬anterior insula이고 다른 하나는 배외측 전두엽dorsolateral prefrontal cortex(dlPFC)이다. 앞뇌섬의 활성화는 감정적 처리 과정과 연관되고, 배외측 전두엽의 활성화는 숙고적 처리 과정과 연관된다. 섬 부위가 배외측 전두엽보다 활성화되면 그 실험 참가자는 제안자의 제안을 거부하고, 반대의 경우에는 제안을 수락했다. 이런 발견은 최후통첩 게임에서 의사결정 과정에 이중 시스템이 작동한다는 뇌과학적 증거가 된다."[33]

콜린 캐머러Colin Camerer 연구팀은 두려움·혐오 등 부정적인 감정과 연관된 영역으로 알려진 섬 부위가 최후통첩 게임에서 낮은 제안을 거부하는 행동에도 연관된다는 사실에 고무되어 다음과 같이 말했다. "섬 부위는 불평등과 불공정한 대우에 대한 혐오감정을 불러일으키는 신경 부위라 할 수 있다."[34]

이중과정 이론은 정서적 과정과 숙고적 과정이 동시에 활성화되는 효과가 가산적이지 않을 수 있는 이유를 설명해줄지도 모른다. 데버라 스몰Deborah Small, 조지 로웬스타인, 폴 슬로빅Paul Slovic은 궁핍해 보이는 여자아이 사진을 보여주는 것이 그 아이가 얼마나 궁핍한지 통계수치를 통해 알려주는 것보다 더 많은 기부를 유도한다는 사실을 발견했다. 나아가 사진과 통계수치를 모두 보여주면 사진만 보여주는 것보다 기부 유도에 덜 효과적이라는 사실을 발견했다.[35] 여기서 이들은 다음과 같이 결론 내렸다. "사람들이 숙고할 때는 눈에 보이는 피해자를 향한 공감을 줄이게 되며, 통계수치로 피해자의 상황을 보여주는 것으로는 공감을 불러일으키지 못한다." 정서적 시스템은 관대함을 증진하는 것으로 드러났지만, 통계수치에 의한 자극이 추가될 때는 숙고 시스템이 이를 무효화한다는 것이다. 이 경우 통계수치의 제시가 전두엽 부위를 활성화하면서 숙고 과정을 일으켰을 수 있다. 그 결과 리 연구팀의 신뢰 게임에서 벌금 위협이 그랬던 것처럼, 숙고 과정은 좀 더 정서적인 신경 처리 과정의 활성화와 경쟁하면서, 궁극적으로는 그 과정을 몰아내 버렸을 수 있다.

▲▲▲

하지만 인간의 선함이 인간에게만 고유한 전두엽 부위가 아니라 다른 동물과 별 차이 없는 변연엽 같은 뇌 영역, 다시 말해 파충류적 뇌 영역 활성화에 기인한다는 말은 그럴듯하게 들리지 않는다. 결과주의적 추론이 이기적인 행동을 불러일으키는 경향이 있고 의무론적 논리가 윤리적이고 타인을 고려하는 행동을 야기한다는 주장 역시 그리 자명하지는 않다. 도움을 필요로 하는 사람들을 돕는 것과 아이스크림을 먹는 것 모두 내게 즐거움을 주지만 지금 두 가지를 동시에 하지는 못한다고 해보자. 이때 어째서 본능적 반응은 도움이 필요한 사람을 돕도록 이끄는 반면, 숙고적 과정은 아이스크림을 찾도록 이끄는지, 이는 결코 명확하지 않다.

인센티브는 왜 정서적 감정이 아닌 숙고를 자극하는가, 그리고 왜 숙고는 공감 같은 긍정적인 사회적 감정을 무효화하는가? 첫 번째 질문에 대한 답은 쉽다. 인센티브는 우리가 비용-편익 계산을 하도록 부추긴다. 그에 따라 우리는 목표가 되는 행동을 할 만큼 인센티브가 충분한 동기가 되는지 결정한다. 이런 계산은 공감, 고통 기피, 두려움 같은 반응과 질적으로 다르다. 손에 화상을 입어 고통을 느낄 때 불에서 멀리 떨어지는 게 좋다고 판단하는 데는 숙고가 필요하지 않다. 하지만 과연 숙고가 반드시 덜 친사회적인 행동을 낳을 수밖에 없는 걸까? 이 문제는 여전히 열려 있다.

실제로 숙고가 관대함의 적이라고 생각하는 건 잘못이다. 린다 스킷카Linda Skitka 연구팀에 따르면, 미국 진보주의자들liberals이 (보수주의자들과 비교했을 때) HIV-에이즈 환자들에게 좀 더 관대한 태도를 갖게 되는 것은 숙고적인 과정 덕분이다. 그리고 이때 숙고적 과정은 (정서적 과정에 비해) 병에 걸린 '책임'이 누구에게 있느냐는 고려로부터 덜 영향받는다.[36]

스킷카 연구팀은 정서적 과정과 숙고적 과정의 밸런스를 연구하기 위해, 실험 참가자들에게 두 자리 숫자 하나가 아니라 일곱 자리 숫자 두 개를 외우라는 식으로, 심리학자들이 이른바 '인지적 부하cognitive load'라고 하는 것을 가능한 한 최대 수준으로 끌어올렸다. 이를 통해 참가자들의 숙고적 역량에 과부하를 준 것이다. 이중과정 이론에서 사용하는 용어로 말하자면, 인지적 부하는 숙고적 역량을 저하시킨다. 다음은 이 연구 결과에 대한 조지 로웬스타인과 테드 오도너휴Ted O'Donoghue의 설명이다. "이들의 연구는 [인지적] 부하 상태에서는 에이즈 치료에 드는 비용을 국가가 보조해야 한다는 주장에 찬성하는 경향이 줄어듦을 발견했다. 우리는 이를 에이즈 피해자에 대해 걱정하고 관심을 갖는 데에 정서적 반응보다는 숙고적 반응이 더 중요함을 보여주는 증거로 해석하고자 한다. 더 흥미로운 것은 진보주의자든 보수주의자든 인지적 과부하 상태에 있게 되면, 에이즈에 걸린 책임이 환자 자신에게 있는 것으로 보일 경우 (환자 자신의 책임이 아닌 것으로 보이는 경우에 비해) 그들에 대한 소득 보조에 찬성하는 비율이 낮아지더라는 것이다. 반면 저부하 상태에서는 진보주의자는 에이즈 책임이 환자 자신에게 있는 경우와 그렇지 않은 경우에 다르게 접근하지 않은 반면, 보수주의자는 에이즈에 걸린 책임이 환자에게 없다고 생각되는 경우에만 소득 보조에 찬성하는 경향을 보였다."[37] 이들은 이 실험이 어쩌면 "정서적이고 숙고적인 반응이 보수주의자들에게는 일관되게 나타나는 반면(인지적 부하가 이들에게는 별 효과가 없었다), 진보주의자에게서는 이 두 반응이 서로 갈등한다는 것"을 보여주는지도 모른다고 설명했다.

나는 숙고와 이기심 사이에 강한 연관성이 있다는 주장이 의심스럽다. 숙고적 과정도 도덕적이고 타인을 고려하는 판단과 행동을 낳을 수 있다. 예를 들어 황금률을 진지하게 받아들이는 것은 정서적 반응이 아니라 숙고적 과정이다.

마찬가지로 정서적 과정과 관대하고 윤리적인 동기를 연관 짓는 것도 의심해볼 만하다. 이기적인 행동이야말로 덜 숙고적인 과정에 견고하게 바탕을 두고 있다. 모든 동물과 마찬가지로 인간의 본능적이고 비숙고적인 반응은 자연선택의 영향을 받으며 진화했다. 그 좋은 예가 인류 사회에서 도움주기 성향의 진화다. 내가 손해 보더라도 다른 사람들을 돕고자 하는 본능적인 혹은 감정적인 성향이 자연선택의 결과, 유전적으로 전수되었을 수 있다.[38] 하지만 만일 이런 '자동적' 반응이 고통을 피하려는 성향, 성적 욕망의 충족, 위험을 피하려는 성향 등은 유도하면서도 유독 이기적 행동은 유도하지 않았다고 한다면 그것이야말로 놀라운 일이다. 따라서 이기적인 행동은 숙고를 관할하는 신경 경로와 연결된 것만큼이나, 감정을 관할하는 신경 경로와도 연관되어 있다고 생각할 수 있다.

만일 그렇다면 이기적 행동과 이타적 행동의 차이가 인지 과정에서 숙고와 감정의 구분, 혹은 신경과학에서 전두엽과 변연엽의 구분에 깔끔하게 대응하는 것은 아니라고 봐야 한다. 신경과학자 조너선 코언Jonathan Cohen은 숙고 과정을 관장하는 전두엽이 "어쩌면 호모 이코노미쿠스의 핵심적 기반일 수 있다"고 했다.[39] 경제인의 계산적 측면에 관해서라면 코언이 옳다. 하지만 호모 이코노미쿠스의 특징인 이기심에 관해서라면 전두엽이 정서적인 변연엽 시스템보다 더 관련이 있는 것은 아닐 수도 있다.

사회적 선호를 둘러싼 이중과정 이론을 신경과학을 통해 규명하려는 시도는 이제 막 발전을 시작한 초기 단계다. 그렇더라도 우리가 염두에 둬야 할 중요한 언급이 하나 있는데, 바로 로웬스타인과 오도너휴의 다음과 같은 말이다. "숙고적 시스템은 안정적으로 타인에게 관심을 갖게 하는 방향으로 작동하는데, 이런 관심은 우리가 어떻게 행동해야 하는지에 관한 도덕적·윤리적 원칙에 의해 추동된다. 반면

표 4.1 이중과정 이론과 사회적 선호

	인지 처리 과정 양식	
선호 유형	**정서적**	**숙고적**
윤리적 선호, 타인을 고려하는 선호	- 피해 입은 사람을 향한 공감 - 피해 주는 사람을 향한 분노 - '도덕적 혐오' 혹은 '죄짓는' 행동에 대한 두려움	- 자신의 행동이 타인에게 미치는 효과를 고려하기 - '도덕적 가르침'에 따라 행동하고 해석하기
자기 중심적 선호	- 배고픔, 식욕 - 위험에 대한 두려움	자신의 기대 이득이나 적응도 혹은 복지를 극대화하기

주: 이 표에서 드러나는 것은 인지 처리 과정 양식과 선호 유형의 연관은 단순한 관계가 아니라는 점이다.

정서적 시스템은 촉발되는 공감의 정도에 따라, 순수한 이기심과 극단적 이타성 사이에 있는 어떤 것으로도 향할 수 있다."[40]

인센티브가 숙고적 과정을 부각시킨다는 점은 확실한 것 같다. 그런데 숙고가 관대한 행동으로 이어질 때가 있다. 에이즈 환자들에 대한 진보주의자들의 태도처럼 말이다. 반면 가난해서 도움을 필요로 하는 여자아이 사진을 보여주는 것과 그 아이의 처지에 대한 통계수치를 제시하는 것의 효과 차이가 보여주듯, 숙고가 덜 관대한 행동으로 이어지기도 한다. 숙고가 더 관대한 행동으로 이어질지 덜 관대한 행동으로 이어질지는, 숙고에서 유래하는 관대함이라는 도덕적 명령(예컨대 벤담식 공리주의 계산)이 정서적 과정에서 관대함을 이끌어내는 감정(공감의 경우)보다 더 강력한지 여부에 달려 있다. 이런 사례들을 분류한 결과가 표 4.1에 요약되어 있는데, 보다시피 인지 처리 과정과 사회적 선호의 연관은 단순하지 않다.

퍼즐

인센티브가 사회적 선호를 몰아내게 되는 세 가지 이유(불쾌한 소식 효과, 도덕적 거리두기 효과, 통제 기피 효과)는, 인센티브가 사회규범을 지키고 동료 시민들에게 관대하게 행동하려는 사람들의 욕구에 대체재가 아니라 보완재가 되도록 인센티브 구조를 설계하려면 어떻게 해야 하는지에 관한 정보를 아리스토텔레스적 입법자에게 제공해준다. 세 가지 이유를 염두에 두면서, 몰아냄 효과의 문제를 극소화하고 때로는 끌어들임 효과를 가져오도록 정책을 설계할 수 있다. 이 책 6장과 7장에서 입법자가 선택할 수 있는 정책 옵션을 고려해 효과적으로 적용할 만한 인센티브 사례를 제시할 것이다. 효과적인 인센티브 사례는 대부분 인센티브가 거래 당사자들 서로에게 이득이 되는 방향으로 작동하거나(도덕적 거리두기의 문제를 피할 수 있다), 인센티브로부터 아무런 개인적 이득을 얻지 못하는 사람에 의해 도입되거나(불쾌한 소식 효과를 피할 수 있다), 마지막으로 내재적 동기를 잠식하기보다는 그것과 보완적으로 작동하도록(통제 기피를 피할 수 있다) 고안된 경우들이다.

하지만 그런 이야기를 하기에는 아직 이르다. 사회적 선호가 보편적으로 존재한다는 사실 자체도 퍼즐이지만, 그것이 상호 이득이 되는 교환을 뒷받침해주며 사회적 삶의 기초가 되면서도 동시에 명시적인 경제적 인센티브에 의해 사라져버리기도 한다는 사실 또한 여전히 풀리지 않는 퍼즐이다. 이 퍼즐이 풀리지 않으면 지금껏 내가 제시해온 추론은 빛바랠지 모른다. 인센티브가 관대함·호혜성·노동윤리에 대해, 그리고 제도가 잘 작동하는 데 필수적인 여러 동기에 대해 부정적인 효과를 갖는다면, 명시적인 경제적 인센티브가 광범위하게 사용되고 있는 사회는 제대로 작동하지 못하고 뭔가 불안정해질 수 있기 때문이다.

우리는 시장과 여타 인센티브에 의해 작동하는 제도들이 나름대로 훌륭히 번성해왔음을 알고 있다. 그렇다면 시장과 인센티브에 기반한 제도들이 스스로 딛고 있는 문화적 토대를 잠식하고, 그에 따라 윤리적이고 타인을 고려하는 선호가 점차 사라져 인센티브에 더 의존할 수밖에 없게 되는 악순환을 사회들은 어떻게 피해왔을까?[41]

보스턴 소방청장과 소방관들이 경제적 무기와 문화적 무기 사이에서 파멸에 이르는 무기경쟁에 휩싸이지 않았던 이유는 무엇일까? 만일 그런 무기경쟁에 돌입했다면 소방청장은 훨씬 더 가혹한 감봉조치를 부과하면서 공세적으로 나아갔을 것이고, 이에 소방관들은 점점 더 이기적인 태도로 대응하면서 결국 시민적 의무감을 모두 버린 채 소방청장의 예상대로 기회주의적인 태도를 보이는 최악의 사태까지 치달았을지 모른다.

이런 악순환의 동태적 과정이 모든 시장경제로 퍼져나가지 않은 이유는 뭘까? 흄이 주장한 대로 부정직한 자들을 상정한 법질서 속에서, 흄이 생각했던 것과는 반대로 부정직한 시민들이 살아가는 세상이어야 하는 것 아닌가?

지금까지 논의한 실험들을 보건대, 우리가 그렇게까지 심각한 상황에 도달하진 않았다. 이 퍼즐에는 두 가지 설명이 가능하다. 첫째, 내가 몰아냄 효과를 잘못 이해했으며 이를 과장했을 수 있다. 둘째,

시장과 인센티브가 사회적 선호를 잠식하는 효과는 분명 존재하지만, 많은 사회에서 이런 효과는 견고한 시민문화를 가능하게 하고 번성시키는 또 다른 사회적 과정들에 의해 상쇄되어왔을 수 있다.

5 장

자유주의 시민문화

인센티브가 때때로 윤리적 고려, 타인을 도우려는 바람, 내재적 동기를 몰아낸다는 소식을 들었다면, 그리고 선구적 사상가들이 시장을 도덕으로부터 해방된 영역으로 칭송했다는 얘기를 접했다면, 한 걸음만 더 나아간 뒤에는 자본주의 문화에 대한 칼 마르크스의 비판을 만나게 된다. "마침내 사람들이 양도 불가능하다고 여겨왔던 모든 것이 교환의 대상이 되고, 그래서 양도 가능해져버린 시대가 도래했다. 서로 주고받지만 결코 사고파는 게 아니었던 것, 예를 들어 미덕이나 사랑, 지식이나 양심 같은 것도 상업 속으로 빨려 들어가는 시대가 왔다. 이 시대는 전반적인 부패와 금전적 타락의 시대다."[1]

하지만 한 세기 반쯤 지난 지금까지, 자본주의가 부흥했던 유럽에서 그리고 유럽인들이 퍼져나간 북아메리카 등지에서, 근대 문화는 방금 말한 '금전적 타락'과는 거리가 먼 양상으로 전개되었다. 적어도 뉴욕 경찰국의 주차위반 단속반 경찰관들 눈에는 틀림없이 그렇게 보일 것이다.

뉴욕에서 교통법규 위반에 대한 외교관 면책특권 사례는 마르크스의 예측이 맞는지 확인해볼 수 있는 일종의 자연실험이었다.[2] 불법주차를 할지, 그리고 주차 범칙금이 부과되었을 때 이를 납부할지 결정할 때, 146개국의 외교관들은 불법주차 및 범칙금 미납 등으로 법규를 위반하고 다른 이들에게 불편을 야기하는 빈도에서 극명한 차이를 보였다.

2002년 11월까지 5년간 외교관들의 1인당 교통법규 위반 건수는 평균 19건 정도였다. 같은 기간 위반 건수가 가장 많았던 국가를 보면, 이집트가 외교관 1인당 140건이었고 뒤이어 불가리아가 117건, 알바니아가 84건, 파키스탄이 69건이었다. 이 기간 동안 영국(자본주의가 시작된 바로 그곳)의 외교관 31명은 단 한 건의 교통법규도 위반하지 않았다. 자본주의의 2차 발흥지인 스웨덴·노르웨이·캐나다·네덜란드 외교관들의 위반 건수도 마찬가지로 0건이었다. 자본주의 역사가 오래된 다른 국가들도 비슷했는데, 독일은 1인당 한 건, 벨기에는 2.7건 정도에 불과했다. 일부 후발 자본주의 국가들도 주차 관련 법규 준수의 귀감이 될 만했다. 예를 들어 47명의 일본 외교관들은 단 한 건의 위반 기록도 없었으며, 한국 역시 1인당 약 0.4건에 지나지 않았다.

이 사례의 결과는 이상적인 조건을 갖춘 실험으로부터 얻은 것이 아니므로 너무 심각하게 받아들일 필요는 없다. 앞으로 보겠지만, 애덤 스미스는 상인이라면 몰라도 외교관은 믿을 만한 사람이 아니라고 경고하기도 했다. 어쩌면 외교부 차량 번호를 달고 운전하는 사람들이 그 나라 문화를 대표하는 이들은 아닐 수도 있겠다.

하지만 명시적인 경제적 보상과 벌칙이 사회적 선호를 몰아내기도 한다는 것을 보여주는 여러 실험 증거를 토대로 생각해보면, 앞장 말미에서 던진 질문은 정말로 퍼즐이다. 우리는 세계 각국 외교관들의 주차위반 사례보다 좀 더 설득력 있는 데이터, 즉 사람들의 행동양식을 둘러싼 문화 간 차이를 잘 보여주는 데이터를 살펴볼 것이다. 이 실험연구들은 자본주의 역사가 가장 오랜 사회들이, 협조적이고 관대한 사회규범에 순응하면서 활기 넘치는 시민문화를 유지해 왔음을 보여준다.

▲▲▲

내가 강의 도중 이런 이야기를 한다면, 아마 지금쯤 누군가 손 들고 일어나 "당신, 지구인 맞습니까?" 하고 물을지 모르겠다. 그러고는 헤지펀드 매니저의 비윤리적 행태에서 시작해 다른 이들과 어울리지 않고 살아가는 미국인의 모습까지, 꼬리에 꼬리를 무는 반례를 쏟아낼 것이다. 나는 자본주의 역사가 가장 오랜 사회들의 문화적 덕성을 과장할 생각은 추호도 없다. 다만 이러한 사회들이, 최근에야 그것도 제한적으로만 시장제도를 도입한 다른 많은 전통 사회들과 견주어볼 때, 몇 가지 뚜렷한 차이가 있다는 사실을 강조하려는 것뿐이다.

실험에서 관측되는 행동이 실험 과정에만 아주 잠깐 나타났다 사라지는 현상이거나 제한된 영역에만 나타나는 현상이라면, 우리가 제기한 퍼즐은 간단히 풀릴지도 모른다. 이를테면 직장에서 특정 업무에 인센티브를 제공해 사람들의 도덕성이 해체되더라도, 그것이 가족생활이나 시민성 등 다른 영역으로 파급 효과를 갖지 않는다면 퍼즐은 쉽게 풀린다. 하지만 경제는 꽤 큰 영향력을 갖는 스승과 같아서, 그 가르침이 일시적이지도 않고 자기 영역에만 국한되지도 않는다.

인센티브가 고도로 일상화된 사회에 살기에 우리는 언제라도 인센티브의 부정적 효과에 직면할 수 있다. 단기적으로는 인센티브가 메시지 역할을 함에 따라 때로는 부정적인 맥락적 신호를 전달함으로써 역효과가 발생할 수 있다. 나아가 장기적으로는 문화적 진화 과정에 부정적인 효과를 가져올 수 있다. 이 장에서는 후자에 관해 이야기할 것이다. 요컨대 인센티브를 광범위하게 사용하면 장기적으로 시민적 선호가 진화해나가는 경로에 악영향을 준다는 얘기다. 4장에서 사용한 용어로 표현할 때 선호는 인센티브 같은 요인에 의해 영향을 받는다는 점에서 '상황 의존적'인 동시에, 장기적으로는 여러 문화적 요인에 의해 영향을 받는다는 점에서 '내생적'이다.

퍼즐은 생각하면 할수록 더 미궁에 빠지는 것 같다. 하지만 어쩌면 상당수의 오래된 자본주의 경제들에 나타나는 칭송받을 만한 시민문화는 시장의 역할이나 인센티브 사용 자체에서 연유한 것이 아니라, 자본주의 경제가 뿌리박고 있는 자유주의적 사회질서에 기인하는 것일 수도 있다. 이것이 앞선 퍼즐에 대해 내가 제안하고자 하는 답이다.

'자유주의 사회'라 함은 경제적 재화·서비스 대부분을 시장에 의존해 배분하는 사회, 정치적 권리의 형식적 평등, 법의 지배, 공적 관용에 기초한 사회, 그리고 인종적·종교적 혹은 여타 태생적 우연에 기초하지 않으며 직업적·지리적 이동성을 보장하는 사회를 말한다. 실험연구에 자주 등장하는 사회들 가운데 자유주의적이라고 불릴 만한 사회를 꼽아보자면 스위스, 덴마크, 오스트레일리아, 미국, 영국 등이다. 자유주의적이라고 규정하기 어려운 사회(방금 말한 기준에 최소 한 가지 이상 충족되지 않는 사회)로는 사우디아라비아, 러시아, 우크라이나, 오만, 그리고 소규모 수렵·채취, 유목, 재래 농업으로 경제활동을 영위하는 부족 등이 있다.

경제가 사람을 만들어낸다

시장과 여타 경제제도 안에서 사람들이 어떻게 상호작용 하는지(예컨대 누구와 만나 무엇을 하는지, 그럼으로써 무엇을 얻는지 등)에 따라 장기간에 걸쳐 사회규범과 선호가 형성되고, 이렇게 형성된 규범과 선호는 삶의 비경제적 영역으로까지 보편화된다. 이런 인식은 오래전부터 존재해왔고, 이런 관점을 견지한 사람은 마르크스만이 아니다.

왕정주의자였던 에드먼드 버크는 프랑스 대혁명이 "궤변가들과 경제학자들의 시대"를 열었다는 사실을 개탄하며 다음과 같이 말했다. "정서적 유대와 관련된 어떤 것도 남아 있지 않게 됐다. 그래서 우리들 사이에 사랑, 존경, 칭송, 유대를 만들어내는 게 불가능해졌다. 삶을 멋지게 치장해줄 휘장이 모조리 찢겨나갔다."[3]

반면 시장이 가져온 문화적 결과를 한층 우호적인 눈으로 바라본 이들도 있었다. 몽테스키외Montesquieu 남작은 "상업이 있는 곳에서는 사람들이 신사처럼 행동한다"고 했다.[4] 어느 쪽도 경제가 재화·서비스를 생산할 뿐 아니라 사람도 만들어낸다는 생각에는 의문을 제기하지 않았다.

선호에 대한 시장의 장기적인 효과에 대해 마르크스, 버크, 몽테스키외 등이 말하는 바는 우리가 앞 장에서 본 인센티브의 효과와는 상당히 다르다. 앞서 인센티브의 효과를 이야기할 때 우리는 벌금과 보조금이 선호에 영향을 미치는 이유는 인센티브가 사람들 자신의 상황에 대한 인식을 바꾸고, 그 결과 일부 선호에 주목하며 나머지는 외면하도록 만들기 때문이라고 했다. 인센티브가 사람들이 새로운 취향, 습관, 윤리적 약속, 그 밖의 다른 행위 동기를 습득하는 과정에 영향을 미칠 수 있다는 점을 생각하면 마르크스나 버크 혹은 몽테스키외의 주장은 이해하기가 좀 더 쉬워진다.

우리가 특정 선호를 갖게 되는 방식은 억양을 습득하는 방식과 상당히 유사하다. 선호를 습득하는 과정은 우리 생애 초기에 일어나고, 그 과정은 대부분 우리가 인식하지 못한 채 이루어진다. 그리고 그 습득 과정은 우리가 다른 사람들과 사회적으로 교류하는 방식에 크게 의존한다. 중년기에 접어들어 선호가 변하는 경우도 있지만(중년기에 억양을 바꾸는 것이 가능한 것처럼), 이러한 학습 과정은 청소년기 이후에는 매우 약해진다.

인센티브의 효과로 돌아가 보자면, 선호가 내생적으로 형성된다는 것과 상황 의존적인 특성을 갖는다는 것(프레이밍에 민감하게 반응한다는 것)의 가장 큰 차이점은 전자의 경우 인센티브의 효과가 장기적인 학습 과정에 영향을 주고, 그렇게 변한 결과는 수십 년 혹은 전 생애에 걸쳐 지속된다는 점이다. 이와 반대로 선호가 상황 의존적이라는 것은 새로운 상황에 놓이면(예컨대 인센티브가 철회됐을 때), 선호의 레퍼토리 중 무엇에 따라 행동할지도 함께 변한다는 뜻이다. 인센티브는 선호의 내생성에도 상황 의존성에도 영향을 준다. 하지만 그 효과는 다르게 나타난다. 선호가 상황 의존적일 때, 인센티브는 갑의 지위에 있는 사람이 갖고 있는 의도를 전달해주거나 의사결정자가 놓인 상황을 해석하는 데 도움을 주는 일종의 신호 역할을 하며, 이 신호는 상황에 따라 바뀔 수 있다. 반면 선호가 내생적일 때, 인센티브는 장기적 효과를 초래하고 이렇게 학습된 선호는 쉽게 바뀌지 않는다.

▲▲▲

새로운 선호를 학습하는 발달 과정에는 수많은 사람들과의 장기간에 걸친 교류가 영향을 미친다. 이런 장기적 과정, 예컨대 학교 교육, 종교적 가르침, 그 밖에 다양한 사회화 과정은 실험으로 재현할 수 없다. 사회에서 널리 행해지고 있는 행동양식에 대한 순응적 태도(혹은 그런 행동을 하도록 동기 부여하는 선호를 습득하는 것) 등도 사회화 과정의 일부다. 따라서 인센티브가 상황에 대한 메시지로 기능하는 경우를 살펴보기 위해서라면 실험적 증거를 이용할 수 있지만, 선호의 진화를 확인하는 데 실험적 증거를 기대할 수 없다. 인센티브 사용과 직접적으로 관련된 자료는 아니지만 역사적·사회적 서베이나 민속지학적 데이터가 '서로 다른 인센티브 구조를 갖는 경제들은 서로 다른 사람들을 만들어낼 가능성이 높다'는 우리 견해를 뒷받침해주기도 한다.[5] 다음은 이에 관한 몇몇 사례들이다.

지난 40년간 사회심리학자 멜빈 콘Melvin Kohn의 연구팀은 한편으로 작업 현장의 권위 구조에서 한 개인이 어떤 위치에 있는지(명령을 내리는 위치인지 명령을 받아 수행하는 위치인지, 인센티브를 고안하는 위치인지 인센티브의 대상인 위치인지 등)와, 그가 자신의 지적 유연성과 자기주도성 그리고 자녀의 독립성과 자기주도성에 얼마나 가치를 부여하는지 사이의 관계를 연구해왔다.[6] 연구팀은 "직무상 자기주도성을 경험하는 것이 사람들의 가치관, 지향성, 인지적 기능에 깊은 영향을 준다"는 것을 발견했다.[7] 이 연구는 인과관계의 방향이 그 반대일 가능성(개인의 성향이 그가 맡을 직무의 특성을 결정할 가능성)도 고려하지만, 개인의 직무적 특성에서 출발해 선호로 이어지는 인과관계의 사슬에 관한 꽤 설득력 있는 증거를 제시하고 있다.

콘은 일본·미국·폴란드 학자들과 공동 연구를 통해, 문화권 사이에 일관되게 나타나는 몇몇 사실을 알아냈다. 직장에서 자기주도성을 행사할 수 있는 지위에 있는 사람들은 삶의 다른 영역에서도 자기주도성에 높은 가치를 부여하며 숙명론, 불신, 자기비하 성향을 덜 드러내는 경향이 있었다.[8] 콘 연구팀은 "사회구조는 사람들의 삶의 조건에 영향을 줌으로써 개인의 심리에 영향을 미친다"고 유추했다. 논문 결말부에서 연구팀은 다음과 같이 언급했다. "직무가 인격에 미치는 영향과 관련하여 알려진 거의 모든 사실을 고려해 간단히 설명해보자면 (…) 이런 과정이 직접적이라는 것이다. 사람들은 직무를 통해 얻은 지식과 교훈을 곧바로 직장 바깥 삶의 영역으로 확장시킨다.[9]

인류학자인 허버트 배리Herbert Barry, 마거릿 차일드Margaret Child, 어빈 베이컨Irvin Bacon의 연구는 또 다른 증거를 제공한다. 연구팀은 문자를 거의 사용하지 않는 79개 사회를 축산, 농경, 수렵, 어업 등 생계유지 방식에 따라 분류했다. 그러고는 각 사회마다 획득한 식량을 얼마나 쉽게 저장할 수 있는지 측정했다. 예컨대 농경이나 목축을 주로 하는 사회에서는 획득한 식량을 저장하는 것이 일반화된 관행이었던 반면, 수렵 부족은 그렇지 않았다. 아울러 연구팀은 부의 축적 형태도 측정해보았는데, 부의 축적은 계층화 등 사회구조 차원의 현상과 밀접한 연관이 있었다.[10]

배리 연구팀은 이들 사회에서 아이의 양육이 어떻게 일어나는지에 대한 증거도 수집했다. 또한 순종적 태도, 자기의존성, 독립성, 자기 행동에 대한 책임성 등이 가르쳐지는지도 확인했다. 그 결과, 각 사회별로 아이의 양육을 둘러싼 관행이 크게 다르다는 점을 발견했다. 일처다부제 사회인지 여부, 주요 생계유지 활동에서 여성의 참여 정도, 집단의 규모 등 사회구조 변수를 통제했을 때, 각 사회별 양육 관행은 사회의 경제구조에 따라 달라진다는 사실을 확인할 수 있었다.

식량 저장이 보편화된 사회의 부모들은 그렇지 않은 사회의 부모들에 비해, 아이의 독립성보다 순종적 태도를 훨씬 더 강조했다. 배리 연구팀은 “경제에 대한 정보만으로도 한 사회의 사회화 압력이 순응을 강조하는 쪽으로 이루어지는지 자기주장을 강조하는 쪽으로 이루어지는지를 꽤 정확히 예측할 있다”고 결론지었다.[11] 인과관계의 화살이 반대 방향으로, 즉 자녀 양육에서 출발해 경제적 유형으로 나아갈 리는 없을 것이다. 경제적 유형은 연구 대상이 되는 사회들이 놓인 지리적 여건 속에서 수렵·채취, 목축, 농경을 어떻게 결합해야 생계에 필요한 자원을 가장 잘 조달할 수 있는지에 따라 결정되기 때문이다.

그러나 이런 사회 단위의 비교연구를 가지고 인센티브의 효과를 분석할 수는 없다. 문화권을 비교하는 민속지학 연구가 제공해줄 수 있는 것은 기껏해야 경제구조에 따라 선호도 다르게 나타난다는 증거 정도다. 하지만 경제구조의 차이 그리고 어떤 특정 인센티브가 광범위하게 사용되는가 등이 왜 선호의 진화에 영향을 주게 되었는지를 설명하는 것은 어렵지 않다.[12]

인센티브와 선호의 진화

인센티브를 비롯한 경제 조직화의 여러 측면들은 선호의 진화에 영향을 준다. 사람들이 수행하는 일의 종류가 같더라도, 인센티브와 어떤 조직에 있는가에 따라 살면서 어떤 유형의 사람들과 맞닥뜨릴지, 어떤 행동이 실행 가능하며 어떤 행동에 보상이 주어지는지 등이 영향받기 때문이다.[13] 예컨대 공공재에 기여하는 사람에게 보조금을 주는 식으로 인센티브를 광범위하게 사용하면 친사회적 선호를 학습해나가는 과정에 방해가 될 수 있다. 이는 문화적 진화 과정에 나타나는, 논란의 여지 없는 두 측면 때문이다. 첫째, 사람들은 어떤 행동을 해서 얻는 물질적 기대 보수와는 별도로, 사람들이 일반적으로 따르고 있다고 여겨지는 행동양식을 (그리고 그 행동에 동기 부여하는 선호를) 그대로 받아들이는 경향이 있다. 둘째, 사람들은 인센티브가 있는 경우, 관대하고 남을 고려하는 다른 사람의 행동을 두고 보조금 지급에 의해 유도된 이기적인 행동의 표현으로 해석할 수도 있다.

문화적 전수 과정에서 순응주의적 경향(대다수 사람들이 하는 행동을 그대로 채택하는 경향)이 나타나는 것은 부분적으로는 사회적 학습 과정에 노출되는 것만으로 강력한 효과가 있기 때문이다. 이에 대한 증거를 로버트 자이언츠Robert Zajonc의 연구와 다른 후속 연구들에서 찾을 수 있다.[14] 이들은 미국 학생들에게 아무런 의미가 없는 열두 개의 영어 단어(예컨대 'kadirga' 'zabulon' 등)와 열두 개의 가상 한자를 각각 다른 빈도로 보여주었다. 그런 다음 각 단어가 좋은 뜻일지 나쁜 뜻일지를 0에서 6까지의 척도로 예상하게 했다. 한 단어(가상 한자 중 하나)를 제외하면, 학생들은 더 자주 본 단어를 더 좋은 뜻일 것으로 생각했다. 문화적 전수 과정이 순응주의적 요소를 갖게 되는 한 요인이 노출효과다. 이때 어떤 행동이 어떤 경제적 성과를 낳는지와 무관하게, 좀 더 자주 목격하게 되는 행동에 더 큰 호감을 갖게 되는 것도 노출효과 때문이라고 할 수 있다.

두 번째 요인은, 공공프로젝트에 기부하거나 다른 사람에게 이득을 주는 등의 행동에 인센티브가 부여되면, 그 (기부) 행동은 더 이상 개인의 관대함을 드러내주는 설득력 있는 신호로 기능하지 못한다는 것이다. 그래서 사람들은 뭔가 관대한 행동을 보더라도 이를 단순히 자기 이익에 부합하는 행동인 것처럼 해석하게 된다.

왜 그런지 알아보기 위해 앞서 언급한 심리학자 레퍼 연구팀의 주장으로 돌아가 보자. "사람들은 다른 사람의 행동을 보면서, 그 행동을 야기할 만한 눈에 띄는 명백하고도 충분한 외적 조건을 찾을 수 없어야만 그 행동이 내재적으로 동기 부여되었다고 유추한다."[15] 따라서 인센티브가 존재할 경우, 관찰자들은 관대한 행동이 얼핏 관대해 보여도 실제로는 도움주기에서 얻는 내재적 즐거움 때문이 아니라 인센티브에 대한 도구적 반응일 뿐이라고 여길 수 있다.

인센티브가 있을 때 왜 사람들은 관대한 행동(자신에게 손해가 되는데도 타인을 돕고자 하는 행동)을 자기 이익을 위한 행동으로 오해하게 될까? 여기에는 두 가지 이유가 있다. 하나는 인센티브로 인해 그 관대한 행동에 대한 대안적인 설명이 가능해지기 때문이다. "저 사람 돈 때문에 그렇게 한 거야." 나머지 하나는 인센티브가 때때로 개인들을 윤리적 프레임으로부터 보수 극대화 프레임으로 옮겨놓기 때문이다. 인센티브는 심지어 우리가 보았듯, 뇌의 상이한 영역 중 어디를 활성화할지 결정하기도 한다. 이런 사실을 놓고 보면, 다른 사람을 돕는 개인들에게 인센티브를 부여할 경우 이를 보고 있던 관찰자들은 그 개인의 행동을 이기심에서 나온 것으로 여길 수 있다.[16]

종합하건대 이상의 두 사실, 즉 인센티브가 있을 경우 집단 내 관대한 행동이 덜 존재하는 것처럼 보인다는 것, 그리고 사람들이 보편화된 행동 방식(그리고 그 행동에 동기 부여하는 선호)을 채택하는 경향이 있다는 것은 중요한 함의를 갖는다. 인센티브를 광범위하게 사용하면, 관대한 선호에 따라 행동하는 개인들의 빈도가 실제보다 낮게 감지될 것이다. 이런 경향이 새로운 행동을 습득하는 과정에서 나타나는 순응주의적 효과와 결합할 경우, 관대한 성향은 문화의 지속 및 진화가 일어나는 선택 과정에서 자기 이익 추구 성향에 비해 상대적으로 불이익을 입을 것이다.

두 가지 인과 메커니즘('저 사람 돈 때문에 그렇게 한 거야' 식의 해석 그리고 순응주의)은 인센티브가 내생적 선호에 가져올 수 있는 부정적 효과를 설명해주며, 모두 실증적으로 설득력 있다. 다만 역사적 데이터를 가지고 이런 설명을 테스트할 수 있을지는 모르겠다. 그러려면 거의 존재하지 않을 것이 확실한 무언가를 찾아내야 하기 때문이다. 다시 말해, 다른 모든 조건은 유사하지만 인센티브 구조만 다른 사회들을 샘플로 구성할 수 있어야 하고, 이를 수 세대에 걸친 사회규범들의 데이터와 결합할 수 있어야 한다. 실험을 통해 이런 장기적인 학습효과를 잡아낼 수도 없다. 그러나 인센티브 자체의 단기적인 학습효과처럼 보이는 것을 분리해낼 수는 있다.

인센티브 효과의 지속성

우리는 인센티브로부터 일단 역효과가 발생하면, 그 인센티브가 제거되더라도 여전히 그 효과가 남는다는 것을 안다. 예컨대 하이파의 어린이집에서 벌금을 더 이상 징수하지 않기로 한 뒤에도 부모들의 지각은 계속되었다. 그림 그리기 실험에서는 상을 받았던 아이들이 한참 지나서까지 그림 그리기를 선택하는 빈도가 낮게 유지되었다. 이런 예는 인센티브가 선호에 미치는 효과란 맥락적 단서를 제공하는 수준을 넘어, 선호를 장기적으로 수정해가는 학습 환경의 일부가 될 수 있다는 생각을 뒷받침해준다. 다른 실험에서도 이를 확인할 수 있다.

요제프 팔킹어Josef Falkinger 연구팀은 마치 아리스토텔레스적 입법자인 양, 실험 참가자들이 공공재에 기여하도록 유도하는 인센티브를 디자인했다.[17] 공공재 게임이란 다수가 참여하는 죄수의 딜레마 게임이라는 것을 기억하자. 즉 이 게임에서도 자신에게 돌아올 물질적 이익에 의해서만 동기 부여되는 사람들에게 우월 전략은 최대 보수(모두가 가진 자원 전부를 기여할 때 가능한 보수)를 낳을 수 있는 기여액보다 적게 기여하는 것이다.

팔킹어의 인센티브 시스템은 효과적이었다. 그림 5.1에서 나타나듯 그가 고안한 시스템은 실험 참가자들이 자신의 물질적 이득을 극대화하는 데만 관심 있는 사람이 기부할 것으로 예측할 수 있는 금액과 거의 정확히 같은 금액을 기부하도록 유도했다. 위쪽 그림 A에서, 수직축상의 30에서 수평으로 그려진 점선은 인센티브 시스템 아래서 자신의 보수를 극대화하는 개인들이라면 얼마를 기부할지에 대한 예측량을 나타낸다. 흰색 동그라미는 매 실험마다 실제 평균 기부액을 나타내는데, 이를 보면 인센티브 아래서 실험 참가자들이 이기적인 개인이라는 가정 아래 예측할 수 있는 수준만큼 실제로 기부하고 있음을 확인할 수 있다. 예측하지 못했던 결과는 아니다. 이미 3장에서 소개한 이를렌부슈와 루샬라의 연구에서도 공공재 게임 기여에 높은 인센티브를 제공한 경우 실험 참가자들이 경제학 교과서에 나오는 호모 이코노미쿠스가 기부했을 법한 양과 거의 비슷한 양을 기부했다(그림 3.4). 카르데나스 연구팀도 '숲'에서 자원을 과잉 추출하는 사람에게 벌금을 부과하는 조건에서, 게임 종료 시점에 가까워질수록 추출량이 이와 비슷하게 움직인다는 것을 확인했다(그림

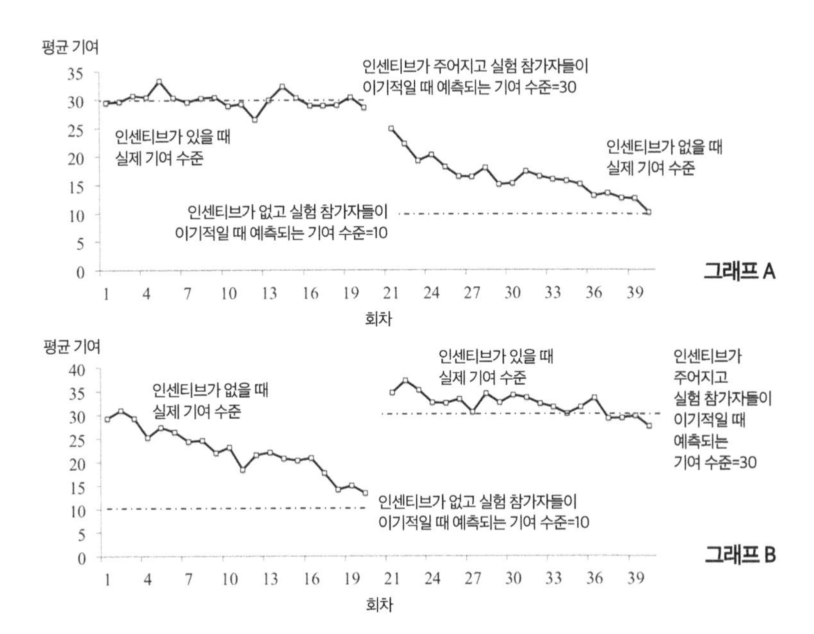

그림 5.1 효과적 인센티브는 이후 회차에서 사회적 선호를 몰아낸 것이 분명하다

(자료: Falkinger et al. 2000)

3.2).

여기까지만 보면 실험 참가자들이 정말로 물질적 보수를 극대화하고 있구나 하는 결론을 내릴 수도 있겠다. 하지만 그런 결론은 아직 성급하다. 팔킹어의 실험에서 21~40 회에 일어난 일을 보라(그래프 A). 인센티브를 없앴더니, 실험 참가자들은 처음에는 자기 이익만을 극대화하는 사람이라면 선택했을 수준인 10보다 훨씬 더 많은 양을 기부했고, 40회째에 가서야 자기 보수를 극대화하는 사람이 선택했을 양만큼 기부하게 됐다. 3장의 내용에 비춰보면 지금까지의 이야기는 놀랄 만한 게 없다. 인센티브가 없는 후반 20회 동안 실험 참

가자들로 하여금 관대한 양을 기부하도록 유도한 동기는, 인센티브가 제공되던 초반 20회 동안 전혀 나타나지 않았다.

인센티브가 지속적으로 선호에 영향을 미친다는 견지에서 볼 때, 더 흥미로운 부분이 있다. 실험 참가자들이 먼저 인센티브 시스템을 경험했던 것이, 인센티브가 사라진 후 이들 행동에 어떤 영향을 미치느냐다. 인센티브의 효과가 단지 맥락적 암시를 제공하는 데 그친다면, 인센티브가 없어진 뒤의 행동은 인센티브 시스템을 사전에 경험했는지 여부와 무관하게 나타날 것이다. 하지만 팔킹어의 실험에서는 그렇지 않았다. 인센티브가 없을 때, 이전에 인센티브 시스템을 경험했던 실험 참가자들은 이전에 인센티브를 경험하지 않았던 실험 참가자들에 비해 26퍼센트가량 적게 기여했다(그래프 A의 21~40회 기여율을 그래프 B의 1~20회 기여율과 비교해보라). 인센티브가 가져온 프레이밍 효과가 이후에도 오랫동안 실험 참가자들의 행동에 영향을 미쳤을 수 있고, 혹은 인센티브 자체가 개인들의 선호를 바꿔버렸을 수도 있다. 실험이란 짧은 기간 동안만 진행되는 것이어서 이 두 가능성 중 어느 것이 옳은 해석인지는 알 수 없다.

▲▲▲

인센티브를 경험했다는 사실이 가져온 부정적인 효과의 지속성은 지몬 게히터 연구팀의 선물교환 실험에서도 확인된다.[18] 보너스나 벌금을 도입하기 이전 표준적인 게임 구조를 보면, 주인 역할(예컨대 고용주)을 맡은 실험 참가자는 대리인 역할(예컨대 피고용인 혹은 노동자)을 맡은 실험 참가자에게 임금을 제시하고, 노동자는 이 임금을 수락할지 말지 결정한다. 고용주가 제시한 임금을 수락한 노동자는 노력 수준을 결정하는데, 이 수준이 높아질수록 노동자에게는 비용이 증가하지만 고용주의 이득은 늘어난다. 게임은 두 사람 사이에서는 오직 한 회만 진행되는데, 둘의 결정이 끝나고 보수가 결정되면 다시 두 사람씩 무작위로 짝을 지어 동일한 게임을 반복한다.

이 게임에서 이기적인 노동자라면 임금이 양의 값을 갖기만 하면 그 크기에 상관없이 무조건 임금 제안을 받아들일 것일 것이다. 그러고는 노력을 전혀 기울이지 않을 것이다. 왜냐하면 표준적인 게임에서 고용주는 일하지 않는 노동자를 규율한다거나 노동자에게 보복할 수단을 갖고 있지 않기 때문이다. 이를 알기 때문에 고용주가 자신의 보수에만 관심을 갖고 또 노동자도 그럴 것이라고 생각한다면, 노동자에게 0의 임금을 제시할 것이다. 물론 그 경우 노동자도 고용주의 그런 태도에 부합하는 대응을 할 것이다. 그 결과 노사 양측 모두 0의 보수를 얻게 될 것이다. 만일 고용주가 좀 더 관대한 임금 수준을 제시했더라면, 그리고 노동자가 상당한 양의 노력을 지출하는 것으로 이에 대응했더라면 얻었을 이윤과 임금은 사라져버릴 것이다. 다른 유사한 실험을 본 사람이라면 이 게임의 결과가 전혀 놀랍지는 않을 것이다.

게히터 연구팀은 방금 말한 표준적인 게임(즉 인센티브 조건이 부여되지 않은 게임)에 두 가지 인센티브 조건을 추가해보았다. 이 두 가지 인센티브 조건에는, 고용주가 임금 수준뿐 아니라 노력 수준에 대한 요구 조건을 포함하는 계약을 제시하고, 노동자가 고용주의 노력 요구 조건을 충족하는 경우에만 약속한 임금을 모두 지급받는다는 조항이 들어갔다. 두 조건 중 하나인 벌금 조건에서는 노동자가 고용주의 요구 조건을 충족하지 못하면 임금 삭감을 감수해야 했고, 다른 인센티브 조건인 보너스 조건에서는 요구 조건을 충족하면 임금 인상으로 보상받을 수 있었다. 인센티브 조건이 부여되지 않은 게임, 즉 고용주가 요구 조건을 내걸 수 없고 벌금이나 보너스도 없는 표준적인 실험을 '신뢰 조건'이라 부른다. 주인 역할을 맡은 실험 참가자는 자신이 주는 임금 수준에 맞춰 대리인 역할을 맡은 참가자가 충분한 노력으로 대응하리라고 신뢰하는 경우에만 0보다 큰 임금을 제시할 것이기 때문이다.

연구팀은 앞선 실험들에서 나온 결과를 토대로 신뢰 조건(어떤 식의 인센티브도 제공되지 않는 표준적인 게임)에서는 고용주가 노동자를 신뢰할 것이고 노동자는 이에 부응할 것이라고 예측했다. 적어도 초반에는 고용주와 노동자가 그 예상에 부합하게 행동했다. 그림 5.2에서 단계 1 그래프의 점선 부분이 이를 보여준다. 하지만 노동자들의 노력은 시간이 지남에 따라 하락하는 추세를 보였다. 반대로 인센티브 조건(인센티브가 벌금으로 주어지든 보너스로 주어지든)에서는 단계 1의 모든 회 동안 노력 수준이 상당히 높은 수준에서 유지되었고, 하락하는 추세도 발견되지 않았다(그래프에 벌금 조건은 가는 직선, 보너스 조건은 굵은 직선으로 표시되어 있다).

연구팀은 벌금이나 보너스 같은 인센티브 조건에서 게임을 했던 경험이 이후 인센티브를 없앤 상태에서 실험 참가자들의 행동에 어떤 영향을 미치는지 알아보려 했다. 이를 위해 단계 2에서는 앞서 단계 1에 참여했던 모든 참가자들이 똑같이 신뢰 조건에서, 즉 인센티

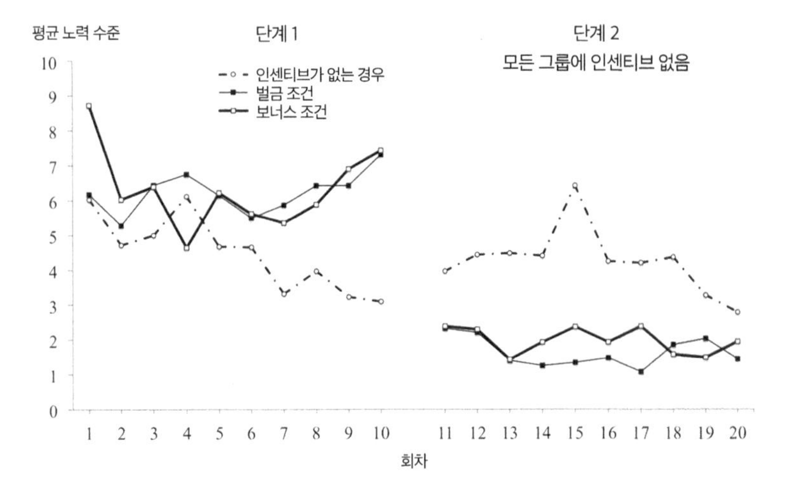

그림 5.2 이전의 인센티브의 경험이 '노력'에 미치는 효과

단계 2에서는 세 그룹 어디에도 인센티브는 부여되지 않았다. 벌금이든 보너스든 단계 1에서 인센티브를 경험했던 실험 참가자들은 단계 2에서 통계적으로 유의하게 낮은 노력을 제공했다. (자료: Gächter, Kessler, and Konigstein 2011)

브 없이 게임을 하도록 했다. 그 결과가 그림 5.2의 단계 2라고 표시된 우측 그래프에 나와 있다.

인센티브를 없앴더니, 이전 10회 동안 보너스나 벌금 조건을 경험했던 실험 참가자들은 인센티브 조건에서 그들이 제공했던 노력 수준에 비해 훨씬 낮은 노력 수준을 제공했다. 단계 2의 노력 수준을 보면, 단계 1에서 인센티브 없이 게임을 진행했던 실험 참가자들(이번에도 점선으로 그려짐)이 단계 1에서 인센티브 조건에 노출되었던 실험 참가자들에 비해 훨씬 높은 노력 수준을 선택했다. 고용주가 제공한 임금 수준이 어떻든 상관없이 단계 1에서 인센티브를 경험했던 노동자들은 단계 2(인센티브를 제거한 채 진행된 추가 10회)에서 통계적

으로 유의하게 낮은 생산량을 기록했다. 인센티브를 경험함으로써 실험 참가자들은 임금 수준을 통해 드러나는 고용주의 관대함이나 신뢰에 반응할 동기가 감소한 것처럼 보였다. 노동자를 완전히 이기적인 사람으로 믿는 고용주라면, 자기 보수를 극대화하기 위해 임금을 0으로 설정해야 한다고 생각할 것임을 기억하라.

내가 방금 '감소한 것처럼 보였다'고 말한 이유는 대부분의 다른 실험과 마찬가지로 이 실험에서도 참가자들의 동기를 직접 관찰한 것은 아니기 때문이다. 인센티브의 영향 아래 동기부여 학습이 어떻게 이루어지는지 확인할 수 있는 가장 좋은 단서는, 인센티브가 윤리적 추론을 어떻게 몰아내는지를 알아보기 위해 두 정치학자가 고안해낸 최초의 실험에서 나왔다.

▲▲▲

노먼 프롤리히Norman Frohlich와 조 오펜하이머Joe Oppenheimer는 다섯 사람을 한 조로 하는 공공재 게임을 두 가지 조건에서 실시했다. 한 조건은 표준적인 게임(앞서 설명한 팔킹어의 실험을 인센티브 없이 진행하는 것)이었고, 여기에 추가된 다른 하나의 조건은 이들이 독창적으로 고안한 존 롤스John Rawls의 '무지의 베일' 조건이었다. '무지의 베일' 조건에서는 다음 방법으로 공공재 게임에 내재한 사회적 딜레마를 제거함으로써, 개인들의 이익이 집단 전체 구성원들의 이익과 조응하게 했다. 먼저 다섯 명의 조원들이 공공재에 얼마를 기여할지 결정하게 한 다음, 그중 한 명을 무작위로 선정해 다섯 명 모두 똑같이 그의 보수만큼을 받게 했다. 그러면 개인들은 자신이 얼마를 기여하든 자신의 보수를 그대로 받을 확률이 5분의 1이 된다. 물론 자신을 제외한 다른 넷 중 어느 한 명의 보수를 받을 확률도 마찬가지로 5분의 1씩이다. 죄수의 딜레마 게임과 마찬가지로 표준적인 공공재 게임에서 개인들은 하나도 기여하지 않음으로써 자신의 보수를 극대화할 수 있다. 하지만 '무지의 베일' 조건에서는 다섯 명 모두의 평균 보수를 극대화하는 것이 각자에게 최선이 된다. 그렇게 함으로써 자신들의 기대 보수를 극대화할 수 있기 때문이다. 경기자들은 자신의 기대 보수를 극대화하려면 자기가 할 수 있는 최대한을 기부해야 한다는 사실을 별로 어렵지 않게 알아차렸다.

총 10개 조가 두 가지 조건(표준적인 공공재 게임 조건과 롤스의 '무지의 베일' 조건) 중 한 조건에서 공공재 게임을 벌였다. 그중 5개 조는 게임을 시작하기 전에 짧은 토론 시간을 가졌고, 나머지 5개 조는 토론 없이 곧바로 실험에 돌입했다. 게임이 끝난 후 모든 조가 두 번째 단계 게임을 벌였는데, 단계 2에서는 어떤 대화도 허용되지 않은 상태에서 모두 표준적인 공공재 게임을 벌였다.

단계 1에서 의사소통 없이 게임을 진행한 경우, 당연히 실험 참가자들은 표준적인 게임일 때보다 '무지의 베일' 게임일 때 더 많이 기부했다. 또 당연히도 표준적인 조건이든 '무지의 베일' 조건이든 의사소통이 가능했던 경우 기여율이 유의미하게 높게 나타났다.

저자들은 모든 사람이 표준적인 공공재 게임을 벌인 단계 2에 좀 더 주목했다. '무지의 베일' 게임 경험이 참가자들로 하여금 다른 사람에게 좀 더 관대하게 행동하도록 유도했는지 알아보고 싶었던 것이다. '무지의 베일' 조건에서 게임을 경험한 사람들은 무엇이 공정하고 사회적으로도 최적인 행동인지를 알게 되었을 것이며(전액을 공공재에 기부하는 것), 따라서 이들이 단계 2에서 표준적인 공공재 게임을 할 때 단계 1에서 '무지의 베일' 조건을 경험하지 않았던 실험 참가자들보다 더 공정성을 고려하면서 행동할 것이라는 게 저자들의 예상이었다.

하지만 결과는 전혀 그렇지 않았다.[19] 단계 1에서 의사소통 기회가 없었던 조만을 놓고 보면, '무지의 베일' 게임을 경험한 사람들과 표준적인 공공재 게임을 벌였던 사람들이 단계 2에서 기여한 바는 서로 크게 다르지 않았다. 하지만 단계 1에서 의사소통 기회를 가졌던 사람들의 경우 단계 1에서 어떤 조건을 거쳤는지에 따라 단계 2의 기여에서 차이가 났다. 이들 중 단계 1에서 표준적인 공공재 게임을 했던 사람들은 '무지의 베일' 조건에 있었던 사람들보다 단계 2에서 기여가 두 배가량 높았다.

사익 추구가 집단 전체에도 최선이 되는 좋은 방법이었던 '무지의 베일' 조건을 경험한 사람들은, 단계 2에 들어가 비로소 본격적인 사회적 딜레마에 직면했을 때 공정성에 덜 민감하고 이를 덜 고려하게 되었음이 분명하다. 이런 결과를 통해, 단계 1에서 '무지의 베일' 조건 게임을 한 사람들보다 표준적인 공공재 게임을 한 사람들에게 의사소통 효과가 더 크게 나타난 이유도 설명할 수 있다. 실제로 의사소통이 이뤄진 상태에서 표준적인 공공재 게임을 한 사람들은 '무지의 베일' 조건에서 의사소통을 한 사람들에 비해 차이는 크지 않지만 통계적으로 유의하게 더 많이 기여했다. 어쩌면 윤리적 딜레마 상황(표준적인 공공재 게임의 상황)에서 게임을 한 사람들이 딜레마를 겪지 않은('무지의 베일' 상황) 사람들보다 할 얘기가 더 많았을는지도 모른다.

실험 후 설문조사를 했다. 먼저 단계 1에서 '무지의 베일' 실험에 참가했던 사람들은 스스로 공정하게 행동했다고 여겼다. 하지만 단계 2에서 표준적인 공공재 게임을 한 결과를 보면, 공정함을 고려한다고 말한 사람들이 실제로 더 많이 기여했다는 증거는 발견되지 않았다. '무지의 베일' 효과가 공정함이라는 정서를 완전히 제거한 것은 아니지만, 그 정서를 옆으로 제쳐두었음을 확인하자. 공정함을 좀 더 중시한다는 사람이 공정함에 무관심한 사람보다 기여를 더 많이 하지 않았음을 볼 때 그렇다. 반면 단계 1에서 표준적인 공공재 게임을 벌였던 사람들은 스스로 단계 1 동안 충분히 공정하지 못했다고 보고했다. 하지만 단계 2에서는 공정성에 대한 관심이 크다고 말한 사람들이 공공재에 더 많이 기여했다.

공공재 게임에서 팔킹어의 인센티브 조건이나 롤스적 조건을 경제학자들은 '유인부합 메커니즘incentive-compatible mechanism'이라 부른다. 메커니즘이 유인에 부합한다는 말은 제약조건 및 인센티브가 이기적인 개인들의 행동이 사회적으로 바람직한 결과를 낳을 수 있도록 설계되었다는 뜻이다. 그런 메커니즘이 있다면 위 실험의 롤스적 '무지의 베일' 조건에서처럼 가격이 도덕의 역할을 할 수 있다. 각 경기자들이 직면하는 물질적 인센티브가 개인들로 하여금 자신의 이익만을 추구하면서도 사회적 최적을 낳을 수 있게 한다. 연구팀은 결과를 다음과 같이 설명한다. "[롤스적] 메커니즘이나 여타 유인부합 메커니즘은 윤리적 고려를 필요 없게 만든다. (…) 윤리적으로 동기 부여되었든 이기심에 의해 동기 부여되었든 최선의 전략이 동일하도록 메커니즘이 설계되었기 때문이다. (…) 그 결과 경기자들[롤스적 조건을 경험했던 경기자들]이 윤리적 결정을 내려야 하는 상황에 직면했을 때, 윤리적 문제를 고민하며 행동해야 했던 경기자들에 비해서, 윤리적 요소를 경시하는 경향을 보인 듯하다."[20]

▲▲▲

도덕적 고려가 약화되는 것을 두고 '사용하라, 안 그러면 잃을 것이다'라는 식으로 해석하는 것은 경제학자들의 일반적인 견해와 전적으로 상반된다. 경제학자들은 이상적인 경쟁시장이나 우리가 본 실험의 '무지의 베일' 조건 같은 유인부합 메커니즘이 칭송받아야 하는 이유가 바로 "이타주의적 동기라는 희소한 자원을 다 써버리지 않고" 아껴 쓸 수 있게 해준다는 데 있다고 보기 때문이다.[21]

윤리적 동기란 아껴 써야 하는 것이 아니라 사용하지 않을수록 줄어드는 자원이라고 생각하면, 우리는 자본주의의 문화적 효과에 대해 암울한 진단을 내렸던 마르크스로 돌아가게 된다. 경쟁시장과 완전한 계약이라는 조건 아래, 재화 획득을 위해 자기만을 고려하는 개인들 사이에서 벌어지는 경쟁은 일종의 유인부합 메커니즘이다. 뷰캐넌이 과일 판매상의 처지에 무관심하다고 말하고, 고티에가 경쟁시장에서 나오는 결과를 평가하는 데 도덕성은 아무런 역할을 하지 못한다고 말한 배후에는 바로 이 같은 추론이 있다. 그런 조건에서는 시민들이 "윤리적 근육을 사용할" 필요가 없다는 프롤리히와 오펜하이머의 주장이 옳다면,[22] 우리는 자본주의의 번성으로 "전반적인 부패와 금전적 타락의 시대"가 도래하리라던 마르크스의 예상이 빗나간 이유가 무엇인지 의문을 갖게 된다.

실험적 증거들은 윤리적 동기에 대한 몰아냄 효과가 상당하며, 경제적 경험에서 얻은 교훈은 때로는 오래 지속되고 다른 삶의 영역까지 파급되는 경향이 있음을 말해주고 있다. 그러나 이 사실을 안다고 해서 처음에 우리가 제기한 퍼즐을 푸는 데 그리 도움이 되는 것 같진 않다.

내 연구는 예기치 못한 전기를 맞았다. 나는 인류학자·경제학자들과 함께 시장이 상당한 역할을 수행하는 사회들이 앞서 말한 것 같은 이유로 사회적 선호의 결여 문제를 겪고 있는지 확인해보고자 작업을 시작했다. 그런데 그 작업을 하면서 퍼즐은 풀리기는커녕 더 꼬이기만 했다.

시장과 공정성 추구 성향

우리는 경제적·정치적으로 다양한 시스템을 갖고 있는 집단들을 대상으로 수행한 세 개의 대규모 비교문화 행동실험 연구를 통해, 개인들의 협조적 성향, 공정성 추구 성향, 여타 사회적 선호에 관한 행동 지표를 얻을 수 있었다. 우리는 지금까지 소개한 제3자 처벌 게임, 독재자 게임, 신뢰 게임, 최후통첩 게임뿐 아니라 처벌이 결합된 공공재 게임(뒤에 소개할 것이다) 등을 통해 얼마나 타인에게 관대한지, 사회규범을 지키기 위해 개인적 이득을 얼마나 희생할 의향이 있는지, 공공재에 기여하고자 하는 성향이 어느 정도인지 등에 대한 행동 지표를 얻을 수 있었다. 이 비교연구들은 정도의 차이는 있을지언정 시장에 기초한 사회들에 이런 성향이 번성해 있음을 보여준다.

15개 소규모 부족 사회(4장에서 소개한 연구에 등장하는 15개 부족과는 다른 부족들이다)의 주민들을 대상으로 진행한 최후통첩 게임에서 놀라운 증거가 나왔다.[23] 이 게임에서는 한 경기자가 주어진 파이를 어떻게 나눌지 제안하고, 다른 한 경기자는 제안받은 분배율을 받아들일지 말지 결정하는데, 이때 제안된 분배율을 거절하면 두 사람 모두 아무것도 얻지 못한다는 점을 기억하자. 제안자가 전적으로 자기만을 고려하고 응답자에 대해서도 그럴 것으로 믿는다면, 제안자는 최소의 몫만을 응답자에게 주겠다고 제안할 것이다. 응답자에게 0만 넘게 주면 그 제안은 결코 거절되지 않으리라 예상할 것이기 때문이다. 그러나 이런 결과는 수십 개 국가들에서 수행된 수백 번의 실험을 통해 거의 관찰되지 않았다. 우리의 연구도 예외는 아니었다. 대부분의 제안자들은 응답자에게 상당한 몫을 건네주는 제안을 했다. 그리고 적은 몫을 주겠다는 제안은 빈번히 거절되었다.

여기서 놀라운 결과는 이것이다. 수렵·채취 부족, 목축 부족, 전통적 농법(예컨대 원예농법)에 기초해 농경하는 부족을 대상으로 한 우리 연구에서, 시장에 더 많이 노출되어 있는 집단일수록 제안자가 더 관대한 제안을 했고, 응답자는 적은 몫의 제안을 더 자주 거절하는 경향을 보였다. 이런 집단의 구성원들은 파이를 극도로 불평등하게 나누겠다는 제안이 왔을 때 수락하기보다 차라리 아무것도 안 받겠다는 의지를 드러냈다. 시장에 가장 덜 노출된 두 집단인 탄자니아의 하드자Hadza 수렵·채취 부족과 아마존 유역의 케추아Quichua 원예농 부족의 경우, 각각 주어진 파이의 4분의 1과 3분의 1만을 상대방 몫으로 제안했다. 시장에 상당한 정도로 통합된 인도네시아 라말레라의 고래 사냥 부족의 경우 주어진 파이의 절반 이상을 상대에게 주겠다고 평균적으로 제안했다. 모든 부족을 고려해보면 우리가 고안한 시장 노출 지표가 1표준편차만큼 증가하면 최후통첩 게임에서 제안자들의 평균 제안액은 대략 2분의 1표준편차 정도 증가하는 것으로 나타났다.

인류학자들과 경제학 이외의 사회과학자들이 보기에는 눈살을 찌푸릴 결과일지도 모른다. 왜냐하면 그들 대부분은 '시장이란 사람들을 이기적으로 만드는 메커니즘'이라 여기기 때문이다. 《월스트리트 저널*The Wall Street Journal*》은 놀랍게도 이 결과를 조금 다르게 해석했다. 2002년 1월 24일자 1면에 우리의 결과가 실렸는데, 그 헤드라인은 다음과 같았다. "시장의 문명화 효과The Civilizing Effect of the Market." 나는 이 기사가 나간 뒤로 며칠 동안 내 지인들에게 항의 전화를 받느라 정신이 없었다.

이 프로젝트의 다음 단계 연구(나는 참여하지 않았다)는 아프리카, 오세아니아, 남아메리카의 농촌 지역 주민들을 대상으로 진행했다(4장에서 얘기했던 아크라에서 진행된 제3자 처벌 게임을 기억하기 바란다. 거기서 종교가 갖는 몰아냄 효과를 확인한 바 있는데, 그 증거가 바로 이 프로젝트에서 나왔다).[24] 개선된 데이터와 통계 기법으로도, 최후통첩 게임에서의 제안자들의 관대함과 시장 노출 정도 사이의 상관관계가 다시 확인되었고(그 크기도 이전과 유사했다), 독재자 게임 및 제3자 처벌 게임에서도 유사한 상관관계가 확인되었다.

이 결과들이 4장에서 확인한 실험적 증거와 모순되는 것은 아니다. 아크라의 노동자들을 대상으로 한 실험에서 금전적 인센티브가 종교를 덜 두드러진 기준으로 만들고, 그 결과 덜 관대한 행동을 낳았던 것도 사실이다. 그러나 이들은 해당 연구에 포함된 집단들 가운데 시장 노출 정도가 가장 큰 집단이었고(이들은 수렵·채취나 물물교환이 아니라 시장을 통해 대부분의 식품을 구입한다), 또 독재자 게임과 최후통첩 게임을 진행한 15개 집단 가운데 평균치를 훌쩍 넘을 만큼 가장 관대한 제안을 한 사람들이기도 했다.

▲▲▲

이 프로젝트의 1단계 연구와 달리 2단계 연구는 시장에 기초한 자유주의적 사회인 미국을 포함했다. 대상은 미주리 농촌 지역 주민들이었다. 우리는 최후통첩 게임에서 사람들의 공정성 추구 성향을 '최소 수락 제안액'이라는 수치를 통해 측정할 수 있다. 이 수치는 게임을 시작할 때 실험 참가자들에게 제안액 각각에 대해 그 금액이 제시된다면 수락할지 거절할지 물어보고 제안이 수락될 수 있는 최소 금액을 찾아낸 것이다. 이 최소 수락 제안액, 즉 MAOminimum acceptable offer는 불공정한 제안을 수락하지 않기 위해 포기할 용의가 있는 금액의 최대치로도 이해할 수 있다. 즉 MAO는 실험 참가자가 공정함에 대해 '지불할 용의가 있는 금액'이며, 거절하지 않을 정도로 충분히 공정하다고 생각하는 파이의 몫 중 가장 작은 크기라고도 할 수 있다.

완전히 시장에 노출되어 있는 미주리 농부들의 MAO는 15개 실험 대상 집단 가운데 세 번째로 높았다. 실험 참가자들의 나이, 성별, 교육 정도, 평균 소득 등을 통제하고 나면, 미주리 사람들의 MAO는 다른 집단들의 평균보다 2.6배 정도 높았다. 독재자 게임에서 거의 대부분의 미주리 사람들은 전체 파이의 절반 정도를 나누었고, 이 수치로만 본다면 15개 대상 집단 중 가장 평등한 집단이라고도 볼 수 있었다. 미주리 농촌 지역 사람들은 공화당에 투표하는 성향을 갖고 있지만, 이 실험 결과에 따르면 식량 공유 관습이 정착해 있고 정치적 위계가 존재하지 않아 제임스 우드번James Woodburn의 고전적인 논문 〈평등주의적 사회Egalitarian Societies〉[25]에 영감을 주기도 했던 하드자 수렵·채취 부족민들보다도 경제적 불평등에 대해 더 큰 관심을 갖고 있는 것으로 나타났다. 하드자에서 실험에 참가한 이들은 독재자 게임에서 파이의 4분의 1 정도를 나누겠다고 했고, 최후통첩 게임에서 이들의 MAO는 미주리 주민들의 절반도 채 안 됐다.

협조와 처벌에서 나타나는 문화적 차이들

공화당을 지지하는 농촌민이면서 시장 노출 정도가 매우 높은 미주리 주민들이, 다른 어떤 집단보다도 평등주의적 수렵 생활의 본보기로 간주되는 부족민들에 비해 최후통첩 게임에서 공정함을 더 추구하는 것처럼 드러나는 이유는 무엇일까? 이를 설명하려면 다음 실험을 보는 게 도움이 될지 모른다. 다음 실험 증거들은 다양한 실험 대상 집단으로부터 얻은 것인데, 여기 포함된 집단도 우연이지만 15개다. 여기에는 미국, 영국, 스위스, 독일, 덴마크, 오스트레일리아 등 자유주의 사회를 비롯해 터키, 러시아, 사우디아라비아, 중국, 오만 그리고 한국 등이 포함되어 있다. 이 연구 결과는 우리의 퍼즐을 푸는 데 도움이 될 만한 실마리를 준다. 실험 대상이 된 집단들의 문화적 차이는 이전 연구에서만큼 크지 않았을 수도 있다. 목축 집단, 수렵·채취 집단, 농경 집단 등을 포함했던 이전 비교문화 연구와 달리 이 연구에 참여한 실험 참가자들은 모두 대학생들이어서 이전 연구 대상에 비해 문화적으로 더 유사할 것이기 때문이다.[26] 실험 주관자들은 이들 사회에서 처벌이 결합된 공공재 게임을 진행했다.

처벌이 결합된 공공재 게임이란 n명이 참여하는 죄수의 딜레마 게임 구조를 갖는 공공재 게임을 약간 변형한 것이다. 경기자들은 실험 주관자로부터 일정액의 초기 자원을 지급받은 후 그중 일부 혹은 전부를, 혹은 0만큼을 공공계정에 기부할 기회를 갖는다. 모든 기부가 이루어지면 공공계정에 있는 금액은 두 배가 되고(어떤 실험에서는 세 배로 만들기도 한다), 그렇게 두 배가 된 금액을 기부액과 무관하게 모든 경기자들에게 균등하게 분배한다. 대부분의 공공재 게임에서, 조의 규모와 공공계정에 기부한 금액을 몇 배(두 배 혹은 세 배)로 늘릴지는 다음을 고려해 설정한다. 다른 사람들이 얼마를 기여하는지와 무관하게 개인들의 보수가 극대화되는 기여액 크기는 0이고, 조 전체의 총보수는 모든 사람이 자신의 초기 자원 전부를 공공계정에 기여했을 때 가장 커진다는 조건을 충족시킬 수 있도록 설정한다.

예를 들어 다섯 명으로 조가 구성되고, 공공계정에 기여한 금액은 두 배가 된다고 해보자(조의 공공계정에 모인 금액을 실험 주관자가 두 배로 불린 다음, 조원들에게 균등하게 나눠준다). 이때 갖고 있는 초기 부존 중 1을 공공계정에 기여하면, 공공계정에서 그 기여액은 두 배인 2가 될 것이고 거기서 5분의 1에 해당하는 몫을 받게 된다. 즉 1을 포기하고 5분의 2의 보수를 얻게 되므로, 자신의 보수를 극대화하는 것을 목표로 삼는 사람이라면 공공계정에 기부하는 것을 선택하지 않을 것이다. 하지만 모든 사람이 공공계정에 1만큼을 기여한다면 기여 총액은 5가 되고 그 두 배인 10을 5분의 1씩 나눠 갖게 되므로, 이때는 모든 사람이 공공계정으로 받게 되는 수익이 2가 된다.

이 실험에서는 여기에 다음과 같이 처벌 과정을 결합했다. 모든 경기자가 얼마를 공공계정에 기여할지 결정하고 그로부터 최종 몫을 배분받고 나면, 각자에게 다른 조원들이 얼마를 기여했는지 알려줬다(이때 신원은 밝히지 않고, 실험 주관자만 식별할 수 있는 ID 번호와 함께 각 조원의 기여액 정보를 준다). 그리고 각 조원에게 각자 얻은 보수 중 일부를 사용해 다른 조원들의 보수를 삭감할 수 있는 기회를 줬다. 이를 '처벌권'이라고 부른다. 물론 처벌 행위가 프레이밍 효과를 통해 도덕적 동기부여를 할 가능성을 피하고자 실험 중에는 이 단어를 사용하지 않았다.

매회 같은 절차를 반복했다(대부분의 실험에서 공공재 게임을 10회 반복한다). 처벌이 결합된 공공재 게임은 다른 사람에게 관대하게 대해야 한다는 규범을 위반한 사람을 처벌할 권리가 있다는 점에서, 4장에서 살펴본 아크라 노동자들의 제3자 처벌 게임과 유사하다. 다만 제3자 처벌 게임에서는 처벌자가 제3자였고, 따라서 처벌하는 사람의 보수가 처벌 대상이 되는 사람의 행동에 의해 직접적으로 영향을 받는 것은 아니었다.

이 게임은 사회적 선호에 의해 동기 부여되는 세 가지 행동에 대한 정보를 제공해준다. (1) 자신에게 비용이 들더라도 공공재에 기여할 의향(공공성에 입각한 관대함), (2) 자신에게 비용이 들더라도 공공재에 기여하지 않는 자를 징계하려는 의향(사회규범을 지키려는 성향), (3) 타인으로부터 처벌을 받았을 때 이에 대해 긍정적으로 반응하는 정도(사회규범을 위반한 데서 수치심을 느끼는 정도) 등이다. 이 세 가지 성향이 모두 존재할 때, 공공재에 대한 기여는 상당한 수준으로 이루어진다.

▲▲▲

세계 여러 곳에서 이 실험을 진행한 결과가 그림 5.3에 요약되어 있다. 연구팀은 실험 참가자 집단을 몇 가지 기준(다소 자의적이기는 하지만)에 따라 몇 개 그룹으로 나눴는데, 이러한 분류로 실험 결과상에 나타나는 문화적 차이를 극명하게 볼 수 있었다. 그림 5.3의 여섯 개 그림에서 왼쪽 그래프(대부분 우하향하는 추세)에 수평으로 그려진 점선은 처벌권 없이 공공재 게임을 벌인 10회 동안의 평균 기여율을 나타낸다. 각 그림의 오른쪽 그래프에 나타난 점선은 처벌권이 도입된 상태에서 10회 동안의 평균 기여율을 보여준다.

예상대로 실험 참가자들이 속한 집단별로 문화권별로 게임에 드러난 행동의 차이는 대단했다. 모든 집단에서 (다른 공공재 게임 실험에서와 마찬가지로) 실험 참가자들은 첫 회에 상당한 정도를 기여했다.[27]

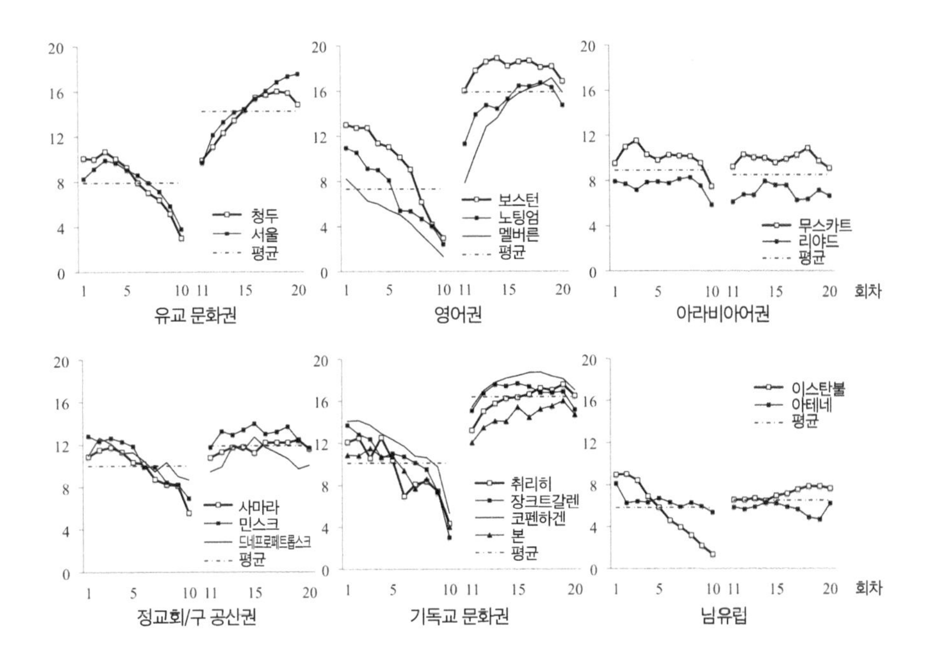

그림 5.3 공공재 게임에서 처벌이 있는 경우와 없는 경우, 평균 기여액의 문화적 차이

각 그림에서 왼쪽 그래프는 처벌이 없는 조건의 기여액 변화를 나타내고, 오른쪽 그래프는 처벌이 있는 조건의 기여액 변화를 나타낸다. (자료: Gächter, Herrman, and Thöni 2010; 그림에 나타난 문화적 범주들은 원 논문 그대로임)

하지만 처벌권이 없는 상태에서는 이러한 협력이 곧바로 와해되었다. 처벌권을 행사할 수 있는 상황이 되자, 실험 참가자들은 처벌권을 대단히 많이 사용했고, 특히 첫 회에 사용 빈도가 높았다. 처벌이 시행되면서 15개 실험 참가자 집단 모두에서 기여율은 높은 수준을 유지했다. 처벌 조건에서 평균 기여율이 가장 높았던 집단을 순서대로 적으면 보스턴, 코펜하겐, 장크트갈렌(스위스), 취리히, 노팅엄 순이었고, 기여율이 가장 낮았던 집단은 아테네, 리야드, 무스카트(오

만), 드네프로페트롭스크(우크라이나), 사마라(러시아) 순이었다.

각 집단별 평균 기여 수준은 그 실험 집단이 속한 사회의 법치 척도(r=0.53), 민주주의(r=0.54), 사회적 평등도(r=0.65)와 양의 상관관계를 보였다. 평균 기여 수준은 설문조사를 통해 얻은 각 국가의 신뢰지표와도 양의 상관관계를 나타낸다(r=0.38).[28]

공공재에 대한 자발적 기여는 마르크스가 시장경제에서 사라져버릴 것이라고 생각한 시민적 덕성이 어느 정도 존재하는지를 보여주는 설득력 있는 지표다. 최후통첩 게임에서 인색한 제안을 얼마나 거부하는지도 시민적 덕성을 보여준다. 공정함이라는 사회규범을 위반하는 사람들을 처벌하기 위해 기꺼이 자신의 물질적 이득을 희생하려 한다는 것을 보여주기 때문이다. 이 같은 행동이 시장 거래가 일반화된 국가들에서 강하게 나타난다는 말은 수수께끼처럼 들린다. 일단 왜 이런 상관관계가 발생하는지를 이해하면, 시장에 기초한 경제가 필연적으로 '전반적인 부패'를 가져온다는 믿음도 의심할 수밖에 없다.

자유주의적 사회와 여타 사회들에서 사회질서의 유지

이 비교집단 연구에서, 높은 수준의 협력(보스턴과 취리히의 참가자들)과 만연하는 무임승차(아테네와 무스카트의 참가자들) 사이의 차이는 처벌의 사용과 처벌받았을 때 반응의 차이에서 기인한다.

처벌권이 없을 때의 실험 결과를 보면 사마라, 드네프로페트롭스크, 무스카트의 참가자들이 보스턴, 노팅엄, 취리히의 참가자들보다 더 많이 기여했다. 그런데 전자가 처벌권이 있는 공공재 게임에서는 좋은 성과를 내지 못한 이유는 이 집단들에서 상당수의 처벌이 무임승차자뿐 아니라 높은 기여율을 보인 사람을 상대로도 행해졌기 때문이다. 아마도 이전 회에 처벌받은 사람이 자신이 받은 처벌에 대한 앙갚음의 일환으로 처벌권을 이용하고자 했고, 이때 높은 기여율을 보인 사람을 이전 회에 자신을 처벌했던 사람으로 생각했기(아마도 맞는 예측일 것이다) 때문일 수 있다(그림 5.4 참고). 연구팀은 자신과 기여액이 같거나 자신보다 많이 기여한 사람들을 처벌하는 행위를 가리켜 '반사회적 처벌antisocial punishment'이라고 이름 붙였다. 다른 실험에서도 이런 행동 패턴이 종종 관찰되어왔다.

반사회적 처벌의 정도는 상당했고, 그것이 일어나는 정도는 앞서 살펴본 법치(r=-0.53), 민주주의(r=-0.59), 개인주의(r=-0.63), 사회적 평등도(r=-0.72) 등 사회 지표들과 음의 상관관계를 보였다. 평균 기여율 순으로 상위 5위 안에 드는 실험 집단(보스턴, 코펜하겐, 장크트갈렌, 취리히, 노팅엄)의 경우 처벌받은 무임승차자들은 이후 게임에서 기여율을 상당히 높이는 방향으로 반응했다. 하위 5위 안에 드는 실험 집단(아테네, 리야드, 무스카트, 드네프로페트롭스크, 사마라) 중에서는 오직 한 집단만이 처벌에 긍정적인 방향으로 반응했다. 나머지 4개 집단에서는 처벌받은 무임승차자들의 기여가 유의미하게 증가하지 않았다.

처벌의 사용과 처벌받았을 때 반응을 둘러싸고 나타나는 이런 차이에 대한 설득력 있는 설명은 이렇다. 처벌이란 처벌이 정당한 것으

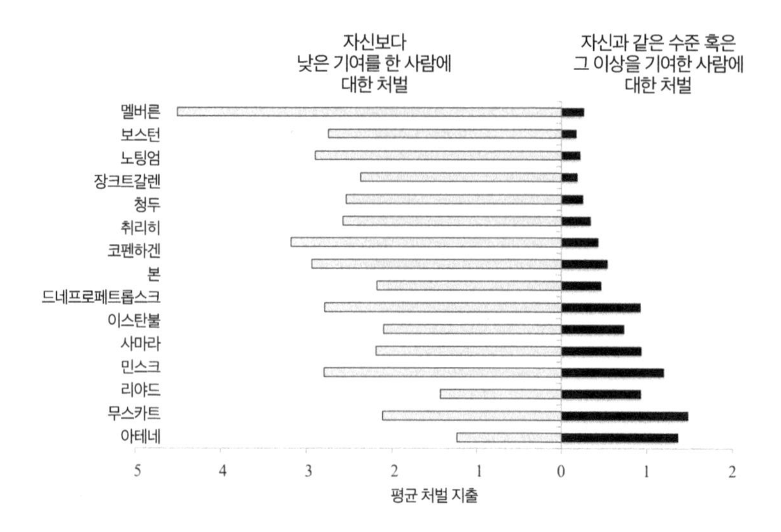

그림 5.4 공공재 게임에서 반사회적 처벌

가로축에서 0의 오른쪽 부분은 자신의 기여액 이상을 기여한 사람을 향한 처벌의 크기, 즉 반사회적 처벌의 정도를 나타낸다. (자료: Herrman, Thöni, and Gächter 2008b)

로 간주되고, 처벌받은 사람이 널리 지켜지는 규범을 위반했다는 신호를 전달하는 경우에만 효과가 있다는 것이다. 보스턴이나 코펜하겐에서는, 무임승차자에 대한 처벌이 완전히 생면부지의 사람들 사이에 이루어지더라도 정당하게 간주되며, 따라서 처벌받은 사람은 분노가 아닌 수치심을 느끼게 된 것 같다. 하지만 무스카트나 사마라에서는 처벌이 다르게 이해되었던 것 같다.

처벌이 얼마나 정당하게 여겨지는지 여부가 처벌의 유효성에 미치는 효과에 대한 연구 결과를 놓고 아챈 에르탄Archan Ertan, 탤컷 페이지Talcott Page, 루이스 푸터만Louis Putterman이 내린 해석도 이와 유사하다. 로드아일랜드주 프로비던스에서 모집한 실험 참가자들은 공공재 게임을 시작하기 전에, 처벌을 허용할지 그리고 처벌을 어떤 방식으로든 제한해야 할지 숙고한 다음, 이를 투표로 결정할 기회를 가졌다. 이런 방식은 개인주의적으로 설정된, 통상적인 방식의 처벌이 결합된 공공재 게임과 많이 달랐다. 통상적인 방식에서는 각 참가자가 처벌할지 여부를 개별적으로 결정하는데, 이때 다른 사람들이 어떻게 결정했는지는 모르는 상태다. 에르탄 연구팀이 사용한 실험 조건이 갖는 새로운 의사소통 방식은 현실 세계에서 실제로 이루어지는 협력이나 규범 강제와 유사한 방식이었다. 민속지학 연구들에도 뚜렷이 드러나듯 설득·가십·조롱 등은 사회규범을 유지하는 데 중요한 역할을 한다. 그리고 개인이 독자적으로 위반자들을 처벌하기 위해 나서는 경우는 거의 없다.[29]

에르탄 연구팀이 실험을 통해 발견한 것은 다음과 같다. "어떤 집단도 높은 기여율을 보인 사람을 처벌하는 것을 허용하지 않았고, 대부분의 집단이 기여율이 낮은 사람에게 처벌을 가하는 것을 허용하는 쪽으로 투표했다. 그 결과 높은 기여율과 높은 효율성을 달성할 수 있었다."[30] 처벌 시스템을 다수결로 채택하도록 함으로써, 무임승차자에 대한 처벌이 인센티브로서만이 아니라 집단 규범의 신호로도 기능했음이 분명하다.

▲▲▲

이 결과는 자유주의 사회에서 모집한 참가자들을 대상으로 한 실험에서, 실험 참가자들 사이에서 처벌이 가능할 때 협력 수준이 높아지는 이유에 대한 하나의 설명이 된다. 인류학자들이 "가문으로 분절된 사회"라고 부르는 사회구조를 생각해보자. 가문은 근본적인 사회적 단위이며, 공통의 (때로는 매우 먼) 조상을 갖는 가족들로 구성된다. 이런 사회에서 가족은 도움이 필요한 시기에 서로 도움을 구하고 도움을 줌으로써, 닥친 위험을 완화한다. 위험 공유와 재배분에 덧붙여, 가문은 구성원들의 도덕 교육을 담당하고, 구성원의 행동에 책임을 지며, 구성원이 다른 구성원이나 외부인을 향해 위반행위를 저질렀을 때 (필요하다면 처벌과 보상을 통해) 그를 교정할 책임을 진다.[31] 그런데 외부인이 내부 구성원의 잘못된 행동을 처벌하려 한다면 그것은 뭔가 잘못된 것이어서, 그러한 시도 자체가 교정이나 보복을 해야하는 대상으로 여겨진다. 에른스트 겔너Ernst Gellner가 유목민들을 "상호 신뢰하는 친족으로 이루어진 시스템"이라고 묘사했던 것이 한 예다. 이들에게 가문이란 "강력하고, 자기규제적이며, 자기방어적인, 그러면서도 정치적 참여를 보장하는 집단이다. (…) 이들은 침입자에 대한 무차별 보복이라는 수단을 통해 스스로를 방어한다. 그리고 내부 구성원들을 스스로 규제한다. 내부적으로는 보복이 일어나는 것을 원치 않기 때문이다."[32]

이와 반대로 자유주의 사회에서는 도덕 교육이나 질서 유지 등 업무를 맡는 사람들과, 그들에게 교육받거나 규칙 준수 여부를 감시당하고 이에 의거해 법적 판단의 대상이 되는 사람들은 서로 혈연관계가 전혀 없거나 적어도 처음에는 서로 모르는 사이다. 가문으로 분절된 사회의 도덕적 코드와는 반대로, 교사, 경찰, 재판관들의 정당성은 익명적일 때 그리고 이들이 업무상 접하는 사람들과 아무런 관계가 없을 때 확보된다. 이들의 정당성은 제복, 학위, 공식 직함에 의해 더 강화되곤 하는데, 이런 지위는 (적어도 이상적으로는) 혈연관계를 통해서가 아니라 공정한 경쟁 과정을 통해 얻어진다.

이것이 왜 공공재 게임에서 보스턴 실험 참가자들은 평균보다 낮게 기여해 처벌받으면 곧바로 기여를 올리는지, 그리고 왜 같은 조건에서 드네프로페트롭스크 실험 참가자들은 오히려 기여를 줄이는지 (물론 유의미한 정도는 아니지만)를 설명해줄지도 모른다. 두 집단 모두에 더 많이 기여하도록 유도하는 인센티브가 존재하더라도 인센티브가 전달하는 메시지는 다를 수 있다. 벌금이 부여되면 보스턴 실험 참가자들은 이를 자신이 동료 시민들에게 승인받지 못한 것으로 해석하는 반면, 드네프로페트롭스크 실험 참가자들은 이를 모욕으로 받아들일 수 있다는 것이다.

내 가설은 자유주의 사회와 가문 기반 사회에서 사회질서가 유지되는 방식이 각각 다른데, 그 차이가 실험에서 관찰되는 문화권 간 차이를 설명해줄 수 있다는 것이다. 아직 실증적으로 검증되지 못했지만, 내 가설이 맞다면 우리는 자유주의적 시민 덕성의 열쇠를 시장의 문화적 결과에서 찾을 것이 아니라 자유주의적인 정치·법·비시장 제도에서 찾아야 할 것이다. 내 가설은 자유주의 사회의 시민문화를 설명하기 위해 교환 과정 자체에 주목하는 이른바 '달콤한 상업 doux commerce' 가설이라 불리는 통상적인 설명과는 다르다.

달콤한 상업?

볼테르Voltaire는 영국에 사는 동안(1726~1729) 런던 증권거래소를 보고 놀라움을 금치 못했다. 그는 그곳을 묘사하면서 "유대교인도 이슬람교인도 기독교인도 마치 서로를 같은 종교를 가진 사람처럼 대한다. 여기서 이교도란 오직 파산한 사람들뿐이다. (…) 장로교인이 재세례파 사람들을 신뢰하고 영국 국교도가 퀘이커교도의 말을 믿는다"라고 썼다. 그리고 이렇게 덧붙였다. "일단 평화와 자유의 회합을 마치면 일부는 유대교 회당으로, 일부는 교회로 떠나며, 그리고 누군가는 술 한잔하러 간다. (…) 그리고 모든 사람이 행복하다."[33] 볼테르는《월스트리트 저널》이 우리의 실험을 보면서 찬양해 마지않던 "시장의 문명화 효과"를 간파한 것으로 보인다.

우리의 연구에서 왜 시장에 더 많이 노출되어 있는 사회일수록, 사람들이 게임에서 더 관대한 제안을 하고 불공정한 제안을 거부할 가능성이 높은지를 이해하기 위해서는 두 가지 정보가 필요하다. 첫째, 우리가 비교문화 연구를 진행한 집단들에서 낯선 사람과의 상호작용은 때로 위험하지만, 시장 교환이 정기적으로 일어나는 곳이라면 그렇지 않다. 시장에서 만나는 낯선 사람들 중 일부는 상호 이득을 얻을 기회를 제공하기 때문이다. 둘째, 실험 참가자들은 익명성을 갖는데, 이것이 낯선 사람을 대할 때 적절하다고 여겨지는 방법으로 행동하라는 맥락적 신호를 제공한다. 따라서 시장에 노출되어 있는 사회의 구성원일수록 실험실에서 더 관대하고 더 공정하게 행동하는 것은, 그들이 시장 거래 경험을 통해 낯선 사람들과 공정하게 거래하는 것이 때로는 더 이익임을 배워왔기 때문이라는 설명이 가능하다. 볼테르가 그리도 감명 깊게 지켜본 런던 증권거래소 사람들도 이와 비슷한 뭔가를 배웠을지 모른다.

이처럼 시장 사회에서 시민적 가치를 발견할 수 있다는 설명은, 볼테르나 몽테스키외 같은 사상가들이 주장했던 '달콤한 상업doux commerce' 가설에 뭔가 중요한 게 있을 가능성을 시사한다. 애덤 스미스는 왜 시장이 견고한 시민문화를 양성할 수 있는지 설명해줄 하나의 인과 메커니즘을 제시하는 데까지 이르지는 못했지만, 이에 근접한 인식에 도달할 수 있었다. 그는 상인의 정직성을 외교관의 비정직성과 대비하며 다음과 같이 말했다. "하루에도 스무 차례씩 계약을 맺는 사람들이라면 이웃을 일방적으로 갈취하는 식으로는 큰 이득을 얻지 못한다는 것을 안다. 사기꾼의 모습으로는 이득을 얻지 못할 것이기 때문이다. 다른 사람과의 거래가 거의 일어나지 않는 경우에 사람들은 종종 상대를 속이려는 마음을 갖는다는 것을 우리는 잘 알고 있다. 거래가 자주 일어나지 않는 경우라면, 상대를 속이는 사람이라는 낙인이 가져오는 피해에 비해 영악한 속임수로 얻는 게 더 많을 수도 있기 때문이다."[34]

여기서 스미스는 게임이론 모델 중 평판에 기반한 모델을 설명하고 있는 것이다. 계약이 불완전하고 약속을 강제하는 것이 불가능한 경우라도, 잘 아는 상대와 자주 반복적으로 교환이 일어난다면 사람들은 기회주의적 행동이 초래할 보복의 가능성을 감안해 행동할 것이다. 처벌이 가능해지면, 처벌이 없을 경우 자기 이득만 고려했을 사람들도 정직이나 성실 등 규범을 받아들이게 될 수 있다. 그럼으로

써 상호 이득이 가능한데도 부정행위 때문에 위태로워질 수 있었던 교환에 합의할 수 있게 된다.[35]

만일 스미스가 옳다면, 소수의 사람들끼리 오랫동안 반복적으로 교환을 이뤄나가는 시장에서 정직한 거래가 만들어질 수 있을 것이다. 그리고 콘의 연구가 보여주듯 사람들이 작업 현장에서 배운 권위와 독립성에 대한 교훈을 아이 양육 등 다른 영역으로 일반화한다면, 시장과 관련 있는 사회규범들도 더 보편적으로 확장되어나갈 수 있을 것이다. 어쩌면 인류학자들이 실제 화폐를 놓고 사람들에게 독특한 게임을 시켰을 때, 시장에 더 노출되어 있는 집단 구성원일수록 그렇지 않은 집단 구성원에 비해 공정성을 더 고려하고 상대방을 더 관대하게 대하는 이유가 무엇인지도 이런 식으로 설명할 수 있을지 모른다.

서로 다 잘 아는 사람들 간의 반복적 상호작용이 정직한 거래를 가능케 한다는 스미스의 주장은 그럴듯하게 들린다. 하지만 이러한 주장도 왜 시장이 가족이나 국가 혹은 일상적으로 함께 일하는 팀 같은 조직에 비해, 장기적인 과정을 거치면서 관대함이나 공정성이 진화하는 데 더 유리한 환경을 제공하게 되는지는 설명하지 못한다. 오히려 대부분의 시장보다는 비시장적 환경이 스미스가 말했던 조건에 유리하다. 즉 상호 작용하는 사람들의 수도 적고 상호작용의 반복 가능성도 훨씬 높다. 따라서 스미스식 추론은 시장 외적인 제도에 훨씬 더 잘 맞을 것이다. 나는 6장에서 스미스의 '정직한 상인' 주제로 돌아갈 것이다. 일단 여기서는 스미스식 버전의 '달콤한 상업' 가설이나, 혹은 이 가설의 다른 어떤 버전도 고도로 시장 지향적인 사회들 대부분에서 발견되는 시민적 덕성을 제대로 설명하지 못한다는 것만 밝혀두도록 하자. 나는 이에 대한 답이 자유주의 사회질서가 갖는 비시장적 측면과 밀접한 관련을 갖는다고 생각한다.

자유주의 시민문화

이제 시장이 주요한 역할을 담당하고 있는 사회들에서 견고한 시민문화가 발견된다는 퍼즐에 대해 나의 해법을 이야기할 차례다. 우선은 우고 파가노Ugo Pagano와 나의 공동 연구, 우고 파가노와 마시모 단토니Massimo D'Antoni의 공동 연구를 확장함으로써 이를 설명하고 관련 증거를 몇 개 제시할 것이다.[36]

자유주의 국가는 기회주의와 불법행위를 완전히 뿌리 뽑기에 충분한 정보도 이를 강제할 수단도 갖고 있지 않다. 하지만 자유주의 국가는 개인들의 신체적 상해나 재산권 상실 그리고 여타 불행에서 오는 최악의 결과로부터 시민들을 보호할 능력이 있으며 또 실제로 그래왔다. 그리하여 노베르트 엘리아스Norbert Elias가 썼듯이 "한 사람이 다른 사람에게 가하는 위협이 더 엄격히 통제된다"는 사실에 기초한 "문명화 과정"이 가능했다. 그리고 여기서 나오는 한 가지 결과는 "매일의 일상이 변덕스러운 운에 따른 급작스런 변화로부터 좀 더 자유로워지고, 물리적 폭력은 군대 내로 국한된다"는 것이다.[37] 불행은 법을 통해서, 또 사람들이 재앙적 손실에 직면했을 때 출구전략을 선택할 수 있게 해주는 직업 등의 이동 가능성에 의해, 최근에

확립된 사회보험을 통해 완화된다.

자유주의 사회의 이런 측면들은 위험을 줄여준다는 점에서, 가문이나 여러 전통적 정체성의 기초가 되어온 가족 단위 혹은 교구 단위 유대에 대한 대체재가 된다. 기존의 전통적인 유대관계는 점차 가치를 잃어갔고 유지되기 어려워졌다. 그 결과 혈족뿐 아니라 낯선 사람에게도 적용되는 보편적 규범이 진화할 수 있는 문화적 환경이 형성되었다. 이에 더해, 법이 무임승차자들로부터의 착취를 막아주고 직업적·지리적 이동성을 통해 불행을 피할 수 있도록, 최악의 결과를 대비해 만들어진 이와 같은 사실상의 보험은 사람들로 하여금 사회적 선호에 따라 행동할 수 있는 자유를 부여했다고도 볼 수 있다. 이런 보험은 관대함이나 협조의 도덕적 규범에 순응하는 사람들이 이기적으로 행동하는 동료 시민들에게 착취당하지 않도록 보장해주기 때문이다.

이처럼 자유주의 사회가 위험을 줄여주는 측면을 갖고 있다는 사실은 사회적 상호작용의 거의 모든 측면에 영향을 미친다. 여기서는 그러한 측면이 시장 교환에서 신뢰를 어떻게 장려하는지 설명해보려 한다(이런 주장에 관한 게임이론 모델은 부록 4 참고).

상당히 많은 사람들로 구성된 집단에서 사람들이 짝을 지어 교환을 한다고 하자. 교환을 할 때 사람들은 기회주의적으로 행동할 수도 있고(예컨대 다른 사람의 물건을 훔치는 등), 혹은 상호 이득이 되는 방향으로 재화를 거래할 수도 있다고 해보자. 이를 각각 '배반'과 '협력'이라 부르자. 배반을 선택하는 사람은 협력을 선택한 사람의 재화를 빼앗을 수 있지만, 그 행동이 상대로부터 매를 벌 수도 있기 때문에 그러한 행동을 하려면 위험을 감수해야 한다고 가정하자. 그렇다면 협조적 성향을 가진 것으로 알려진 사람과의 상호작용에서는 배반이 아니라 협력이 최적 대응이 될 수도 있을 것이다. 반면 상대가 배반하려는 사람인 경우라면 최적 대응은 언제나 배반이다. 이는 상대가 배반자인데, 아무런 방어책 없이 상대와 협력하려 들면 상대의 착취에 속수무책으로 당할 수밖에 없기 때문이다. 낯선 이들과 만나서 거래하려는 사람은 상호 협력이 총보수를 극대화함에도 (그래서 개인들의 보수도 더 커질 수 있음에도) 불구하고, 상대방이 협력하려는 사람이라는 합리적 확신 없이는 선뜻 협력하지 못하고 배반을 선택할 것이다.

잘 모르는 잠재적 파트너와 만나서 거래를 한다고 생각해보라. 이때 당신이 거래 파트너와 협력할 수 있으려면 신뢰가 얼마나 확고해야 할까? '상대를 신뢰하기 위해 필요한 최소한의 확신' 정도는 배반하는 사람을 상대로 당신이 협력했을 때 얼마나 피해가 큰가에 달려 있을 것이다. 상대의 배반에 이용당했을 때 불운한 협력자로서 당신이 치러야 하는 비용이 매우 크다면, 당신은 상대가 신뢰할 만하다는 확신이 클 때에만 협력적으로 나설 것이다. 한편 순진하게 협력했다가 상대의 배반으로 치러야 하는 비용의 크기가 그렇게 심각하지 않다면, 상대가 잘 모르는 사람이라도 그를 신뢰하고 협력할 수 있을 것이다.

법치 등 자유주의 국가가 갖는 여러 측면들은, 배반하는 사람을 협력할 사람으로 잘못 믿고 협력했을 때 받게 될 불이익이 그렇게 크지 않도록 보완해준다. 그 결과 법치는 당신이 파트너를 신뢰하기 위해 얼마나 많은 것을 알아야 하는지에 대한 기준치를 낮추고, 반대로 상대에 대한 신뢰의 기대치를 높인다. 이에 따라 집단 내 신뢰 행동이 퍼져나가게 된다. 존 롤스는 다음과 같은 주장을 폈다. "다른 사람들이 법을 지키지 않는 상태에서 혼자서만 법을 지키는 것이 위험할 때" "공적 제도들은" 배반자를 처벌함으로써 배반자 수를 줄여준다. 그렇게 되면 협력적 성향을 가진 사람들이 배반자로부터 착취당할 가능성이 낮아지며, 착취당할 위험을 줄이려는 전략의 일환으로 잠재적 협조자들이 선제적으로 배반을 택할 동기가 줄어든다.[38]

물론 시장도 이러한 이야기의 일부분이다. 앞서 살펴본 예에서 판매자와 구매자가 교환을 통해 상호 이득을 얻을 가능성이 없다면, 신뢰에 기초한 관계도 형성될 수 없다. 시장과 법치는 생면부지의 이방인들 사이에 신뢰가 진화하도록 유리한 조건을 조성하는 데서 시너지 효과를 낸다. 아마도 이런 시너지 효과 덕분에 볼테르는 런던 증권거래소에서 종교가 다른 사람들끼리 협력하는 모습을 볼 수 있었을 것이다. 또한 우리가 비교문화권 실험에서 얻은 놀라운 결과도 이 효과를 통해 설명할 수 있을 것이다. 내가 지금까지 묘사한 인과 모델이 그림 5.5에 요약되어 있다.

▲▲▲

법치가 사회적 선호의 형성과 유지에 도움이 되는 또 다른 이유가 있다. 법치는 사회규범을 준수하려는 사람들이 배반자들로부터 이용당하는 것을 막아주기 때문이다. 이런 보호 효과가 가능한 이유는 롤스가 주장하듯 법치 아래서는 배반자가 수적으로 적기 때문이기

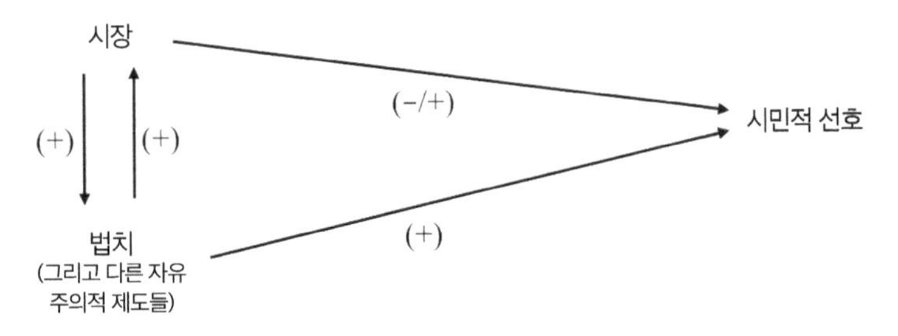

그림 5.5 시장, 자유주의 그리고 시민적 선호

화살표는 인과관계를 나타낸다. (+)와 (-)는 각각 '촉진'과 '저해'를 나타낸다. 시장에서 시민적 선호로 이어지는 화살표의 (+) 표시는 비교문화권 실험이 보여주는 것처럼 시장이 낯선 사람과의 협조관계를 증진할 수 있다는 '달콤한 상업' 주장을 반영한다.

도 하지만, 규범을 위반한 배반자가 처벌받으리라는 사실 자체 때문이기도 하다. 협력하고 싶은데도 상대를 믿지 못해 선제적으로 배반할지 말지를 고민할 필요가 없어지는 것이다.

이런 두 번째 끌어들임 효과는 사회심리학자인 미즈호 시나다 Mizuhu Shinada와 도시오 야마기시 Toshio Yamagishi가 홋카이도대학교 학생들을 대상으로 한 실험에도 잘 드러난다. 이들은 참가자 일부에게만 처벌을 가하기로 하고 일부는 어떤 경우에도 처벌을 받지 않도록 한 상태에서 공공재 게임을 진행했다. 이때 무임승차해도 처벌받을 위험이 없는 실험 참가자들도, 다른 사람들이 충분할 정도로 높은 기여를 하지 않으면 처벌받을 것임을 알고 있을 때, 더 많이 기여했다.[39]

실험 참가자들은 분명 협조하려는 마음이 있었다. 하지만 그들에게는 무임승차자에게 착취당할 것을 피하려는 동기가 더 컸다. 아이리스 보넷 Iris Bohnet 연구팀은 이를 '배신 기피 betrayal aversion'라고 불렀다.[40] 사람들은 무임승차를 하면 누구라도 제3자에 의해 처벌될 것이라고 확신할 때, 자신의 희생을 발판 삼아 무임승차자가 이득을 볼 수 있다는 두려움을 줄일 수 있다. 현실에서도 이와 유사한 시너지 효과가 존재한다. 사회규범은 교통법규를 준수하는 데 도움을 준다. 하지만 노골적인 위반행위를 정부가 제재하지 않으면 법질서는 쉽게 와해될 수 있다. 이런 시너지 효과는 물질적 인센티브와 도덕적 동기가 대체적이기보다 보완적인 것처럼 나타난 몇몇 실험 결과를 설명해준다. 이때 물질적 인센티브는 도덕적 동기를 더욱 두드러지게 만든다.

또한 법치의 등장은, 친인척 혹은 특정 개인들 사이에만 존재하던 신뢰가 일반적 신뢰로 전환된 과정과 동시에 일어났으며 이 두 과정은 서로 밀접한 연관이 있는 것처럼 보인다. 이런 신뢰의 전환은 야마기시의 '신뢰의 해방' 이론과도 맥을 같이한다.[41] 예를 들어 귀도 타벨리니Guido Tabellini는 일반화된 신뢰가 자유주의적 정치제도의 오랜 역사를 지닌 나라들에서 번성하고 있음을 보인 바 있다.[42] 유럽으로 건너간 이민자들로 구성된 대규모 샘플에서 청원 서명이나 시위, 보이콧 등 정치적 참여와, 자식과 부모를 돌보고 존중해야 한다는 의무감 정도가 음의 상관관계를 강하게 보인다는 사실도 이런 견해에 부합한다.[43]

일반화된 신뢰가 가족 혹은 교구 단위의 규범을 대체해나가는 과정은 17세기 지중해 무역 시스템의 확장기 동안에도 일어났던 것 같다. 지중해 무역 시스템에서 가족적이고 공동체적이며 소규모 집단을 중심으로 작동하던 이른바 집단적 계약 강제 시스템은, 점차 국가를 기반으로 하는 보편적이고 개인주의적인 시스템으로 대체되어갔다.[44] 이는 시장에 기초한 사회가 왜 사회규범을 정의하고 적용하는 데에 높은 수준의 보편주의를 보여주는지를 말해준다.

시장은 다른 경로를 통해서도 이런 '문명화 과정'을 도왔다. 시장의 확장은 법치에 기초한 국민국가의 등장에 기여했고, 내 주장이 옳다면 이러한 동학은 일반화된 신뢰의 진화에 유리한 조건을 만들어냈을 것이다. 이에 덧붙여 시장의 확대는 겔너가 '외적 사회화'라고 부른 국가 교육 시스템의 확립을 촉진함으로써, 보다 보편적인 사회규범이 번성하도록 했다.[45] 겔너는 시장이 국가적 수준에서 분업을 규제할 수 있으려면 교구 단위의 전통적 문화가 시장이라는 환경에서 낯선 사람들과의 확대된 상호작용을 가능하게 하는 더 보편적인 가치들로 대체되어야 했다고 적고 있다. 그 결과 언어와 문화가 국가 차원에서 표준화되고, 직업적·지역적 이동이 용이해졌으며, 개인들의 소득의 원천인 자산은 장소와 기술에 점점 덜 얽매이게 되었다. 이러한 것들이 여타 자유주의적 제도가 제공하는 문자 그대로의 사실상의 보험 형태를 보완해준다.

▲▲▲

나는 시장에 기초한 사회들에서 생동감 넘치는 시민문화가 발견된다는 퍼즐은, 지리적·직업적 이동성과 법치 같은 자유주의 사회의 여러 측면이 시민적 덕성을 유지하고 사회질서를 보존하는 데에 어떤 역할을 하는지 주의 깊게 살펴봄으로써 풀 수 있다고 주장했다. 내가 맞다면, 자유주의적이고 민주적이며 시장을 기반으로 한 사회에서 사람들이 직면하는 그런 종류의 인센티브와 제약조건은 사회적 선호를 몰아내는 것이 아니라 끌어들이는 것으로 이어질 수 있다. 우리가 실험에서도 지속적으로 발견했듯이 말이다.

이런 결과야말로 아리스토텔리스적 입법자가 얻고자 한 것이다. 그는 공공적 도덕성에 관심을 갖지 않아도 되는 인센티브 메커니즘을 고안하려고 애쓰지 않는다. 대신 인센티브와 제약조건이 사람들의 윤리적이고 타인을 고려하는 성향과 대치되기보다 시너지 효과를 내면서 작동할 수 있도록 공공정책을 개발하고자 한다.

이제 아리스토텔레스적 입법자는 몇몇 경제학자들을 방문할 때가 왔다고 생각한다. 그들이 어떤 도움을 줄지 알아보기 위해서 말이다. 과거 경제학자들로부터 퇴짜 맞았던 불쾌한 경험이 떠오른다. 하지만 그는 앞으로 자신이 받을 환대에 놀라게 될 것이다.

6 장

입법자의 딜레마

1984년 프랑스 일간지《르 피가로Le Figaro》는 경제학자 제라르 드브뢰가 인터뷰에서 한 말을 조금 다듬어 "자유주의가 우월하다는 것을 수학적으로 입증하다"라는 머리기사를 달았다.[1] 드브뢰는 30여 년 전 자신이 동료 경제학자인 케네스 애로를 비롯한 여러 경제학자들과 함께 정립한 후생경제학의 제1정리에 기반해 이런 말을 했다. 그러나 이 장에서 살펴보듯 '보이지 않는 손 정리' 이후 나온 여러 경제학 연구들은 드브뢰의 수학적 증명과 상당히 다른 결론을 제시하고 있다.

드브뢰의《르 피가로》인터뷰 이후 많은 시간이 지나 아리스토텔레스적 입법자와 경제학자들 사이에 재개된 논의는 꽤나 우호적으로 진행되었다. 리처드 티트머스의《선물관계》가 출간된 이후, 경제적 인센티브를 명시적으로 도입하면 사람들이 '시장 멘탈리티'를 갖게 돼서 역효과를 낼 수 있고, 사람들을 사회에 도움이 되는 방식으로 행동하게 만들던 기존 가치들이 약해질 수 있다는 티트머스의 주장에 경제학자들은 흥미를 가졌다(물론 그런 주장에 설득되었다는 얘기는 아니다).[2]

티트머스의 책이 출간되었을 당시, 그의 주장에 크게 두 가지 의문이 제기됐다. 첫째, 이타성, 평등주의, 시민적 덕성 등 사회적 선호 체계가 개인들의 행동에 큰 영향을 미친다거나, 시장경제가 제대로 기능하는 데 필수적이라는 것을 입증할 만한 실증적 증거가 희박하다는 점이다. 둘째, 설사 사회적 선호가 행동에 중요한 영향을 미친다 하더라도, 티트머스의 책에는 이것이 명시적인 경제적 인센티브에 의해 훼손된다는 증거가 제대로 제시되지 않았다는 점이다.[3]

경제학자들이 티트머스의 우려에 동조하지 않은 또 다른 이유는 당시 각광받기 시작하던 메커니즘 디자인 이론 때문이었다. 이 분야 일련의 연구들은 후생경제학이라 불리는 분야에서 마셜과 피구의 후생경제학 전통을 이어받아 확장하고 있었는데, 환경세·보조금 등 여러 인센티브를 통해 시장실패를 다루고자 했다. 시장실패는 사람들의 조율되지 않은 개별적 행위가 파레토 비효율적인 결과를 낳는 경우를 말한다. 파레토 비효율적인 결과란 현재 주어진 기술과 자원 조건 아래, 어느 누구의 처지도 악화시키지 않으면서 적어도 한 사람의 처지를 개선할 수 있는 대안적 결과가 기술적으로 가능한 상태를 말한다.

메커니즘 디자인 이론은 완전히 이기적인 사람들로 이루어진 사회에서도 시장가격과 함께 정밀하게 디자인된 인센티브를 통해 파레토 효율적인 결과를 얻을 수 있다고 약속했다. 그 결과 티트머스의 책이 출간되었을 때, 덕성이라는 개념은 한 세기 전 존 스튜어트 밀이 조언한 대로 경제학자들이 안심하고 무시해도 되는 것으로 간주됐다.

경제학이 아리스토텔레스를 발견하다

그러나 지난 수십 년의 연구들은 이런 안일한 생각을 뒤집었다. 이미 살펴봤듯 실험 등 연구 결과를 통해 윤리적 동기와 타인을 고려하는 동기가 보편적임이 확인되어왔고, 티트머스가 주장한 대로 인센티브는 이런 동기를 약화시킬 수 있다는 것도 분명해졌다. 이와 동시에 '양측이 모두 재산권에 동의하면 그것으로 충분하다'는 제임스 뷰캐넌의 과일 판매상 예시 같은 교과서적 비유가 현대 자본주의 경제를 이해하는 데 좋은 지침이 못 된다는 점도 깨닫기 시작했다. 경제이론들은 계약이 불완전할 때(계약에 관한 모든 중요한 사항을 계약서에 명확히 규정할 수 없고 그 계약을 강제할 수 없을 때) 교환 과정이 어떻게 이루어지는가에 대한 연구로 탈바꿈하기 시작했다. 예를 들어 노동시장의 새로운 모델들은 일 자체는 계약할 수 있는 것이 아니며 따라서 일을 잘 완수할지 여부는 일을 잘하고자 하는 노동자의 내재적 욕구에 부분적으로나마 의존한다는 점을 인정한다. 마찬가지로 금융시장에서 아무리 좋은 계약서를 쓰더라도, 차입자가 파산할 경우 대부자가 빌려준 돈을 받게끔 완벽히 보장해줄 수는 없다. 대부자가 돈을 빌려주려면 그 돈이 어떤 프로젝트에 어떻게 사용될 것이라는 차입자의 설명을 어느 정도는 신뢰할 수 있어야 한다.

새로운 미시경제학은 노동시장이나 금융시장의 작동을 설명하면서, 애로가 말했던 것처럼 계약이 경제주체로 하여금 자기 행동이 다른 사람들에게 미치는 비용과 편익을 내부화하도록 강제하지 못할 때, 사회규범과 도덕적 코드로써 계약을 대신할 방식을 자세히 기술

한다. 노동자들은 노동윤리가 있기 때문에, 노동시간에 페이스북으로 친구들과 노닥거리면 고용주가 그만한 비용을 부담할 수밖에 없다는 사실을 고려한다. 차입자들도 스스로 정직해야 한다는 생각을 갖고 있다면, 실패할 경우 대출금을 못 갚을 투자 프로젝트에 대해 그 위험성을 과소 보고하는 걸 자제할 것이다. 경제학자들은 가격이 이런 도덕의 역할을 완전히 대체할 수는 없음을 깨닫기 시작했다.

이 책의 주제와 무관해 보이는 거시경제학 분야에서도 이론적 진전이 일어나면서 '부정직한 자들을 전제로 한 법질서' 패러다임에 의문을 제기하기 시작했다. 한 세대 전, 로버트 루카스Robert Lucas는 간단한 관찰 하나로 경제학계를 뒤흔들어놨다. 그 내용은 이렇다. 만일 정부가 세금이나 다른 정책 수단을 통해 민간 경제에 개입하면, 시민들의 행동에 따른 비용과 편익뿐 아니라(이는 의도한 것이다), 정부와 다른 주체들이 미래에 어떻게 행동할지에 대한 시민들의 믿음도 영향을 받는다. 따라서 그림 3.1에서 시민들의 체험가치에 대해 설명한 것처럼, 인센티브는 직접효과뿐만 아니라 (이 경우 시민들의 믿음을 통한) 간접효과를 가질 수 있다. 예를 들어 탈세에 더 엄격한 처벌을 하겠다고 공표하면 세금을 납부할 유인이 늘어나지만, 한편으로 시민들에게 탈세가 만연하다는 정보를 제공함으로써, 정직하게 납세했던 시민들이 탈세하게 될 수도 있다.

루카스는 정책적 개입의 효과란 개입이 경제주체들의 믿음에 미치는 간접효과가 고려될 때에만 올바르게 예측될 수 있다는 논리를 폈고, 시민들의 믿음과 정책의 목표인 경제행위가 상호 의존하는 결정 과정을 연구했다. 그의 주장에 따르면, 경제정책은 경제가 어떻게 작동하는지가 이미 결정되어 있는 모델에 개입하는 것이 아니고 모델의 작동 방식 자체를 변화시킨다. "계량경제학 모델의 구조는 경제주체들의 최적 의사결정 규칙으로 구성되어 있고, 최적 의사결정 규칙은 의사결정자가 관련 있다고 판단하는 구조의 변화에 따라 체계적으로 달라진다는 점을 고려하면, 정책 변화는 필연적으로 계량경제학 모델의 구조 변화를 동반하게 된다."[4] 루카스는 "정책입안자가 시민들의 반응을 예상하려면, 이 구조 자체의 변화를 고려해야 한다"고 결론 내렸다. '루카스 비판Lucas Critique'이라고 하는 이 아이디어의 영향력은 엄청나서 이제 경제학자들이 'Critique' 첫자를 대문자로 쓸 정도다. '보이지 않는 손'도 좀처럼 누리지 못한 영예를 누리고 있는 셈이다. 여기서 나는 인센티브라는 것이 루카스가 강조한 믿음만이 아니라 선호 체계에도 영향을 미치는 경우로 루카스의 논리를 확장해보려 한다.

▲▲▲

이런 발전에 비춰볼 때, 경제학이 변하기 시작했다는 건 전혀 놀라운 일이 아니다. 경제학자 앨버트 허시먼Albert O. Hirschman은 "비도덕적인 행동이나 반사회적인 행동에 대해 기준을 천명하고 금지와 규제를 통해 이를 막으려 하는 대신에 그런 행동에 따른 비용을 높이는 방식으로 대처하려는" 동료 경제학자들을 질책했다. 그가 진단컨대, 아마도 이는 경제학자들이 "시민을 소비와 관련된 행위뿐만 아니라 시민적 권리와 의무에 대해서도 불변의 선호 혹은 자의적으로 변화하는 선호를 가진 일종의 소비자로 바라보기 때문"이었다.

허시먼에 따르면, 경제학자들은 "법과 제도를 대중에게 공표하는 주된 목적이 반사회적 행위에 낙인을 찍어 시민들의 가치와 행동 지침에 영향을 주기 위해서"라는 사실을 간과한다.[5] 정치학자인 마이클 테일러Michael Taylor는 법의 구조가 선호와 사회규범을 형성한다는 허시먼의 아이디어에서 한 걸음 더 나아간다. 그는 국가권력을 정당화한 토머스 홉스의 논리를 뒤집어, 홉스주의적 인간은 홉스주의적 국가를 필요하게 만드는 원인이 아니라, 홉스주의적 국가로 인해 초래되는 결과라고 말한다.[6] 내가 지금 쓰는 이 책은 1980년대 허시먼과 테일러의 저작들에서 영감을 얻어 시작된 프로젝트의 결과물이라 할 수 있다.[7]

이런 연구를 한 사람이 물론 나 혼자는 아니다. 1994년 전미경제학회 동안 열린 한 세미나에서 헨리 에런Henry Aaron은 "경제학자들의 잘못은 선호가 형성되는 과정을 중요하게 생각하지 않았다는 점"이라고 지적하며, '루카스 비판'이 적절하게 확장되어야 한다고 제안했다.[8] 경제학자 브루노 프라이Bruno Frey는 〈부정직한 자들을 전제로 한 법질서가 시민적 덕성을 몰아낸다A Constitution for Knaves crowds out Civic Virtue〉라는 논문을 발표했다.[9] 몇 년 뒤 노벨 경제학상을 수상한 정치학자 엘리너 오스트럼Elinor Ostrom은 테일러와 마찬가지로 "시민성이 쫓겨나는 경우"에 대한 우려를 표명했다.[10] 한 세대 전 티트머스를 무시했던 경제학이 결국 그를 재발견한 것이다. 2008년 최고로 인정받는 어느 경제학 저널에 출간된 논문 부제는 "티트머스는 옳았는가?"였다(이 논문의 저자들은 티트머스가 여성에 대해서는 옳았지만, 남성에 대해서는 옳지 않았다고 결론 내렸다).[11]

경제학자들 중 적어도 일부는 티트머스를 다시 읽었을 뿐 아니라 아리스토텔레스도 재발견했다(처음 발견했다고 하는 편이 더 맞을지 모른다). 경제와 사회가 제대로 작동하는 데 필수적인 두 가지, 즉 사회적 동기와 인센티브 사이에 역시너지 효과가 있을 수 있다는 사실을 알게 된 아리스토텔레스적 입법자는 무엇을 해야 할까? 새로운 경제학 연구들은 몰아냄 효과의 문제를 인식했지만, 뾰족한 해결책을 제시하지는 못했다. 경제학은 막 성장하던 실험 증거들을 체계적으로 탐구해 정책적 함의를 도출하는 데까지 나아가지 못했다. 또한 입법자의 딜레마를 명확하게 규정한다거나, 나아가 해결책을 제시하는 데 도움이 되게끔 경제이론을 발전시키지도 못했다. 이것은 아리스토텔레스적 입법자의 과제로 남았다.

메커니즘 디자인: 가격이 도덕을 대신할 수 있는가?

사회적 선호와 몰아냄 효과 문제의 중요성을 인식하면 정책에 대해서도 새롭게 접근해야 한다는 데 모든 경제학자들이 동의하는 것은 아니다. 일부는 기존의 이기적 경제주체에 기반한 정책 패러다임을 폐기하지 않으면서도 새로운 실험 결과나 최근 이론의 발전을 적절히 끼워 넣을 수 있다고 주장한다.

정책 당국자가 시장실패를 교정할 필요성과 더불어, 명시적 인센티브 때문에 도덕적이고 타인을 고려하는 동기를 몰아낼 수도 있다는 사실을 인식한다고 하자. 이기심에 기초한 패러다임을 고수하면서도, 사회적 선호가 경제주체들로 하여금 자기 행동이 다른 사람에게 미치는 비용과 편익을 내재화하도록 유도할 수 있다는 것을 받아들이고, 더 나아가 이러한 내재화를 통해 계약의 불완전성으로부터 발생하는 시장실패를 완화할 수 있다는 것을 인정하는 데까지도 나아갈 수 있다. 하지만 몰아냄 효과의 가능성을 인식하고 있는 정책입안자가 사회적 선호가 사라지더라도 그래서 시민들이 전적으로 도덕에 무관심하고 이기적인 사람이 되더라도, 보조금, 벌금 및 여러 제약조건을 통해 사회적으로 바람직한 결과를 낳도록 정책을 고안할 수 있다고 굳게 믿는다고 해보자.

이것이 가능하려면 몰아냄 효과가 강하게 일어나지 못하게 해야 하고(그래서 인센티브가 정반대의 효과를 내는 경우를 막을 수 있어야 하고), 정책입안자 스스로가 완전히 이기적이어서도 안 된다. 이 두 가지 조건에서는 흄이 권유했듯 부정직한 자들을 전제로 한 법질서가 제 역할을 해낼지도 모른다. 가상적인 세계에서가 아니라 흄이 결코 의도하지 않았던 현실에 실재하는 부정직한 자들의 세계에서도 말이다.

이 논리는 여전히 경제학의 전형적인 정책 결정 모델로 남아 있다. 따라서 과연 이것이 실제로 가능한지 알아볼 필요가 있다. 여기서 나는 이것이 불가능하다는 것을 보이려고 한다.

논의를 진전시키기 위해 메커니즘 디자인 이론을 한번 살펴보자.[12] 경제학에서 이 분야는 티트머스의 책과 거의 같은 시기에 등장했다.[13] 이후 환경, 공중보건 및 그 밖의 시장실패 사례에 대한 우려가 커지면서 2007년 《이코노미스트*The Economist*》가 표현한 대로 "보이지 않는 손에 도움의 손길을 주는give the invisible hand a helping hand" 메커니즘 디자인의 시도에 관심이 집중되기 시작했다. 《이코노미스트》는 이 분야의 선도적 연구자인 레오니트 후르비치Leonid Hurwicz, 에릭 매스킨Eric Maskin, 로저 마이어슨Roger Myerson에게 노벨 경제학상이 돌아갔을 때 이들의 어려운 수학 모델을 설명하느라 진땀을 빼면서 위 표현을 썼다.

보이지 않는 손을 돕기 위해서는 불가피하게 정부가 경제 내에서 일정한 역할을 수행해야 한다. 그렇다고 해서 메커니즘 디자인에 빅브라더 같은 측면이 있다는 얘기는 아니다. 그리고 역설적이게도, 이 때문에 메커니즘 디자인 이론은 어려움에 놓인다.

이 이론은 정책입안자가 영향을 미칠 만한 범위가 제한적일 수밖에 없다는 인식에서 출발한다. 메커니즘 디자이너의 임무는 메커니즘으로 총칭되는 일련의 계약, 재산권, 각종 사회적 규칙을 제공함으로써 시장실패를 완화하거나 해소하는 것이다. 하지만 개인 프라이버시 존중 문제, 그리고 현실성을 감안하면, 개인들에 대한 중요한 정보가 오직 사적으로만 알려지고 메커니즘 디자이너가 인센티브나 제약 등 정책 수단을 만드는 데 이용할 수 없는 경우에도, 시장실패를 완화하거나 해소하는 정책은 실행될 수 있어야 한다.

이런 정보-프라이버시 제약을 고려하면, 메커니즘 디자이너가 시장실패의 근본 원인을 간단히 해결할 수 있는 유토피아적 해결책은 불가능하다. 만일 고안된 메커니즘 아래 노동자가 얼마나 열심히 일했는지, 판매자나 구매자가 어떤 물품에 얼마만큼 가치를 부여하고 있는지에 관한 정보를 이용할 수 있다면, 애초에 그 정보에 기초해 양측이 완전한 계약을 체결할 수도 있었을 것이다. 그리고 이런 완전한 계약이 가능했다면 메커니즘 디자이너에게 해결을 요청했던 시장실패도 없었을 것이다.

예를 들어 메커니즘 디자이너가 팀 작업에서 무임승차자가 발생하는 문제를 해결할 방안으로, 계약서에 모든 팀원이 열심히 일해야 한다는 내용과 각자가 스스로 얼마나 열심히 일했는지 정직하게 보고해야 한다는 내용을 담게 하면 된다는 식으로 제안을 할 수는 없다. 메커니즘 디자이너가 그렇게 할 수 있다면, 팀원들도 이미 그렇게 했을 것이고, 팀원들은 각자 자기가 얼마나 열심히 일했는지에 따라 급료를 지급받을 수 있었을 것이다. 따라서 애초에 메커니즘 디자이너를 구할 필요조차 없었을 것이다.

▲▲▲

메커니즘 디자인이 직면한 어려움은, 시장실패의 해결책이라면 반드시 충족해야 할 세 가지 조건을 생각해보면 알 수 있다.

첫째, 고안된 메커니즘을 통해 이루어진 자원배분이 파레토 효율적이어야 한다.

둘째, 정책 결정은 개인들이 자신의 경제행위에 자발적으로 참여한다는 전제 아래 이루어져야 한다. 이는 개인들이 어떤 상호작용이나 교환에 참여하지 않을 가능성까지 포함하여 자신의 선호가 이끄는 대로 자유로운 선택을 할 수 있어야 한다는 뜻이다. 경제학 용어를 빌리자면, 결과가 모든 개인들의 '참여 조건'을 충족시켜야 한다. 다시 말해 모든 사람이 메커니즘에 참여하는 게 그러지 않는 것보다 낫다고 판단해야 하고, 참여는 자발적인 결정이어야 한다. 또한 결과가 '인센티브에 부합해야' 한다. 즉 메커니즘에 참여한 상태에서 얻어진 결과는 개인의 극대화의 산물이어야 한다.

셋째, 사람들이 어떤 선호를 가졌는지에 대해서는 어떤 제한도 있어서는 안 된다. 따라서 사람들이 전적으로 자기 이익만을 바라보고 도덕에 무관심한 경우에도 메커니즘은 작동해야 한다.

이 세 가지 조건을 차례대로 **효율성 조건**, **자발적 참여 조건**, **선호 중립성 조건**이라고 부르자. 첫 번째 조건은 최소한의 집단적 합리성 조건을 부여하는 것이다. 최소한인 이유는 정의로워야 한다는 등의 다른 요소들에 대한 고려가 들어 있지 않기 때문이다. 두 번째 조건은 교환에 강제로 참여시키거나 재산을 징발하는 경우를 배제하는 것이다. 세 번째 조건은 두 번째 조건과 더불어, 개인의 자유 그리고 개인이 어떤 것을 좋아하는지에 대해서는 국가가 개입할 수 없다는 자유주의적 사고를 반영한다.

세 번째 조건은 최근에는 자유주의적 중립성이라고 불리기 시작했는데, "정치적 결정은 (…) 좋은 삶이란 무엇이며, 인생에서 가치 있는 것은 무엇인지에 대한 어떤 특정한 관념과도 무관해야 한다"는 로널드 드워킨Ronald Dworkin의 금언에서 잘 드러난다.[14] 유사한 뜻에서 피터 존스Peter Jones는 "특정한 목표들을 정해 시민들이 이를 추구하도록 강제하는 것은 국가의 역할이 아니다"라고 썼다.[15] 모든 자유주의자가 이런 의미의 중립성을 옹호하는 것은 아니다. 예를 들어 다른 사람들을 지배하고 싶어 하는 선호 체계 같은 경우 이를 허용할 수 없다고 보아도 자유주의적 중립성을 위배하는 것은 아니라고 지적하면서, 어떤 선호라도 제한 없이 허용해야 하는 것을 의미하는 것으로 자유주의 중립성을 넓게 보려는 내 해석에 반대하는 사람들도 있을 것이다. 하지만 나는 중립성 조건 아래서 개인들이 물질적인 자기 이해만을 추구하는 것을 허용하도록, 사람들의 선호에 어떤 제한도 두지 않을 것이다. 이러한 선호를 허용하는 것은 자유주의적 중립성 독트린 아래서는 반대하기 어렵기 때문이다.

메커니즘 디자인이 자발적 참여 조건과 선호 중립성이라는 가장 기본적인 자유주의적 조건을 충족시키면서, 프라이버시를 존중하는 규칙들을 통해 시장실패를 해소하는 데 성공했더라면, 수학으로 자유주의의 우월성을 입증했다는 《르 피가로》의 머리기사에 시비를 걸 수 없을 것이다. 나아가 이기주의 패러다임을 고수했던 사람들도 복권되었을 것이다. 메커니즘 디자인이 성배를 찾아내는 데 성공했더라면, 즐거운 상황은 아니었겠지만 그래도 최소한 제한된 의미에서라도 부정직한 자들을 전제로 한 법질서가 작동할 것이라고 결론 내릴 수밖에 없었을 것이다. 하지만 지난 40년 동안 메커니즘 디자인 연구는 정반대의 결과를 보여줬다.

부정직한 자들을 위한 (자유주의) 헌법

메커니즘이란 디자이너가 자원의 사용 방식을 결정하는 사람들의 행동에 영향을 미치기 위해 사람들에게 부과하는 일련의 규칙들을 말한다. 앞 장의 실험들에 사용된 벌금이나 보조금도 메커니즘 디자이너가 사용하는 도구다. 다수결 같은 의사결정 규칙이나, 경쟁시장에서의 판매와 구매 같은 우리에게 익숙한 자원 사용 방식도 마찬가지이며, 앞으로 보게 될 보다 이색적인 규칙들도 모두 메커니즘 디자이너의 도구다. 메커니즘 디자이너가 직면하는 상황은 "공화국을 수립하고 법을 제정하려는", 그리고 "자연적이고 일상적인 기질"을 갖는 시민들을 계몽주의적 법질서를 통해 통치하는 역할을 부여받은 마키아벨리의 악의 없는 통치자가 직면한 상황과 놀랄 정도로 흡사하다.[16]

계몽된 통치자와 이기적인 대상이라는 이런 맥락은 노벨 경제학상 수상자인 게리 베커Gary Becker가 고안한 '악동' 정리rotten kid theorem의 설정과도 정확히 일치한다. 베커는 이타적인 가장(메커니즘 디자이너)이 소득 이전을 통해 모든 가족 구성원으로 하여금 자신의 이익과 다른 구성원들의 이익을 동일시하는 것처럼 행동하게 만들 수 있는 조건을 찾고자 했다. "구성원 한 명의 '사랑'만으로도 가족 구성원들이 다른 구성원들을 자기만큼 사랑하는 것처럼 행동하게 만들 수 있다. 이렇게 된다면, 한 가정에 필요한 '사랑'의 양이 절약된다. 한 구성원의 충분한 '사랑'이 '보이지 않는 손'처럼 다른 모든 구성원이 서로 사랑하는 것처럼 행동하게 이끌 수 있다."[17]

베커는 이 정리가 가능한 이유는 이타적인 가장이 "가족 구성원들이 얼마나 이기적인지와 무관하게 가족 내 '외부성'을 완전히 내부화도록" 조율할 수 있기 때문이라고 설명한다. 따라서 가족들 사이에 소득을 배분하는 규칙이 적절하게 만들어지면, 완전히 이기적인 가족 구성원들이 전적으로 이타적인 사람처럼 행동할 수 있다. 이는 가격 체계가 도덕의 역할을 대신하는 극적인 예라고 할 수 있다.

《이코노미스트》가 상상했던 게 바로 이것이다. 베커는 애덤 스미스식 시장이 작동하지 않는 가족관계에서 '보이지 않는 손'의 유사품을 만들어냈다. 베커는 "이 정리를 이용하면, 이제 더 이상 가장을 제외한 다른 가족 구성원들의 선호에 대해 고민할 필요가 없다"고 결론지었다(물론 이 정리의 이름을 따온 '악동'의 선호도 고려할 필요가 없다). 나는 내 자녀들(이들은 결코 악동은 아니었다)이 자발적으로 해온 집안일들에 대해 가격을 매겨본 적이 있는데, 우연히도 그즈음에 베커의 정리를 연구하고 있었다. 당시에는 둘 간의 관계를 깨닫지 못했다. 여러분이라면 이후 어떤 일이 벌어졌는지 이미 상상할 수 있을 것이다.

베커의 '악동 정리'를 공공정책에 적용해보자. 이 정리에 따르면, 잘 디자인된 공적 인센티브를 활용하면 좋은 정부를 수립하는 데 (적어도 일반 구성원들 사이에서는) 덕성이 필요 없게 된다. 그리고 시민들이 특정 가치(예컨대 환경이나 미래 세대 또는 가족에 대한 관심 등)를 다른 가치들보다 우선시하도록 만들어야 한다는 문제, 말하자면 자유주의적 가치에 비추어 난감한 문제를 정책 당국자나 법안 작성자들이 고민하지 않아도 된다.

하지만 '보이지 않는 손 정리'가 역으로 자유방임 정책이 효율적이기 위해서 필요한 조건들이 얼마나 비현실적인지를 보였던 것과 마찬가지로, 메커니즘 디자인 역시 아무리 영리하게 고안된 공공정책이라도 보이지 않는 손에 도움의 손길을 주는 데에는 한계가 있을 수밖에 없음을 보여준다. 예를 들어 베커의 유명한 논문이 출간된 직후, '악동 정리'가 고도로 비현실적인 수학적 가정에 기초해 있으며,

따라서 이 정리는 가장이나 메커니즘 디자이너들이 직면한 일반적인 상황이 아닌 일부 특수한 상황들에만 제한적으로 적용된다는 것이 입증되었다.[18] "공화국을 수립하고 법을 제정하려는" 이들에게 간단한 지름길은 없는 셈이다.

부정직한 자들을 전제로 한 법질서가 왜 작동하지 않는지 이해하기 위해, 우선 법안 작성자 혹은 메커니즘 디자이너가 부정직해서는 안 된다는 비판이나, 부정직한 자들로 넘쳐나는 세상은 부정직한 사람 자신에게도 달갑지 않은 상황이라는 비판은 일단 접어두자. 메커니즘 디자인의 기본적인 아이디어는 많은 수의 사람들이 효율성을 달성할 수 있도록 개인들의 인센티브를 잘 조율하는 것이다. 실제로 이게 가능할 수도 있다. 2장에서 살펴본 대로, 또 베커가 설명한 대로 개인들이 자신의 행동에 따른 비용과 편익을 모두 내부화한 것처럼 행동하도록 만들 수만 있다면 말이다. 이는 로빈슨 크루소가 무인도에서 직면한 상황이기도 하다. 로빈슨 크루소의 경우 그가 얻은 지식이나 그가 감수한 위험, 그가 한 모든 일의 결과는 오로지 그에게만 돌아왔다. 이렇게 본다면 사람들로 하여금 마치 섬에 혼자 사는 로빈슨 크루소처럼 행동하게 만드는 것이 문제의 핵심이다.

▲▲▲

하지만 다양한 선호를 가진 많은 개인들로 이뤄진 대규모 집단에서 이를 달성하기가 얼마나 어려운지는, 사람들이 공동 결과물을 내야 할 때 발생할 문제를 떠올려보면 분명해진다. 새로운 앱을 만들기 위해 프로그램 코드를 짜는 소프트웨어 엔지니어 그룹을 생각해보

자. 선호 중립성 조건을 충족하는 메커니즘 디자인 문제로 이 상황을 보기 위해서, 그룹의 구성원들이 오로지 각자의 물질적 보상에만 관심이 있다고 가정하자. 메커니즘 디자이너는 (전설적인 철인왕처럼 그룹 밖에서) 그룹의 총산출은 관찰할 수 있지만, 구성원 각각이 얼마나 열심히 일했는지는 알 수 없다고 해보자(정보-프라이버시 제약 때문에).

만약 모든 팀원들이 팀 총산출의 n분의 1만큼을 보수로 받는다고 해보자. 이때 디자이너가 직면하는 문제는 팀원 한 명이 산출을 1만큼 늘려도 그의 보수는 1만큼 늘어나지 않으며, 추가된 산출은 전체 팀원들에게 공유되기 때문에 n분의 1만큼만 늘어난다는 것이다. 이처럼 산출을 공유해서 보수가 결정되면, 일은 공공재 생산의 성격을 갖게 된다.

팀원 각각이 자신의 노력으로 만들어낸 이득을 오직 부분적으로만 보상으로 받게 되므로, (자발적 참여 조건에 따라) 팀원들 각자 일의 양을 결정하도록 내버려두면 이들은 효율적인 일의 양보다 적게 일하려 할 것이다. 팀원들은 자신들의 노력으로 다른 팀원들이 얻게 될 이익은 자신의 이익으로 고려하지 않을 것이기 때문이다. 이런 상황에서 모두가 더 나아지려면 모든 팀원이 각자가 원하는 것보다 조금씩 더 열심히 일해야 한다. 디자이너는 팀원들이 이타적이어서 다른 팀원의 물질적 보상이 증가하는 것을 자기 일처럼 즐긴다면 이 문제가 해결될 수 있다는 걸 잘 안다. 하지만 디자이너는 선호 중립성 조건 때문에 팀원들이 다른 팀원의 이익을 고려하도록 선호를 강제할 수 없고, 자발적 참여 조건 때문에 각자의 선호에 반하게 행동하도록 강요할 수도 없다.

메커니즘 디자인이 잘 작동하려면 팀원 각자가 로빈슨 크루소처럼 각자 한 일의 결과를 온전히 자기 것으로 소유할 수 있어야 한다. 누구라도 자신이 만들어낸 편익 전부를 보상받을 수 있다면, 팀원들은 조금 더 일했을 때 불편한 정도가 전체 팀원이 추가적으로 얻은 편익과 같아지는 선까지 (좀 더 기술적으로 표현하자면 노동의 한계 비효용이 노동의 한계 편익과 같아질 때까지) 일을 할 것이다. 하지만 디자이너가 팀원들에게 특정한 정도의 일을 하라고 정할 수 없는 이상(얼마나 일했는지는 사적 정보이기 때문에), 이 목표를 달성하는 것은 거의 불가능해 보인다.

하지만 사실 가능하게 만드는 방법이 있기는 하다. 디자이너가 팀 구성원 모두에게 팀의 **총산출**만큼이 돌아갈 수 있도록(디자이너가 정한 고정된 금액을 공제하고) 약속하면 된다. 이 메커니즘은 괴상해 보이지만 어쨌거나 팀원이 팀의 총산출에 기여하는 만큼 보상을 받게 되므로, 로빈슨 크루소처럼 개인이 자신의 노동 성과 전체를 향유하게 된다. 고정액을 공제하는 이유는 디자이너가 팀의 수입과 지출을 맞추기 위해서인데, 공제액이 없으면 디자이너가 팀원들에게 지불해야 할 보수 총액이 팀 총산출의 n배가 될 것이기 때문이다.

그럼 이것으로 문제가 해결됐을까?

그렇지 않다. 왜 그런지를 이해하려면, 현실 세계에는 위험이 존재한다는 것을 고려해야 한다. 예를 들어, 팀의 총산출이 팀원들의 노동량뿐만 아니라 팀원들이 통제할 수 없는 여러 우연적인 요소에 의해서도 영향을 받는다고 해보자. 이런 '충격'들은 양의 효과를 가질 수도 있고 음의 효과를 가질 수도 있는데, 현실적으로 디자이너가 팀원들의 개별 노동량과 마찬가지로 이 충격의 크기도 관측할 수 없다고 해보자. 그래서 디자이너는 어떤 해에 팀의 산출이 예상외로 낮아지면 이것이 운이 나빠서인지 아니면 팀원들이 일을 안 해서인지 판단할 수 없다고 해보자. 자발적 참여 조건이 성립하려면 디자이너가 팀원들에게 제시한 계약은 팀원들이 받을 수 있는 기대 소득(양의 충격이 있을 때와 음의 충격이 있을 때의 평균 소득)이 최소한 차선의 소득(다른 일자리에서 얻을 수 있는 소득이나 실업 급여 등)과 같거나 더 높도록 보장할 수 있어야 한다.

양의 충격이 있을 때에는 팀원들의 실현된 소득(총산출에서 고정액을 뺀 값)이 팀원들의 차선 일자리에서 벌 수 있는 소득보다 몇 배나 더 높을 수도 있다. 이때는 문제가 되지 않는다. 진짜 문제는 음의 충격이 있으면 실현된 소득이 다른 일자리에서 벌 수 있었던 소득보다 훨씬 낮을 수 있다는 점이다. 음의 충격이 매우 큰 경우에는 팀원들이 메커니즘 디자이너에게 돈을 받는 것이 아니라 오히려 돈을 지불해야 할 수도 있다.

이 괴상하지만 영리한 메커니즘이 제대로 작동하기 위해서는 팀원 각자의 소득이 팀 전체에서 실현된 총소득과 연동되어야 한다. 하지만 현실적으로 양/음의 충격 때문에 팀원 개인의 장기적 평균 소득은 줄어들 수도 있다. 팀원들이 보수를 받는 대신, 팀에 자기 기대 소득의 몇 배에 해당하는 돈을 지불해야 할지 모르는 계약이 다수의 노동자들에게 매력적일지는 의문스럽다. 이런 유형의 계약을 팀원들이 자발적으로 받아들일 가능성은 낮고 따라서 자발적 참여 조건을 위배한다.

만약 팀원들이 음의 충격이 있을 때 무한정 돈을 대출받을 수 있다면 팀원들이 이런 계약을 받아들일 수 있을지 모른다. 하지만 그렇게 되긴 힘든데, 금융시장에서도 위와 유사한 문제가 발생하기 때문이다. 즉 팀원들이 돈이 떨어지고 나면, 이들에게 대출금 납부를 강제할 수 없다는 문제에 직면한다. 따라서 팀원들에게 최적의 계약을 체결하도록 하는 문제는 메커니즘 디자이너가 대부자금 시장에서 직면하게 될, 여전히 해결이 어려운 계약의 불완전성이라는 유사한 문제로 치환될 뿐이다.

자유주의의 삼중난제

물론 이게 끝은 아니다. '팀원 개개인 모두에게 각각 산출액 전체를 지급한다'는 간단한 플랜보다 훨씬 더 복잡한 메커니즘이라면 이 문제를 해결할 수 있을지도 모른다. 하지만 지금까지 축적된 메커니즘 디자인에 관한 방대한 연구들에서 얻어낼 수 있는 결론은 메커니즘 디자이너가 직면하는 이러한 문제가 고질적인 것이며 팀 생산에만 국한된 문제는 아니라는 것이다. 2007년 왕립 스웨덴 과학한림원의 노벨상 위원회는 매스킨, 후르비치, 마이어슨을 메커니즘 디자인에 기여한 공로로 노벨상 수상자로 결정하면서 이 분야가 어떤 발견을 했는지를 설명했다.

위원회는 후르비치의 논문이 자발적 참여에 관한 다음과 같은 '부정적 결과'를 입증했다고 보았다. 정보가 사적으로 소유될 때, "자발적 참여 조건을 충족시키는 어떤 인센티브 정합적인 메커니즘도 파레토 최적의 결과를 생산할 수 없다." 위원회는 에릭 매스킨Eric Maskin과 장자크 라퐁Jean-Jacques Laffont의 공저 논문, 로저 마이어슨과 마크 새터스웨이트Mark Satterthwaite의 공저 논문을 인용하며 이렇게 썼다. "많은 종류의 모델에서 공공재가 없는 경우에도 자발적 참여 조건과 파레토 효율성 조건은 양립할 수 없다."[19] 메커니즘 디자인은 선호 중립성과 자발적 참여 조건을 충족하면서 파레토 효율적인 결과를 낳을 수 있는 시장실패에 대한 해결책을 찾는 데 실패한 것으로 보였다.

판매자와 구매자가 서로 가장 좋은 가격을 제시하는 상대를 찾아야 하기 때문에 '이중경매'라고 불리는 판매자와 구매자 간의 일회성 교류는 이런 '부정적 결과'를 낳은 문제들의 좋은 예라고 할 수 있다. 이중경매에서는 잠재적 판매자와 구매자가 짝을 이루는데, 판매자와 구매자 모두, 거래되는 상품이 자신들에게 얼마의 가치가 있는지를 알고 있고, 양측은 자신이 생각하고 있는 가치에 따라 동시에 가격을 제시한다. 즉 판매자는 상품을 팔 용의가 있는 최저 가격을, 구매자는 지불할 용의가 있는 최고 가격을 제시한다. 만약 판매자가 제시한 가격이 구매자가 제시한 가격보다 낮으면 거래가 성사되고 그때 거래가격이 결정된다. 이때 거래가격은 판매자와 구매자가 각각 제시한 가격 중 하나, 혹은 두 가격 사이의 어떤 수준에서 정해진다. 판매자가 제시한 가격이 구매자가 제시한 가격보다 높으면 거래는 이루어지지 않는다.

이중경매 모형을 잘 살펴봐야 하는 이유는 여기서 메커니즘 디자이너의 도움이 없이도 파레토 효율이 어렵지 않게 달성될 수 있다고 여겨지고, 효율적 협상과 시장 교환에 방해 요소로 잘 알려진 문제, 예를 들어 재산권이 제대로 정의되어 있지 않았다거나, 계약이 불완전하다거나, 공공재의 경우처럼 관련 재화에 비배제성이 존재한다거나 하는 문제가 없도록 조건이 잘 갖춰져 있는 상황을 전제로 하고 있기 때문이다. 이런 방해 요인이 없다고 가정한 상황이기 때문에 다수의 판매자와 구매자가 자신의 선호와 상대방이 제시한 가격만 알고 있더라도 협상을 통해 파레토 효율적인 자원배분을 이루어낼 수 있는 것이다. 협상의 결과 잠재적인 이득을 얻을 가능성이 남아 있다면(누군가에게 손해를 주지 않으면서 최소 한 명 이상 이득을 얻을 가능성이 남아 있다면), 언제든 추가적인 거래를 통해 그 이득을 실현시켜나갈 것이기 때문이다.

하지만 놀랍게도 그런 조건은 충족되지 않는다. 문제는 거래 당사자들이 만났을 때, 이들에게는 교환된 상품이 자신에게 정말로 얼마나 가치가 있는지를 진실되게 드러낼 유인이 없다는 데 있다. 거래 당사자들이 얼마의 가격을 제시하는지에 따라 실제 낙찰가격이 영향을 받을 것이고, 실제로 거래 당사자들도 그렇게 생각할 것이기 때문이다.

다시 말하자면, 상품의 판매자는 상품을 팔 용의가 있는 최저 가격(최소한 이 정도는 받아야겠다고 생각하는 가격)을 부풀리려 하고, 구매자는 자신이 지불할 용의가 있는 최고 가격(최대한 이 정도까지는 지불할 수 있다고 생각하는 가격)을 낮춰 부르려 한다. 따라서 구매자가 생각하는 상품 가치가 판매자가 생각하는 상품 가치보다 높은데도, 구매자가 제시한 가격이 판매자가 제시한 가격보다 낮은 경우가 종종 발생한다. 교환을 통해 서로에게 도움이 될 여지가 있음에도 교환이 이루어지지 않는 경우가 발생할 수 있다는 말이다. 이 경우라면 판매자도 구매자도 최적의 결과를 얻지 못한다. 파레토 효율은 이들을 살짝 비껴간다.

이중경매에 관한 연구들이 보여주는 주요 결과는 이렇다. 거래 당사자들은 각자 자신의 기대 이익을 극대화하려고 하는 경우, 자신들이 상품에 부여한 가치를 정직하게 드러내지 않으려 할 것이다. 상대방이 진실을 드러내는 경우에도 그렇다. 사람들이 자신들의 선호를 거짓으로 드러냄으로써 이득을 볼 수 있다는 것은, 순진한 메커니즘 디자이너가 공공재를 효율적으로 공급하기 위한 인센티브를 제공하고자 할 때 사람들의 선호에 대한 올바른 정보를 얻기 어렵다는 것을 말해준다.[20]

▲▲▲

칼리안 차터지Kalyan Chatterjee는 거래 당사자들이 각자 부여한 가치를 사실대로 보고하는 것이 자신에게 최적 전략이 되면서도, 쌍방 모두 혜택을 볼 수 있는 거래를 다 성사시키는 기발한 메커니즘을 발명했다.[21] 파레토 효율을 달성하도록 만들어주는 이 메커니즘에서는 거래 당사자들이 자신이 제시한 가치에 따라 크기가 결정되는 일종의 추가 비용을 지불하도록 설정되었는데, 이 비용은 거래가 성사되었는지 여부와 무관하게 지불하도록 했다. 이때 지불되는 금액의 크기는 상대방이 진실을 말한 경우 거래자가 자신의 진짜 가치를 왜

곡해서 전달함으로써 상대방에게 입힌 손해의 크기에 따라 결정된다. 차터지는 이 메커니즘을 "각 행위자가 자신의 행위에 따라 야기될 외부성에 대해 값을 치르게 하는" 방식이라고 설명한다.

이 금액은 거래자들이 상품에 대해 각자 매긴 가치를 왜곡해서 전달하는 경우 이에 부과하는 일종의 세금이라고 할 수 있다. 이 세금이 있기에 거래자들로서는 사실대로 말하는 것이 최선의 전략이 된다. 차터지 방식이 영리한 것은 거래자들이 상품에 매긴 가치를 둘러싼 프라이버시를 침해하지 않으면서 이런 거래를 달성할 수 있다는 데 있다.

그러나 지금쯤 독자들도 예상했겠지만 여기에도 문제가 있다. 상품에 매긴 가치에 따라, 일부 거래자들은 이 선금 납부를 거부하고 메커니즘에서 아예 나가버리는 게 더 유리할 수도 있는데, 이들이 나가면 메커니즘은 더 이상 작동하지 않는다. 따라서 이 메커니즘은 거래 당사자들이 상품으로부터 얻게 될 가치가 얼마일지를 모르는 경우나(그럴 리는 없다), 이 경우가 아니라면 참여가 강제적인(자발적 참여 조건을 위배하는) 경우에만 작동하지만,[22] 차터지 방식의 빅 브라더 같은 측면은 자발적 참여 조건을 무시하고 있다.

▲▲▲

그림 6.1은 내가 '자유주의의 삼중난제liberal trilemma'라고 부르는 문제를 설명해준다. 메커니즘 디자인 이론은 자유주의적 법질서의 제정과 공공정책 입안의 세 가지 조건(파레토 효율성, 자발적 참여, 선호 중립성)이 일반적으로 양립하지 않는다는 사실을 발견했다. 삼각형

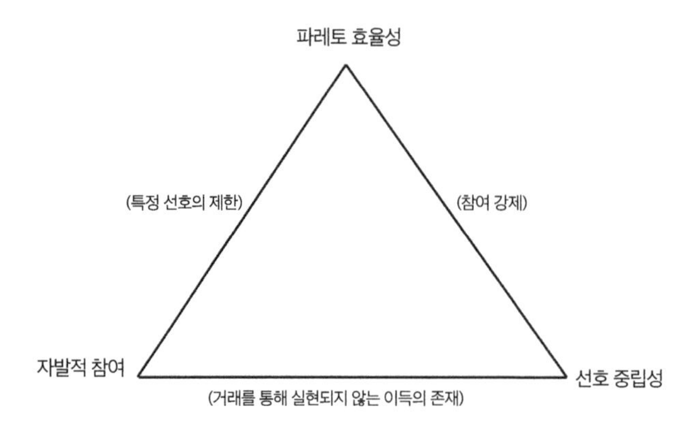

그림 6.1 자유주의의 삼중난제

파레토 효율성, 선호 중립성 및 자발적 참여 조건의 양립 불가능성.

그림에서 두 개의 꼭지점을 선택한 후, 이 두 개 꼭지점의 조건이 성립할 때 왜 나머지 꼭지점의 조건이 실현 불가능한지를 살펴보자. 두 쌍의 자유주의적 조건들을 잇는 선분 옆에 있는 괄호 안의 문구는, 나머지 한 꼭지점의 조건을 제외하고 두 가지 조건만 충족되었을 때 발생하는 문제를 보여준다.

자발적 참여 조건과 선호 중립성 조건이 동시에 성립한다면(삼각형의 밑변을 보라), 이중경매에서 보았듯이 호혜적인 거래가 이루어지지 않는 경우가 생긴다. 즉 교환을 통해 가능한 이득이 완전히 실현되지 못하고, 결과적으로 파레토 효율성 조건을 위배한다. (차터지의 디자인과 같이) 사람들이 참여하고 싶지 않더라도 메커니즘에 참여하도록 강제하는 경우에는 파레토 효율성과 선호 중립성이 동시에 충족되지만(삼각형의 오른쪽 변을 보라), 자발적 참여 조건이 위배된다. 마지막으로 거래자들이 각자 상품에 매긴 가치를 정직하게 보고하는 성향이 있다면, 자발적 참여 조건과 파레토 효율성 조건이 동시에 충족될 수 있다. 이 경우 사람들은 호혜적인 거래를 하지 않을 이유가 없지만, 이처럼 거래자들이 정직성에 충분히 높은 가치를 부여하도록 요구하는 것은 선호 중립성 조건에 위배된다.

▲▲▲

이 삼중난제에서 벗어나는 한 가지 방법은 자유주의의 중립성을 폐기하는 것이다. 거래자들이 이타적이라면, 둘 모두에게 이득이 되는 거래가 무산될 경우 자신이 입을 손해뿐만 아니라 상대방이 입을 피해도 고려하여 가치를 부여할 것이다. 이때 사람들은 자신의 행동이 타인에게 끼치는 비용을 고려하게 되므로 시장실패를 줄일 수 있다. 서로 이득이 되는 거래가 남김없이 모두 성사될 수 있게 하려면 어느 정도의 이타성이 필요할까?

거래 쌍방이 모두 완벽하게 이타적이라면 가격은 전혀 문제가 되지 않을 테고(상대방의 이익을 자신의 이익과 동등하게 대할 것이므로), 따라서 상품이 자신에게 얼마의 가치가 있는지를 왜곡해서 보고하지도 않을 것이다. 그리고 실제로도 사람들은 그렇다. 하지만 황성하와 나는 놀랍게도 거래 쌍방 중 한쪽만 완전히 이타적이더라도 서로 이득이 되는 거래가 모두 성사되기에 충분하다는 것을 보인 바 있다. 어떻게 이것이 가능한지 설명하려면 자유주의의 삼중난제 이야기에서 많이 벗어나야 할 테지만 말이다.[23]

최근 연구들도 아주 간단한 상품교환에서조차 파레토 효율성, 자발적 참여, 선호 중립성 등 세 가지가 동시에 충족될 수는 없다는 결론을 뒤집지 못했다. 따라서 공공정책을 디자인하는 당국자가 시민적 덕성을 갖춘 모범적인 사람이라고 가정하더라도(이기심 패러다임에서는 그를 제외한 다른 모든 국민에 대해서는 그런 가정이 필요 없다고 본다), 메커니즘 디자인은 자유주의 사회에서 부정직한 자들을 전제로 한 법질서를 만들어낼 수 없다. 사람들로 하여금 자기 의사에 반해서 강제로 경제적 거래에 참여하도록 하는 데 대한 자유주의적 거부감, 그리고 국가가 특정 선호 체계를 다른 선호 체계에 비해 우선시하도록 허용하는 데 대한 자유주의적 거부감이 그런 실패가 일어나게 된 이유다.

삼중난제의 또 다른 원인은 본질적으로 사적인 정보에 대해 메커니즘 디자이너가 접근할 수 있는 범위가 제한되어 있다는 데 있다. 이것은 현실적인 제약이기도 하지만, 적어도 자유주의 사회에서는 국가의 권위를 제한한다는 점에서 상당히 가치 있는 제약이다. 마키아벨리는 저서 《로마사 논고》에서 진정한 악인들로 하여금 선한 사람처럼 행동하게 하는 것은 "아주 잔인한 시도이거나 아니면 아예 불가능한 일"이며 "폭력이나 무력을 포함한 극단적인 수단들"이 필요한 일이라고 결론 내리면서, 삼중난제의 핵심 메시지를 전했다.[24]

메커니즘 디자인 문헌을 읽는 것은 마치 나쁜 소식을 연이어 듣는 것 같다. 부정적인 결과들이 중요한 기여를 하고, 또 그런 결과들이 누적되면서, 이 분야의 일부 연구자들은 삼중난제를 손쉽게 해결하기 위해 효율성 기준 자체를 약화시키는 전략적 후퇴를 시도하기도 했다. 노벨상 위원회는 이렇게 말했다. "따라서 참가자들이 사적 정보를 가진 조건에서, 전통적 의미의 파레토 효율성은 일반적으로 달성할 수 없다. 우리는 새로운 효율성 기준이 필요하다."[25] 그러므로 메커니즘 디자인은 표준적인 파레토 기준을 포기하고, "사람들이 인센티브에 대응하는 방식아래서" 다시 말해 사람들의 선호 아래서 "실행 가능한 최선"이라는 의미의 '인센티브 효율성'으로 이를 대체했다. 새로운 기준에 따르면, 이중경매 거래에서 실현되지 못한 이득이 남아 있더라도 그 결과가 효율적이라고 판단될 수 있다. 하지만 이런 방식은 환자가 사라졌기 때문에 수술이 성공했다고 하는 것이나 마찬가지다.

이처럼 학계에서 오랫동안 중시해온 목표에 기술적으로 물타기를 하는 이유는 아마도 선호가 정말로 중요하다는 사실, 즉 지금까지는 받아들이기 불편하게 여겨져온 사실을 인정할 수밖에 없었기 때문이다. 우리는 가상의 소프트웨어 개발팀 사례를 통해 팀원들이 가진 약간의 이타심이 시장실패를 줄이고 더 효율적인 결과를 낳을 수 있음을 확인한 바 있다. 이렇듯 선호는 중요하다. 이제 많은 경제학자들이 조금은 겸연쩍어하면서 팀 베슬리Tim Besley에게 동의할 것이다. "아마도 해결책은 보다 나은 사람들을 만들어내는 것 말고는 없지 않을까?"[26]

이제는 입법자들이 자유주의적 중립성을 재고할 때가 되었다.

차선의 세계

여기 입법자가 따져봐야 할 몇 가지 어려운 상충관계들이 있다. 아리스토텔레스적 입법자는 (자유주의의) 삼중난제를 통해, 사람들이 어떤 선호를 갖고 있는지 고민한 일이 옳았음을 확인했을 것이다. 앞선 장들에서 입법자는 사람들의 이기심을 잘 이용해 공적 목표를 달성하려는 정책이 법질서의 성공에 필수적인 윤리적이고 타자를 고려하는 선호를 약화시킬 수 있음을 알았다. 그리고 우리는 그 반대 경우도 사실임을 보게 될 것이다. 즉 윤리적이고 타자를 고려하는 동기를 표현하고 전파하도록 장려하는 정책은 효율적인 결과를 달성하는 데에 명시적인 인센티브의 효력을 약화시킬 수 있다.

결과적으로 입법자가 직면하는 난제는 경제학에서 중요시되는 동시에 역설적이기도 한 '차선의 정리' 아이디어가 적용되는 독특한 경우라고 할 수 있다. 경제를 '올바른' 방향으로 움직여 시장실패를 해소하려는 정책들은, '보이지 않는 손 정리'가 기초하고 있는 재산권과 시장이 잘 기능하도록 끝까지 밀어붙여야지, 그러지 못하면 처음보다 나쁜 결과를 낳을 것이다. 정책입안자들에게 주어지는 이런 '모 아니면 도' 식의 조언을 '차선의 정리'라고 부른다.[27]

이 이론의 배후에 깔려 있는 아이디어는 이렇다. '보이지 않는 손 정리'가 전제하고 있는 완전경쟁 경제에서 가격은, 상품의 사회적 한계비용(상품을 한 단위 더 만들기 위해서 상품 생산자와 판매자가 치러야 하는 비용인 사적 한계비용뿐 아니라, 상품이 한 단위 더 생산됨으로써 다른 모든 사람이 추가로 치러야 하는 비용까지 고려한 한계비용)으로 측정되는 상품의 진정한 희소성을 소비자들에게 전달하는 신호로 기능한다는 것을 기억하자.

'보이지 않는 손 정리'를 가능하게 하는 핵심 가정(교환 당사자들 사이에 아무런 비용 없이 계약을 강제할 수 있다는 것)이 충족되면, 판매자와 구매자 간 경쟁을 통해 가격은 각 상품의 사회적 한계비용과 같아진다. 그 결과 중요한 모든 것은 가격을 가지며, 그 가격들은 적절할 것이다. 상품의 사회적 한계비용이 사적 한계비용을 초과하는 경우(예컨대 생산자가 환경을 훼손했지만 그에 대한 금전적 책임을 지지 않는 경우), 메커니즘 디자이너는 그 상품에 그 차액만큼 세금을 부과해 세금을 포함한 가격이 사회적 한계비용과 같아지게 할 수 있다.

그런데 '가격이 사회적 한계비용과 같아지게 한다'는 규칙을 위반하는 두 가지 경우를 가정해보자. 예를 들어 특정 기업이 어떤 상품에 대한 독점권을 가지고 있다고 생각해보자. 그 기업은 가격을 상품의 한계생산비용보다 높게 설정해서 판매량을 줄이고 이윤을 취한다. 이것이 첫 번째 시장실패다.

이와 다른 경우로, 이 기업의 생산품이 환경 피해를 유발하고, 그 때문에 그 기업 소유자가 지불하는 사적 한계생산비용이 사회적 한계비용보다 낮다고 해보자. 이것이 두 번째 시장실패다.

이제 우리가 이런 시장실패 가운데 한 가지만 해결할 때, 예컨대 독점기업을 여러 작은 기업으로 쪼개어 경쟁시킴으로써 가격이 한계비용을 향해 하락하도록 유도한다면 어떤 결과가 생길지 생각해보자. '차선의 정리'는 이럴 경우, 경제가 효율적인 상태에서 더 멀어진다는 것을 보여준다. 소기업들이 서로 경쟁하게 되면 이 기업들은 생산량을 제한해서 (그리하여 가격을 올려서) 얻는 이득이 없기 때문에, 산업 전체 생산량은 이전 독점기업 당시 생산량보다 늘어난다. 즉 이들은 (사적) 한계비용이 생산량과 같아질 때까지 생산량을 늘릴 것이다. 이렇게 되면, 독점의 표준적인 문제, 즉 기업이 가격을 높게 유지해 이윤을 얻고자 지나치게 적게 생산하는 문제는 해결된다. 하지만 생산이 늘면서 환경문제는 악화된다. 이런 경우라면 그 기업을 독점기업으로 남겨두는 것이 더 나은 정책일 수도 있다.

'차선의 정리'에 따르면, 만약 어떤 이유에서든 반독점 정책과 환경 정책을 동시에 실행하는 것('동시에 끝까지 밀어붙이는 정책')이 불가능하다고 해서 둘 중 하나만 실행한다면 상황이 개선될지 확신할 수 없고, 심지어 상황이 악화될 수도 있다.

이런 결과를 직관적으로 이해해보자. 효율성 조건 중 한 가지가 위배됨으로써 발생한 왜곡이 또 다른 조건이 위배됨으로써 발생하는 왜곡을 상쇄하면서 작아질 수 있다는 이야기다. 여기서 놀라운 점은 경제를 표준적인 효율성 조건에 가깝게 만드는 것이 때때로 효율성 손실을 가져올 수 있다는 점이다.

인센티브와 사회적 선호가 분리될 수 없기 때문에 발생하는 문제도 이와 유사한 결과를 낳을 수 있다. 이제는 익숙한 다음의 논리를 따라가 보자. 계약이 불완전해서 시장실패가 발생하는 경우, 신뢰나 호혜성 같은 사회적으로 가치 있는 규범이 이런 시장실패를 완화하는 데 중요한 역할을 한다. 이 경우 완전 계약에 가깝도록 이상적인 인센티브 체제를 만들려는 공공정책이나 법 관행, 예컨대 신뢰 게임에서 돈을 충분히 돌려주지 않을 때 벌금을 매긴다든지 하이파 어린이집에서처럼 부모가 지각할 때 벌금을 부과하는 조치는 이런 규범을 약화시킴으로써 시장실패를 더 악화시킬 수 있다. 그 결과 자원배분은 더 비효율적이게 된다.

메커니즘 디자인 이론은 완전히 이기적인 사람들로 구성된 사회에서 효율적인 배분이 이뤄질 수 있을지 의심하도록 이끈다. 신뢰와 호혜성 같은 규범은 우리가 생각해볼 수 있는 어떤 메커니즘에서든 사회적으로 가치 있는 것으로 남는다. 부정직한 자들을 전제로 한 법질서는 존재하지 않기 때문이다. '끝까지 밀어붙이는 것'은 해결 방안이 아니다. 따라서 아리스토텔레스적 입법자는 차선의 세계에 살고 있으며 여기서는 이상적인 세계에서라면 적절했을 정책적 개입이 완벽하게 작동하지 않는다. 이 세계에서 그런 정책은 오히려 상황을 더욱 악화시킬 수도 있다.

▲▲▲

시장이 더 완벽하게 기능하도록, 또 사회가 인적/물적 자원을 사용하는 방식을 결정하는 데 시장이 더 많은 역할을 수행하도록 고안된 정책들의 문화적 약점 때문에 이런 상충관계가 발생한다. 이를 이해하려면 시장과 다른 사회제도가 사람들로 하여금 새로운 동인을 배우고 낡은 동인을 버리게끔 환경을 조성하는 교사 역할을 한다는 앞선 장의 아이디어로 돌아가야 한다. 지금 입법자를 힘들게 하는 문제는 시장이 '보이지 않는 손 정리'의 이상적인 가정들에 가까워질수록 오히려 시장의 올바른 작동에 필수적인 사회규범을 학습하는 데 적합하지 않은 환경을 제공한다는 점이다.

시장을 이 렌즈를 통해 바라보자. 나는 시장이 다른 제도와 어떻게 다른지 살펴보기 위해서, 학습이 일어나는 환경으로 제도를 특징짓는 두 가지 차원을 정의하고자 한다. 첫 번째 차원에서 상호작용은 지속적일 수도 있고 일시적일 수도 있다. 두 번째 차원에서 상호작용은 인격적일 수도 있고 익명적일 수도 있다.

막스 베버Max Weber가 처음 주창했고, 이후 뷰캐넌 등 시장의 역할을 확대해야 한다고 주장하는 이들이 강조한 시장의 핵심적 특성은, 시장이 교환 당사자들 간의 개인적 애정이나 장기적 관계를 필요로 하지 않는다는 것이다.[28] 이들 견해에 따르면 시장은 익명적이고 일시적인 상호작용일 때 잘 작동한다.

시장의 이런 특성을 20세기 사회학자 탤컷 파슨스Talcott Parsons가 시장의 "두 주요 경쟁자"라고 했던 "정치적 권력을 이용한 직접적 징발requisitioning" 그리고 "비정치적 연대와 공동체"와 대비해보자.[29] 다만 파슨스는 좋은 작명가는 아닌 듯하다. 여기서는 두 가지 배분 시스템을 각각 '국가'와 '공동체'라고 부르자.

국가('정치적 권력을 이용한 직접적 징발')는 어떤 면에서 시장만큼이나 익명적이다. 적어도 이상적으로는 그렇다. 하지만 이 둘 사이에는 차이점이 있다. 국가의 일원이 되는 것은 일반적으로 선택 사항이 아니며 출생이라는 우연적 사건에 의해 결정된다. 진입과 퇴출에 따른 비용도 비싸다(흔히 시민권이나 영주권의 변화를 수반하므로). 나아가 국가가 자원을 배분할 때 이용하는 인적 네트워크는 일시적인 것과는 거리가 멀다.

국가나 시장과 달리, 안정적인 멤버십에서 사람들 사이에 직접적

표 6.1 학습 환경으로서 이상적인 시장

양적인 차원	질적인 차원	
	익명적	인격적
일시적	시장	인종적으로 분리된 시장
지속적	관료제	공동체, 씨족, 가족

주: 두 행은 각각 교류 당사자들이 얼마나 미래에 교류가 지속될 것이라고 예측하는지를 나타낸다. 두 열은 각각 거래에 영향을 주는 요인으로서 개인의 신원이 중요한지 여부를 나타낸다.

인 상호 교류가 이루어지는 공동체('유기적 연대' '씨족clan' '일반적 호혜성' '게마인샤프트gemeinschaft'라는 용어로 묘사되는 공동체)에서의 상호작용은 익명적이지도 않고 일시적이지도 않다.[30] 파슨스의 '비정치적 연대와 공동체'는 서로 아는 사람들 사이의 장기적인 면대면 교류에 기초한다.

표 6.1은 지금까지 본 세 가지 이상적 유형과 더불어 네 번째 유형, 즉 일시적이면서 인격적인 사회적 교류도 보여준다. 이 네 번째 유형에서는 인종 등 개인의 정체성 징표가 중요하다. 인종적으로 분절된 일용직 노동자 시장을 예로 들 수 있는데 이곳에서는 교류가 인격적이지만(참가자의 인종 정체성이 중요하다는 점에서), 지속적이지는 않다.

▲▲▲

이런 관점에서 보자면 시장이 관용이나 배려를 가르치는 학교 같지는 않아 보인다. 곤경에 놓인 사람에 대한 관대함을 연구한 조지

로웬스타인과 데버라 스몰에 따르면, "희생자들이 우리와 정서적인 상태를 공유할 때, 다시 말해 지리적으로나 사회적으로 가까울 때 혹은 우리와 비슷한 모습이거나 희생자의 모습이 생생하게 표현되었을 때" 감정적 배려가 더 커진다.[31] 가깝지도 않고 생생함을 공유하지도 않는 개인들 사이에서 서로 이득을 주고받는 상호작용이 이뤄지는 것이 시장의 특징이라 불린 것은 우연이 아니다. 하지만 시장을 통한 상호작용의 이런 측면 때문에 사람들은 자신의 행동으로 유발된 타인의 이익이나 피해에 눈감게 될 수도 있다.

일용직 노동자를 위해 일시적으로 열리는 시장처럼 많은 시장들은 익명적이거나 일시적이다. 그러나 잘 알려져 있듯 노동시장에는 일부 일본 기업과 같은 종신고용도 있을 수 있고, 소규모 가족기업처럼 친밀한 관계도 있을 수 있다.

이런 차이가 왜 중요한지 알아보기 위해, 상인이 외교관보다 더 믿을 만하다는 애덤 스미스의 관찰로 돌아가 보자. 그의 추론에 따르면, 상인은 많은 사람들과 반복적으로 교류하고 사람들은 상인이 다른 사람을 어떻게 대하는지 안다. 스미스가 보기에, 상인이 누군가를 속이면 그의 평판은 크게 손상될 것이다. 반면 교류가 더 일시적인 외교관의 경우 "상대를 속이는 사람이라는 낙인이 가져오는 피해에 비해 영악한 속임수로 얻는 게 더 많을 수도" 있다.

스미스 대 스미스

상인은 정직하지만 외교관은 신뢰하기 어렵다는 스미스의 추론은 정당해 보인다. 나는 그가 옳았는지 모르겠지만 그럴 수도 있을 거라 생각한다. 신뢰 게임에서 코스타리카의 CEO들이 학생들보다 더 호혜적이었다는 것, 유엔에서 일하는 외교관들 가운데 주차 문제에서 모범적이지는 않은 사람이 많았다는 것을 기억하자. 앞으로도 일련의 실험 결과와 자연적 관찰을 통해, 이상적인 시장에서 멀어질수록, 즉 시장이 유연하고 익명적이지 않을수록, 교환 파트너에 대한 충성심이 형성되는 경향도 커지고 상대방의 공정한 대우와 신뢰에 호혜적으로 대응하려는 경향도 커진다는 사실을 보게 될 것이다.

사회학자 피터 콜록Peter Kollock은 사람들 간 신뢰가 이들이 교류하는 시장 유형에 얼마나 의존하는지 알아보려 했다. 그는 "신뢰를 개인적 변수로 보는 대신, 교환체제에서 신뢰의 구조적 기원"을 탐구했다.[32] 신뢰가 시장에서 어떻게 내생적으로 형성되는지를 살펴보고자 한 것이다. 먼저 콜록은 품질이 제각각인 상품들을 교환하는 실험을 디자인했다. 한 실험 조건에서는 상품의 품질이 계약에 의해 결정되도록 했고(즉 계약에 의해 강제될 수 있게 했고), 다른 조건에서는 품질이 계약에 의해 결정될 수 없게 했다. 콜록은 품질이 계약으로 통제될 수 있는 경우 교환 당사자들 간에 신뢰가 생성되지 않은 반면, 품질이 계약으로 통제되지 않는 경우 실험 참가자들이 자신과 다른 사람의 평판을 중시하기 시작했으며 이와 함께 거래 파트너에 대한 신뢰가 형성되는 것을 발견했다.

콜록과 마찬가지로, 마틴 브라운Martin Brown 연구팀도 시장 실험을 통해 계약의 불완전성이 거래자들 간 신뢰와 충성도에 미치는 영향을 연구했다.[33] 이 실험에서는 교환되는 상품마다 품질이 일정하지 않았고, 고품질 상품을 공급하려면 공급자가 추가 비용을 들여야 했다. 콜록의 연구에서와 같이, 완전 계약 조건에서는 실험 주관자가 공급자로 하여금 약속한 품질의 상품을 공급하도록 강제했지만, 불완전 계약 조건에서는 구매자에게 한 약속과 무관하게 공급자가 품질을 마음대로 정할 수 있었다. 구매자와 공급자는 서로 식별번호를 알기 때문에 그 정보를 이용해 다음에 누구와 교류하고 싶은지 결정하고, 상대가 결정되면 제공하려는 상품의 가격과 품질을 어느 수준으로 할지, 거래가 끝나면 파트너를 바꿀지 등을 결정할 수 있었다. 실험에서는 구매자가 다음 라운드에도 이전 공급자와 지속적인 관계를 맺고 싶으면, (오퍼를 공적으로 공표하는 대신에) 그에게 사적으로 오퍼를 제시할 수 있도록 했다.

완전/불완전 계약 조건은 서로 매우 다른 거래 패턴을 낳았다. 완전 계약 조건에서는 90퍼센트 이상의 거래가 3라운드 이내에 종료되었고 대부분 거래가 한 번에 끝났다. 반면 불완전 계약 조건에서는 40퍼센트의 거래만이 3라운드 이내에 종료되었고 거래자 대부분이 파트너와 신뢰관계를 형성해 거래관계를 계속 유지하려 했다. 불완전 계약 조건에서 구매자는 공급자가 특정 품질의 상품을 공급하는 데 소요한 비용보다 현저히 높은 가격을 제시함으로써 교환에서 얻는 이익을 공유하려 했다.

완전/불완전 계약 조건 간 차이는 게임 후반 라운드에서 특히 두

드러졌다. 이는 거래자들이 자신의 경험에서 배우고 그에 따라 자기 행동을 업데이트했음을 보여준다. 콜록의 실험과 마찬가지로 사람들은 계약이 불완전할 때 거래 파트너를 신뢰하면서, (다른 곳에서 더 좋은 계약 조건을 확보할 수 있더라도 거래 상대를 바꾸지 않고) 충성도를 유지하는 법을 배웠다. 계약이 완전할 때는 이런 현상이 발생하지 않았다.

이 실험들은 불완전 계약과 사회적 선호 사이에서 만들어질 수 있는 시너지 관계를 보여준다. 앞서 살펴본 바와 같이, 사회적 선호는 계약이 불완전할 때 시장이 제대로 기능하는 데 기여한다. 그리고 이 실험들은 불완전 계약 아래 실행된 교환이 사람들로 하여금 사회적 선호를 받아들이게 하는 여건들, 예를 들면 스미스가 상인의 일상에서는 발견했지만 외교관의 일상에서는 찾을 수 없었던 지속적이고 인격적인 교류의 조건들을 조성한다는 점을 보여준다.

경제학자들이 익히 알듯이, 불완전 계약은 시장실패를 낳지만 동시에 신뢰를 장려한다. 신뢰는 애로가 말하듯 시장실패를 줄이는 데 필수적인 요소다. 이것이 입법자의 딜레마다. 하지만 이는 일종의 선순환의 기반이 될 수도 있다. 계약이 불완전할 때 서로 이득이 되도록 교환이 이루어지려면 신뢰가 필수적인데, 신뢰는 계약이 불완전할 때 진화하는 바로 그런 유형의 거래관계를 통해 습득되는 것으로 보인다. 물론 반대로 악순환도 존재할 수 있다. 거래 파트너들 사이에 신뢰가 부족하면 거래자들이 계약을 가능한 한 완전하게 만들고자 할 것이고, 그 결과 신뢰는 더 발달하기 어렵게 된다.

우리는 4장에서 팔크와 코스펠트의 통제 기피 실험을 통해 이를 살펴본 바 있다. '피고용인'을 신뢰하지 않는 '고용주'는 실험이 허용하는 한 가장 완전한 계약을 도입하려 했고, 그 결과 '피고용인'은 고용주의 기대에 걸맞게 가장 낮은 노력을 제공했다. 만약 계약이 완전해질 수만 있다면 신뢰가 사라지더라도 문제가 안 될지 모른다. 하지만 우리가 자유주의의 삼중난제에서 살펴보았듯이 완전한 계약이란 불가능하다.

신뢰와 불완전 계약 사이의 보완성은 '차선의 정리'를 새롭게 적용해 얻을 수 있는 핵심 메시지를 보여준다. 시장 참여자들이 더 좋은 상대가 나타났다고 해서 바로 교환 파트너를 바꾸지 않는다면 교환은 지속적이고 비익명적인 특징을 갖게 된다. 대부분의 경제학자들은 이를 '시장 경직성market inflexibility'이라 부르고, (신뢰와 여타 사회규범을 유지하는 문제를 논외로 한다면) 효율성 달성에 대한 방해 요인으로 간주한다. 하지만 시장을 더 '유연하게' 만들면, 예컨대 브라운의 실험에서처럼 거래자들이 파트너의 신원을 알 수 없게 되어 장기적인 충성도가 생기지 않게 된다면 어떤 결과가 발생할까? 사회가 선순환에서 악순환으로 넘어갈 수 있다.

▲▲▲

더 익명적이고 일시적인 특성을 갖는 시장, 즉 이상적인 시장을 만들려는 정책이 어떻게 윤리적이거나 혹은 타인을 배려하는 선호가 습득되는 경제적 조건을 파괴하는지 알아보자. 그러기 위해서 상인이 외교관보다 더 믿을 만하다는 스미스의 주장으로 돌아가 보자. 스미스의 추론은 반복적인 죄수의 딜레마 게임으로 이해할 수 있다.[34] 사회적 상호작용이 충분히 오래 지속되고 사람들이 충분히 인내심이 있다면, 조건부 협력 선호를 가진 사람들(엄밀히 말해 처음에는 협조하지만 이후에는 이전 라운드에서 협조하지 않은 사람들에게 보복하는 사람들)은 그들이 어느 정도 다수를 차지한다면, 협조하지 않는 사람들보다 더 나은 성과를 거둘 수 있다. 한 사회에서 물질적으로 더 부유한 사람들이 모방되는 경우가 더 많다고 가정한다면, 이런 사람들끼리 경제적 교류가 오래 지속되면서 조건부 협력자들의 사회를 유지시킬 수 있다. 스미스의 상인들에게서 발견되는 청렴함이 출현하고 지속되는 것을 문화적 진화의 과정으로 설명할 수 있다.

하지만 스미스의 추론은 예상치 못한 방향으로 우리를 이끈다. 숲이나 어장처럼 '공유지의 비극' 문제에 노출된 공유자원으로 생계를 꾸려가는 마을 사람들을 생각해보자. 3장에서 후안 카밀로 카르데나스 연구팀의 실험에 등장한 콜롬비아 농촌 마을 사람들이 이런 이들이다. 이 마을 사람들은 서로 의사소통할 수 있을 때, 실험용 '자원'을 유지하는 데 특히 잘 협력했다는 사실을 떠올려보자.

대부분 마을 사람들이 조건부 협력자여서 한 명의 이탈이 다른 모든 사람의 협력을 철회하게 만들 수 있는 상황이라고 해보자. 이런 상황에서라면 자원의 무분별한 채취를 자제하려는 모두의 노력에 무임승차하려는 유혹이 절제될 수 있다. 자칫 무임승차를 시도했다가 다른 모든 사람을 협력에서 이탈하게 할 가능성이 있기 때문이다. 이런 식으로 자원이 수 세기 유지되는 상황을 생각해보자. 이것이 수많은 소규모 어장, 농장과 숲이 '공유지의 비극'을 피할 수 있었던 이유 중 하나일 것이다.[35]

이 방식이 작동하는 이유는 마을의 모든 사람이 자신들이 미래에도 서로 교류할 것이며, 그 후손들도 여전히 교류를 유지할 것임을 알고 있기 때문이다. 자연자원에 대한 공동소유는 사람들 간 상호 교류가 오랜 기간 지속될 것으로 기대하게 만든다. 마을을 떠나면 자원에 대한 공동소유권을 포기해야 하기 때문이다. 이런 상황은 무임승차자를 효과적으로 처벌하고 공유자원을 관리하는 데 이상적인 조건을 제공한다. 무임승차자들의 착취가 제한되므로, 이런 마을에서는 조건부 협력이 지속 가능한 사회규범이 된다.

예를 들어 숲의 소유권을 분할해 구성원들에게 나눠주고 이를 사고팔 수 있게 자연자원을 사유화하면, 이 자원을 과도하게 채취하지 못하도록 사람들을 감시하면서 자원을 지속 가능하게 유지하고자 하는 유인이 생긴다. 하지만 각자 몫을 판매하도록 허용하는 순간 구성원이 마을을 떠나기 쉬워져, 협력이 오래 지속될 조건이 훼손된다. 교류의 지속 시간이 줄어들면, 다른 이들로부터 보복을 피하기 위해 협력하려는 전략의 가치도 줄어들고, 따라서 자원을 남용하는 전략이 더 수익성 높은 전략이 될 수도 있다. 이런 상황에서 조건부 협력자들은 무임승차하는 마을 사람들 때문에 잦은 피해를 입게 된다. 따라서 사유화는 이기적인 선호가 진화하는 데 유리한 조건을 제공한다. 상인에 대한 스미스의 우화가 이렇게 끝나리라고 기대한 사람은 많지 않을 것이다.

사유화와 협동

앞의 예는 가상의 예지만, 역사학자·경제학자·인류학자들의 현장 연구에서 이와 비슷한 실제 사례를 어렵지 않게 발견할 수 있다. 페루의 고원지대에서 토지소유권을 둘러싼 역사적 전환은 랑힐 헤우글리 브로텐Ragnhild Haugli Braaten에게 일종의 유사 자연실험 거리를 제공했다.[36]

1968년 페루에 좌파 군부 쿠데타가 일어나면서, 오랫동안 대규모 농장 소유자들이 지배하고 관리해왔던 지역에 일련의 토지개혁이 시행되었고, 농부들은 자신들이 경작하는 땅의 소유주가 되었다. 정부는 토지의 협동조합형 소유를 추진하고 싶어 했기 때문에, 시간이 많이 들더라도 지역공동체들에 토지의 공동소유권을 공인해주는 작업을 시작했다. 언젠가는 모든 농촌 토지 보유자의 권리가 이런 공동소유 방식으로 공인될 예정이었다. 각 지역 토지개혁 당국자들이 이 작업을 수행한 정도는 제각각이었지만, 이 승인된 농촌 공동체comunidades campesinas reconocidas를 통한 토지 공동소유권 인증은 농부들의 관심을 거의 끌지 못했다. 당시 농부들에게 땅의 법적 지위는 아무런 실질적 의미가 없었기 때문이다. 땅을 거래하는 시장도 없었고, 이미 모든 공동체에서 땅은 공동으로 소유된 것으로 이해되어 왔다.

쿠데타가 일어나고 10년 지나 문민정부가 수립되면서, 공동소유권 증서화 과정은 완료되지 못한 채 도중에 중단되었다. 이미 '인증 절차를 마친' 마을에서도 그리고 군사정부의 힘이 미치지 않았던 마을에서도, 농부들은 여전히 사실상의 소유주로서 독립적인 경작을 지속했다. 이 두 종류의 마을 모두, 남성 가장들로만 구성된 전통적인 마을 회의가 마을의 문제를 관장했다.

마을 회의의 임무 중 하나는 복잡한 농수로 체제, 도로, 공공건물 등 공공자원을 관리하는 일종의 공동체 작업 조직인 파에나스faenas를 꾸리는 일이었다. 마을 회의에서 각 가정이 제공해야 하는 작업 일수를 정하고 공동 노동 의무를 다하지 않는 사람들을 훈계하는 일도 담당했다. 무임승차자의 경작지는 환수될 수 있다는 실질적 위협이 있었기에 이들의 훈계에는 힘이 실렸다. 그리고 남자들은 호혜적으로 농장 일을 돕는 전통적인 관습, 아이니ayni에 따라 이웃을 돕는 일에 자원했다. 공동소유권 인증 작업은 농부들의 생활에 아무런 변화도 일으키지 않은 것으로 보였고, 대부분의 농부들은 자신들의 공동체가 '인증'되었는지 여부조차 알지 못했다.

하지만 1990년대 후반부터 토지를 사고파는 권리를 포함하여 사적이고 개별적인 토지 보유에 공식적인 법적 권리가 부여되자 상황은 극적으로 바뀌기 시작했다. 처음으로 토지소유권이 거래되는 시장이 생겼고, 농부들은 토지를 담보로 돈을 빌릴 수 있게 되었다. 2011년까지 토지 인증 및 토지대장 지적地籍 프로젝트를 통해 150만 개의 개별 인증서가 발행되었다. 하지만 새로운 법은 토지 공동소유권 인증 절차를 마친 공동체들에는 적용되지 않았는데, 이들은 인증된 공식적인 공동소유권을 이미 가지고 있었기 때문이다. 브로텐이 공공재 게임을 실험하기 위해 페루 고원지대에 도착했을 때, 각 공동체의 소유권 현황은 잘 알려져 있었고 개별 소유권이 인정된 '사적 공동체private community' 지역과 공동소유권이 인정된 지역 간의 차이도 분명했다.

브로텐은 토지소유 방식이 농부들 간의 협력 정도에 실제적 차이를 미치는지 알아보았다. 브로텐은 570명을 인터뷰했고 그들과 함께 공공재 게임을 실행했다. 그중 절반은 일곱 개의 공동소유 공동체 출신이었고 나머지 절반은 여덟 개의 '사적' 공동체 구성원이었다. 토지소유 역사를 제외하면, 이 두 종류의 공동체들은 문맹률, 가구별 토지 면적, 빈곤율, 평균 소득, 거주지의 해발고도, 심지어 일반적 신뢰의 정도("대다수 사람들을 믿을 수 있다"라는 표준적인 서베이 문구에 동의하는 정도로 측정)에서도 거의 차이가 없었다. 하지만 사적 공동체에서는 공동체 프로젝트를 위해 파에나스에 자원하는 일수가 공동소유권 공동체의 절반에도 미치지 못했고, 호혜적으로 농장 일을 돕는 아이니 참여 일수도 현저하게 낮았다.

실험에 참가한 농부들은 브로텐의 공공재 게임과 파에나스 간의 유사성을 즉시 알아차렸다. 공공재 게임에서 공동소유권 마을 출신 남성들은 다른 여러 개인적·공동체적 변수를 고려한 뒤에도, 사적 공동체 출신들보다 공공재 생산에 3분의 1 이상 더 많은 기여를 했다(여성들의 경우 공동소유 공동체 출신과 사적 소유 공동체 출신 간 차이가 없었는데, 브로텐은 공동체의 운영제도나 파에나/아이니 작업 모두 거의 전적으로 남성이 담당했기 때문이라고 해석했다). 브로텐은 "최근 개인적인 토지소유권이 형성되면서 (…) 전통적인 형태의 협력이 약화된 것으로 보인다"고 결론 내렸다.

개별 토지소유권과 마찬가지로, 페루 고원지대에서 근대적 노동시장이 발달한 것도 전통적인 공동체 노동을 바보들이나 하는 일처럼 보이게 만드는 요인이 됐다. 지역 노동시장이 형성되면서 퇴출 옵션이 생기자, 이직 가능성이 가져다준 이점을 최대한 이용하려는 사람들은 공동체 규범을 무시함으로써 자기 이익을 챙겼다.[37] 인도와 (이미 언급한) 중세 지중해 연안의 무역업자, 멕시코와 브라질의 신발장인 등에 기초한 많은 인류학·역사학 연구는 브로텐의 결론이 광범위하게 적용될 수 있음을 말해준다.[38]

브로텐의 연구나 다른 사례에 보이는 증거를 가지고, 계약을 더 완전하게 하기 위해 토지나 다른 재산을 사유화하고 재산권을 명확히 하는 것이 해당 공동체의 경제 발전에 기여하지 않는다고 추론한다면 오해일 것이다. 하지만 시장을 더 잘 작동시키려는 노력이 때로는 원치 않던 방향으로 이어져 문화적 부작용, 즉 교환 기반의 사회규범이나 공동체에 필수적인 다른 가치를 사람들이 제대로 배우지 못하게 만드는 부작용을 초래할 수 있다고 결론 내리는 것도 무리는 아니다.

입법자의 딜레마

아리스토텔레스적 입법자는 경제학자들을 만난 뒤로 인센티브에 대한 불편한 사실 다섯 가지를 배웠다. 인센티브는 사회가 잘 작동하는 데 필수적이다. 사람들이 이기적이고 도덕에 무관심하다면, 인센티브 하나만 가지고서 경제적 자원을 효율적으로 사용하게 만들 수는 없다. 따라서 윤리와 여타 사회적 선호는 필수적이다. 인센티브는 적어도 '해는 끼치지 않는다'는 원칙에 따라 디자인되지 않는 한, '더 나은 사람들을 만들어내는 데' 방해가 될 수 있다. 결과적으로 공공정책은 개인들의 선호가 어떤지, 인센티브가 그 선호에 악영향을 미칠 가능성은 없는지 염두에 둬야 한다.

자유주의 사회에서는 정부가 특정 가치를 육성하거나 다른 가치를 배척하려 해서는 안 된다고 믿는 사람이라면, 방금 이야기한 마지막 결론을 환영하지 않을 것이다. 하지만 아리스토텔레스적 입법자라면 마지막 결론을 피할 방법이 없다고 본다.

입법자는 자신이 직면한 차선의 세계에서 위 사실들 모두를 고려한 훌륭한 정책을 고안해내는 것이 큰 도전임을 알고 있다. 우리 실험의 인센티브처럼, 부정직한 자들로 이뤄진 경제에서 시장이 더 잘 작동하게끔 고안된 정책들, 거칠게 표현하면 모든 것에 가격을 매기는 정책들은 사회가 제대로 작동하는 데 필수적인 윤리적이며 타인을 배려하는 동인을 약화시킨다. 따라서 집행 가능한 계약으로 교환에 관련된 모든 측면을 보장할 방법이 없을 때(사실 대부분의 경우가 그렇다), 시장을 더 원활하게 작동하도록 하기 위해 흔히 사용되는 정책들은 오히려 시장의 기능을 저해할 수 있다. 시장을 개선하기 위해 경제학자들이 내놓는 표준적인 처방이 시장을 개선하기는커녕 오히려 시장 기능을 악화할 수 있다는 것이다.

이것이 입법자의 딜레마다. 그는 그림 6.2를 그린다. 명확히 규정된 사적 재산권, 경쟁, 유연성과 이동성 등의 조건은 계약이 완전할 때 시장이 잘 작동할 수 있게 해주는 조건들이다. 계약이 완전하지

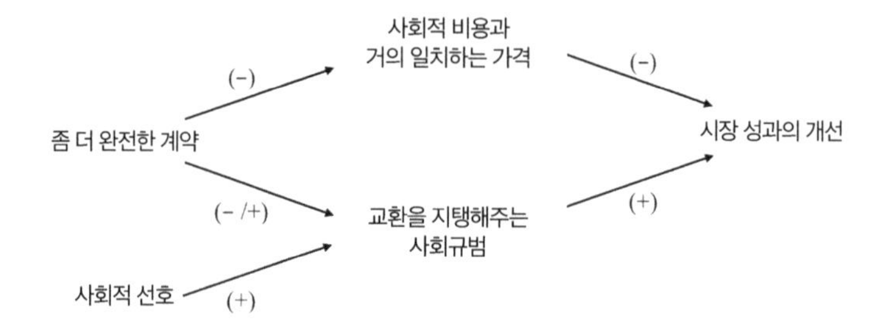

그림 6.2 시장의 기능을 개선하려는 입법자의 딜레마

않을 때에는 이런 조건들을 갖추려는 시도가 상호 이득이 되는 교환을 가능케 하는 사회규범을 손상시킬 수 있다. 반대로 이런 사회규범을 장려하는 경제적·사회적 제도는 시장의 기능을 저해한다. 왜냐하면 그런 제도들은 그 경제와 보이지 않는 손의 이상적 경제 사이의 간극을 넓힐 것이기 때문이다.

이 차선의 세계가 던지는 도전에 대처하는 방법을 찾기 위해, 아리스토텔레스적 입법자는 자신의 출발점으로 돌아간다.

7 장

아리스토텔레스적 입법자가 해야 할 일

기원전 325년 아테네 시민의회가 그리스에서 서쪽으로 멀리 떨어진 아드리아해에 식민지와 해군기지를 설치하기로 결정했다. 아테네인들은 수천 명의 사람과 289척의 배가 필요한 이 거대한 프로젝트에 착수했다.[1] 주어진 시간은 많지 않았다. 펠로폰네소스 주위를 안전하게 항해할 수 있는 항로도 몇 주 후면 닫힐 시점이었다. 당시 징집되어 있던 사람이나 배도 없었다. 정착자, 노 젓는 사람, 항해사, 군인 모두 민간에서 새로 채용해야 했고, 긴 항해를 하려면 배도 재정비해야 했다. 기병도 필요했기 때문에 어떤 배들은 말을 운반해야 했다. 당시 시민의회가 공포한 조례가 지금도 전해진다. 이를 통해 우리는 이 문제가 어떻게 해결되었는지 확인할 수 있다.

먼저 아테네의 부유층 가운데 책임자trierarchs가 선정되면, 그는 완전히 장비를 갖춘 배를 정해진 날짜까지 피레우스Piraeus의 항구로 가져와야 했다. 맡겨진 임무(의례liturgy라고 불렀다)가 너무 과중하다고 생각하면 책임자 선정 과정에 이의를 제기할 수 있었다. 이의를 제기할 때는 자신 말고 부유한 다른 사람을 지목할 수 있는데, 이때 그렇게 지목된 사람은 책임자로서 의례를 떠안든지, 아니면 자신이 갖고 있던 모든 동산과 부동산을 이의 제기한 사람과 맞바꾸든지 둘 중 하나를 선택할 수 있었다. 지목된 사람이 둘 다 거부할 경우에는, 배심원들이 두 사람 중 누가 더 많은 자산을 갖고 있는지 판단해서 이에 따라 누가 의례 비용을 부담해야 하는지를 결정했다. 이 영리한 규칙 덕분에 시민들은 자신과 이웃의 부에 대한 사적 정보를 이용해 의례 할당 과정에서 불공정성을 줄일 수 있었고, 임무 할당을 둘러싼 저항도 줄었다.

조례는 의회가 "제일 먼저 피레우스에 자기 배를 가져오는 책임자에게 500드라크마의 왕관을 주고 두 번째로 가져오는 이에게는 300드라크마의 왕관을, 세 번째로 가져오는 이에게는 200드라크마의 왕관을" 상으로 내릴 것이며 "민중을 향한 책임자들의 경쟁적 열정이 더 명확히 드러나도록 (…) 위원회의 전령이 타르젤리아 Thargelia 축제 경연장에서 왕관 수상자들을 발표할 것"이라고 덧붙였다. 당시 숙련공의 하루 임금이 대략 1드라크마였으니 상금이 작은 액수는 아니었다. 의례를 실행하는 데 드는 전체 비용에 비하면 아무것도 아닌 수준이었지만 말이다. 원정대가 제시간에 출정하도록 돕는 일을 책임진 다른 이들도 상을 받았다.

이런 인센티브가 더 높은 차원의 목적을 가졌다는 것을 의심하는 사람이 있을 경우에 대비해, 조례는 아드리아해 해군기지가 가져다 줄 기대 편익에 대해 다음과 같이 적고 있다. "민중은 미래에 상업과 곡물 수송 기회를 얻게 될 것이며 (…) 티레니안Tyrrhenians(에트루리아인 해적들)으로부터도 보호받을 것이다."

영예나 보상에 영향받지 않는 사람들이 있을지 모르기에 다음과 같은 경고도 덧붙였다. "이 조례에 따른 명령을 실행하지 않는 사람이 있다면, 공인이든 일반인이든 상관없이 1만 드라크마의 벌금을 징수"하여 그 돈은 아테나 신을 기리는 데 사용할 것이라고 명시했다. 피레우스에 제때 배를 도착시켜 상을 받은 사람들도 자신의 배를 아테나 신에게 제물로 바친다는 마음이었을 것이다.

집단적으로 아테네 폴리스는 유능한 메커니즘 디자이너였고, 물질적 인센티브와 도덕감정이 단순히 분리될 수 있다는 생각을 비웃었을 것이다. 그리고 그들이 제공한 인센티브가 아테네인의 시민적 덕성을 몰아낼 수 있다는 생각에는 실소를 터뜨렸을 것이다.

배를 가장 먼저 준비한 책임자에게 그들이 약속한 '왕관'은 상이지 서비스에 대한 보수가 아니었다. 그들에게 격려와 인센티브는 보완재이지 대체재가 아니었다. 그들은 최초의 아리스토텔레스적 입법자들이었다. 비록 아리스토텔레스가 직접 관여했다는 증거는 없지만. (아리스토텔레스는 아드리아해 원정이 시작되고 3년 뒤에 죽었다.)

▲▲▲

하이파의 어린이집이 아이들을 늦게 데리러 오는 부모들에게 벌금을 부과하자 지각하는 부모들의 수가 두 배로 늘어났다던 실험을 떠올려보자. 아테네인들이 타임머신을 타고 하이파로 가서 어린이집에 지각하는 부모들을 다룰 정책을 고안하는 데 도움을 준다고 상상해보자.

하이파에서의 실험 당시 어린이집 출입문에 붙었던 공고는 다음과 같다. "일부 부모님들께서 시간에 맞춰 아이들을 데리러 오시지 않기 때문에 저희는 지각하는 부모님들께 벌금을 부과하기로 했습니다(이 조치는 이스라엘 사립 어린이집 당국의 승인을 받았습니다). 다음 일요일부터 16시 10분 이후 도착하시면 그때마다 10NIS의 벌금이 부과됩니다." (NIS는 '이스라엘 신 셰켈New Israel Shekel'의 약자이며 10NIS은 미화로 3달러 정도다.)

아테네인들이 어린이집에 자문을 해줬다면 이런 식으로 공고를 내지는 않았을 것이다. 아마도 다음과 같이 공고하지 않았을까?

"학부모 위원회는 항상 제시간에 자녀를 데리러 오시는 부모님들께 감사드립니다. 덕분에 아이들이 느낄지 모르는 걱정을 덜어주고 저희 스태프도 제시간에 일을 마쳐 각자의 가족과 시간을 보낼 수 있었습니다. 항상 때맞춰 아이들을 데려가시는 부모님들께 감사의 뜻을 전하고자 향후 3개월 동안 지각하지 않은 부모님을 위해 500NIS의 상금을 마련해 해마다 열리는 교사-학부모 방학파티 때 수상자를 발표할 예정입니다. 상금은 저희 어린이집 올해의 선생님상 기금으로 기부하실 수도 있습니다."

물론 이게 다가 아닐 것이다. "10분 이상 지각하시는 부모님들께는 1000NIS의 벌금이 부과되고 이 벌금은 방학파티 석상에서 공식적으로 부과됩니다. 벌금 건을 일은 거의 없으리라 예상하지만, 부과된 벌금은 올해의 선생님상 시상식을 지원하는 데 사용됩니다." 그리고 공고는 다음과 같이 끝맺을 것이다.

"물론 가끔은 부모님들께서 어쩔 수 없는 이유로 제때 도착하시는 것이 불가능할 수 있습니다. 이 경우 학부모와 스태프로 구성된 위원회에 사유를 설명해주시길 부탁드립니다. 지각이 불가피했다거나 벌금에 따른 재정적 부담이 너무 크다고 판단되는 경우 지각 사실만 공표되고 벌금은 부과되지 않습니다."

사실 하이파의 어린이집에서 부모들에게 벌금 부과 사실을 알리는 공고문을 그렇게 무심한 듯 작성한 것은 그것을 올바른 정책으로 여겨서가 아니다. 그 공고문은 지각을 도덕적인 문제로 프레이밍하지 않으려는 실험 디자인에 따라 작성된 것이다. 도덕적 프레이밍이 벌금의 순수한 효과를 희석시킬 수도 있기 때문이다. 하지만 실험의 의도가 벌금이 그 자체로 지각에 어떤 효과를 미치는지를 알아내는 데 있었다는 점에서, 벌금에 대한 부모들의 반응이 어떤 식으로 새로운 정책을 설명하는가와 무관할 것이라는 가정 아래 실험이 디자인되었다는 점은 분명하다.

나는 시간여행을 한 아테네인들이 제시했을 법한 앞서와 같은 공고, 즉 벌금 부과를 공지하지 않고 지각의 도덕적 문제만을 설명하는 식의 공고가 어린이집 게시판에 붙었더라면 어떻게 되었을까 상상해본다. 과연 부모들이 제시간에 자녀를 데려갔을까? 더 나아가 이런 도덕적 설득에 지각 시 벌금을 부과하겠다는 경고를 추가한다면, 기존의 도덕적 메시지가 더 분명해지고 사회적 선호를 끌어들일 수 있을까? 그래서 벌금에 대한 경고를 추가하면 도덕적 메시지만 보냈을 때보다 결과적으로 지각이 더 줄어들까? 아테네식 버전이 적용되었다면 도덕적 프레이밍이 없을 때 발생한 몰아냄 효과를 되돌릴 수 있었을까?

그랬을지 모른다.

그것이 우리가 4~6장을 통해 살펴본 결론이다. 몰아냄 효과는 다음과 같을 때 발생한다. 인센티브를 통해 전달되는 정보 때문에 사람들이 그 인센티브를 부과하는 사람을 싫어하게 될 때, 인센티브가 사람들에게 이기적인 동기를 용인하거나 심지어 장려한다는 프레임을 제공할 때, 혹은 인센티브가 그 대상의 자율성을 침해할 때 말이다. 앞으로 보겠지만, 문제는 인센티브 자체가 아니라 인센티브와 함께 전달되는 정보일 수 있다. 그리고 인센티브가 전달하는 정보가 더 긍정적일 수 있도록 할 방법이 있다.

타인을 돕는 일 같은 관대한 행동도, 인센티브가 있으면 이기적인 유인 때문에 그렇게 한 것처럼 오해받을 수 있다. 따라서 사람들이 인센티브가 없을 때보다 인센티브가 있을 때 이기적인 선호 체계를 더 쉽게 받아들일 수도 있다는 점을 보았다. 하지만 인센티브가 가끔은 이런 역정보를 제공하듯이, 이 문제도 아테네 시민의회가 한 것처럼 시민적 덕성을 보여줄 기회를 충분히 제공함으로써 약화시킬 수 있다.

입법자는 인센티브가 그 자체로 문제인 것인지, 그리고 몰아냄 효과는 인센티브를 부과하는 사람과 그 대상의 관계에서 발생하는 것인지 아니면 인센티브의 의미로부터 발생하는 것인지를 고민해야 한다. 만약 입법자가 정책입안자와 '법을 집행하는' 사람이 지켜야 할 강령을 만들고자 한다면, 인센티브와 사회적 선호가 상충하지 않고 상보적으로 작동하는 사례들을 연구할 필요가 있다. 그러면 입법자는 부정직한 자들을 위한 법질서에 관한 흄의 격언을 업데이트할 준비를 갖추게 되는 셈이다.

뭔가를 얻으려는 동기와 누군가가 되려는 동기

3장에서 나는 순차적 죄수의 딜레마 게임을 할 때, 두 번째 경기자가 첫 번째 경기자의 행동을 따라 하는 경우가 많다는 이야기를 한 적이 있다. 두 번째 경기자가 (첫 번째 경기자의) 협력에 협력으로 대응하는 것은 두 번째 경기자가 협력하는 것에 가치를 두기 때문일 수도 있고, 혹은 협력을 통해 신뢰와 협력 의도를 드러낸 첫 번째 경기자의 이익에 가치를 두기 때문일 수도 있다. 이때 그 가치의 크기가 두 번째 경기자가 첫 번째 경기자의 협력에 배반으로 대응함으로써 얻을 수 있는 초과 이익을 상쇄하고도 남을 만큼 클 수 있는데, 이 경우 두 번째 경기자는 협력을 선택할 수 있다.

두 번째 경기자가 '배반을 선택한 첫 번째 경기자'에게 배반으로 대응할 때를 생각해보자. 그런 대응은 주어진 상황에서 자신의 이익을 극대화하려는 행동인 것은 맞지만, 그렇다고 그런 행동이 전적으로 '획득 동기'에서 나온 것만은 아닐 수도 있다. 두 번째 경기자가 '협력하는 첫 번째 경기자'와 협력하기 위해서 자신의 이익을 포기하는 경우를 우리는 이미 보았다. 하지만 배반한 사람과 협력하는 것은 전혀 다른 의미를 가진다. 그렇게 하면 두 번째 경기자는 사람들에게 쉽게 이용당하는 '호구loser'로 보일 수 있다. 따라서 '첫 번째 경기자를 따라 하는' 이유 중 하나는 그런 호혜적 행동이 두 번째 경기자 즉 자기 자신을 다음과 같이 말해주기 때문이다. "나는 협력하는 사람에게는 보상을 주고 타인의 협력을 이용해먹는 배반자에게는 응징을 가하는 그런 사람이다."

사람들은 거래하고, 상품과 서비스를 생산하고, 저축하고, 투자하고, 투표하며 어떤 정책을 옹호할 때 어떤 것을 얻으려 할 뿐만 아니라 동시에 자기 자신과 다른 사람들 눈에 어떤 사람으로 보이고 싶어 한다.[2] 다르게 표현하면, 우리의 행동 동기는 획득 동기에 맞춰져 있기도 하지만 동시에 정체성 동기에 맞춰져 있기도 하다.

조지 애컬로프George Akerlof와 레이철 크랜턴Rachel Kranton이 《정체성 경제학*Identity Economics*》(2010)을 통해 경제학계를 일깨우기 전까지, 대다수 경제학자들은 심리학자나 사회학자들에게서 보편적으로 발견되는 이 아이디어를 놓치고 있었다.[3] 어떤 경우에는 획득 동기와 정체성 동기가 비슷한 방향으로 움직이기도 한다. 예를 들어 애덤 스미스의 상인은 스스로를 정직한 사람으로 보이도록 행동하는데, 그런 평판이 거래에서 이익을 얻는 데도 도움이 된다. 마찬가지로 순차적 죄수의 딜레마 게임에서 첫 번째 경기자가 배반할 때, 두 번째 경기자는 배반으로 대응함으로써 자기가 어떤 사람인지를 알림과 동시에 자신의 이익을 극대화한다.

이런 경우, 획득 동기와 정체성 동기를 구분하고 각각의 경우에 어떤 동기가 작동하고 있는지를 밝히는 것은 공공정책을 설계하고 옹호하는 데 중요한 의미를 가진다. 예를 하나 들어보자. 세금을 통한 소득재분배를 지지하는 사람들은 종종 이런 프로그램이 중산층에게는 직접적인 혜택을 주지는 않지만 일종의 보험이 될 수 있다고 주장한다. 소득재분배 정책을 이런 식으로 프레이밍하는 이유는 사람들이 이기적이어서 재분배에 반대한다고 생각하기 때문이다. 이런 가정은 (앞서 말한 순차적 죄수의 딜레마 게임에서) 두 번째 경기자가 배반할 때 그러한 행동이 오로지 이익을 극대화하기 위해서 나온 것이라고 간주해버리는 것과 다름없고, 그 행동에 결부된 정체성의 측면을 무시하는 것이다.

미국 등 여러 나라들에서 사람들이 소득재분배 정책에 반대하는 것은 대부분의 사람들이 이기적이어서가 아니라 윤리적인 이유에서다. 이들의 반대는 가난한 사람들이 그런 혜택을 받을 자격이 없는 사람들이라는 믿음에 기반한다. 경제학자 크리스티나 퐁Christina Fong이 갤럽 설문조사를 분석한 바에 따르면, 자신들의 경제 상황이 개선되지 않을 것이라고 생각하는 가난한 사람들 가운데 노력 부족이 가난의 원인이라고 믿는 사람들이 소득재분배에 반대한다.[4] 비슷한 이유로, 미래에 자신들의 소득이 증가할 것이라 믿고 경제적으로 여유가 충분한 부유층 가운데 가난이 불운에 기인한다고 믿는 사람들은 재분배 정책에 강력한 지지를 보낸다. 미국에서 성공할 기회를 얻는 데에 인종이 큰 영향을 미친다고 대답한 백인 응답자들, 또 그 기회에 성별이 크게 작용한다고 믿는 남성들에게서 재분배 정책에 대한 지지가 높았다.

이로부터 입법자는 재분배 정책뿐 아니라 기후변화 정책, 대외정책 등 큰 이슈가 되는 정책 모두와 관련해, 정치적 수사와 정책적 옹호에 관한 두 가지 교훈을 얻을 수 있다.

첫째, 이기심에 호소하면 사람들이 특정 정책을 지지하게 만드는 데에 사회적 선호를 이용할 수 없다. 뉴멕시코주 앨버커키에서 최저임금 인상 지지 서명을 받는 자원봉사자들은 임금 인상이 지역경제를 부흥시키리라는 주장을 준비했다. 하지만 그들은 주민들에게 현재 최저임금이 얼마인지를 알려주는 것이 지지를 이끌어낼 수 있는 가장 빠른 방법임을 알게 됐다. 최저임금 수준을 알려주자 사람들은 설마 하는 표정과 함께 분노했고, 그러고 나서 진심 어린 서명이 이어졌다.[5]

두 번째 교훈은 덜 명료하다. 이기심에 호소하면 유권자들은 "그래서 내가 얻는 게 뭐냐?" 하는 질문을 던지기 마련이고, 유권자들이 윤리적·사회적 고려를 덜 하게 만드는 효과를 낸다. 이런 도덕적 거리두기 현상은 4장에서 여러 실험을 통해 확인한 바 있다. 따라서 이기심에 호소하는 방식은 시민들의 사회적 선호를 활용하지 못할 뿐 아니라, 사회적 선호를 경기장 밖에 세워두는 결과를 낳을 수도 있다. 이는 도덕감정과 물질적 이해가 분리될 수 없는 또 하나의 사례라고 할 수 있다.

▲▲▲

여기서도 우리는 인센티브를 어떻게 사용해야 하는지 교훈을 얻을 수 있다. 획득 동기와 정체성 동기는 때때로 충돌한다. 실험 결과를 통해, 그리고 자기 자신과 타인의 경험을 관찰함으로써, 우리는 때로 좋은 사람이 되는 것이 좋은 수익을 얻는 것보다 낫다는 것을 알고 있다. 인센티브의 의도대로 거기에 반응할 때(보수를 극대화하는 사람처럼 행동할 때) 오히려 손해를 볼 수 있다. 물론 늘 그런 것은 아니다. 획득 동기와 정체성 동기가 같은 방향으로 작동하면 인센티브에 이기적으로 반응한 사람이 좋은 시민도 될 수 있고 동시에 합리적인 소비자가 될 수도 있다. 같은 논리를 통해, 우리는 인센티브와 사회적 선호가 시너지 효과를 내려면 어떻게 해야 하는지 알 수 있다.

뭔가를 획득하고 싶어 하는 욕구가, 존 스튜어트 밀이 경제학자들에게 무시하라고 충고했던 정체성 동기와 어떻게 상호작용 하는지를 이해한다면, 왜 어떤 경우에는 인센티브가 경제학자들 예상대로 작동하고 또 어떤 경우에는 그러지 않는지 그 이유를 설명할 수 있다. 페어와 로켄바흐의 신뢰 게임 실험을 기억해보자. 이 게임에서 투자자는 수탁자가 되돌려주는 금액이 충분하지 않으면 수탁자에게 벌금을 부과하겠다고 공표할 수 있었다. 그럴 경우 수탁자의 호혜성은 감소했다.[6] 그리고 그렇게 벌금으로 위협한 경우 수탁자가 되돌려주는 돈은 오히려 줄었다(그림 4.1).

하지만 좀 더 자세히 살펴보면, 벌금 위협으로 표현된 인센티브 자체가 문제는 아니었던 것 같다. 실험 데이터를 통해 누가 인센티브에 부정적으로 반응했는지를 확인해보면, 몰아냄 효과는 인센티브 자체 때문에 발생한 것이 아니라 거의 전적으로 투자자가 과욕을 부린 경우에 발생했다. 몰아냄 효과는 투자자가 수탁자에게 공동 잉여(두 사람 사이의 파이의 총액) 중 대부분을 요구한 경우에 일어났다. 투자자가 요구한 금액이 투자자와 수탁자 모두에게 충분한 이익을 남겨주는 수준일 때에는 투자자가 벌금으로 위협해도 부작용이 없었다. 즉 투자자가 공정한 몫을 요구했을 때 벌금 부과의 역효과는 나타나지 않았다. 이 경우에는 벌금을 부과했을 때 수탁자가 되돌려준 금액의 크기가 벌금이 부과되지 않는 경우에 되돌려준 금액의 크기에 비해 유의하게 줄어들지 않았다.

이 둘의 중요한 차이점은 벌금과 함께 전해진 메시지였다. 투자자가 잉여의 대부분을 가져가는 수준으로 환급금을 요구한 경우, 벌금은 탐욕이라는 메시지를 전달했다. 반면 요구된 환급금이 잉여를 평등하게 분배하는 수준인 경우, 벌금은 공정함에 대한 약속이라는 메시지를 전달했다. 아마도 이때는 벌금을 통해 수탁자에게 악용당하지 않았으면 좋겠다는 투자자의 바람이 전달되었던 것 같다. 부당한 요구를 관철시키기 위해서 벌금이 사용된다고 해보자. 이런 식으로 벌금이 부과되면 이 요구에 따라야 할 획득 동기가 부여되는 건 사실이지만, 동시에 수탁자에게는 그런 요구에 순응하는 것이 갖는 의미도 변화할 수 있다. 투자자가 요구한 금액이 적절하다면 그 요구를 받아들이는 것이 수탁자를 협조적이거나 도덕적으로 보이게 하는 행동일 수 있겠지만, 부당한 환급 요구라면 거기에 순응하는 것은 더 이상 그런 의미를 갖지 않는다. 오히려 그런 부당한 요구에 순응하는 것은 수탁자를 호구 또는 패배자로 보이게 만들 수 있다.[7]

▲▲▲

따라서 나는 강력한 몰아냄 효과가 벌금 위협 자체가 아니라 투자자와 수탁자의 관계에 기인한 것은 아닌지 고민하게 됐다. 이런 생각은 처벌이 가능한 공공재 게임에서 벌금에 대한 반응이 극과 극으로 갈렸다는 사실을 확인하면서 더욱 확실해졌다. 벌금을 부과해서 개인적으로 얻는 이득이 없는데도 자신의 비용을 들여 벌금을 부과하는 경우에는 벌금 부과가 사회적 선호를 끌어들이는 결과를 가져왔다. 5장에서 우리는 동료들끼리의 처벌이 협력을 증진하는 데 유효했음을 확인한 바 있다. 물론 이런 결과는 실험 대상의 체험가치에 아무런 변화가 없었더라도 인센티브가 공공재 기여에 미치는 직접적인 효과만으로도 발생할 수 있다. 그래서 우리는 인센티브가 실험 대상의 사회적 선호를 부각시키고 끌어들인 것인지, 아니면 동료들의 처벌이 가능해지자 이기심 때문에 기여 수준을 높이는 쪽으로 반응한 것인지를 확인하고 싶어졌다.

기억하겠지만, 이 게임에서 각 구성원이 공공재에 얼마나 기여했는지가 공개되면, 그룹의 구성원들은 자신의 비용을 들여(자신의 보수를 감소시키면서) 같은 그룹의 다른 구성원들에게 벌금을 부과할 수 있다(그들의 보수를 줄일 수 있다). 이 게임의 여러 버전 중 하나로, 그룹을 매번 재구성하면서 게임을 수차례 반복하는 경우가 있다. 이렇게 하면, 처벌한 사람이 처벌 대상이 되었던 사람과 같은 그룹에서 다시 만날 가능성은 극히 희박해진다. '낯선 상대방 조건stranger treatment'이라고 하는 이 게임 조건에서 처벌하는 사람은 처벌받은 사람이 다음 라운드에서 기여를 더 많이 하더라도 그 혜택을 누릴 수 없다. 처벌하는 사람과 처벌받는 사람 모두가 이 사실을 알고 있으며, 더 중요한 점은 처벌받는 사람은 처벌하려는 사람이 이를 안다는 것을 알고 있다는 점이다. 이 경우 누군가가 처벌을 받게 되면 그는 자기가 받는 처벌이 처벌하는 사람의 이타적 행동에서 나온 것임을 안다. 자신이 처벌을 받아 기여를 높이더라도 그로부터의 이득은 처벌을 한 사람에게 돌아가지 않고 이후 라운드에서 처벌받은 자신과 같은 그룹에 속하게 될 사람들에게 돌아갈 것이기 때문이다. 이때 처벌은 처벌하는 사람이 자신의 파이 조각을 키우기 위해 하는 행동이 아니다.

그림 7.1은 페어와 게히터가 실행한 공공재 게임 중 낯선 상대방

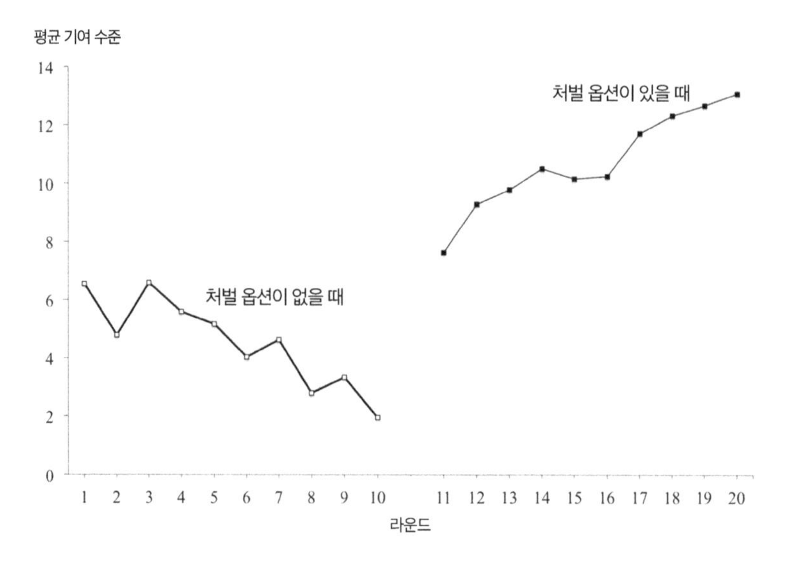

그림 7.1 공공재 게임에서 동료 처벌이 가능할 때와 불가능할 때 기여 수준(낯선 상대방 조건)

평균 보수를 극대화하는 기여 수준은 20이다. 처벌 옵션이 없는 조건에서 개인의 보수를 극대화하는 기여 수준은 0이고, 이는 다른 조원들이 얼마를 기여했는지와 무관하다. 즉 하나도 기여하지 않는 것이 우월 전략이다. (자료: Fehr and Gächter 2000a)

조건에서 매 라운드별 기여 수준을 보여준다. 첫 번째 10라운드는 처벌 옵션이 없는 표준적인 게임이었고, 그다음 10라운드는 서로 처벌이 가능한 상태에서 게임이 진행되었다. 처벌이 불가능했을 때에도 공공재에 대한 기여는 상당히 높은 편이었지만, 기여 수준은 점차 줄어서 마지막 열 번째 라운드에서는 거의 무의미한 수준으로 떨어졌다. 이는 일반적으로 관측되는 현상이다.

처벌 옵션이 도입되면 첫 번째 라운드의 기여는 처벌 옵션이 없을 때와 비슷한 수준에서 시작하지만, 이후 지속적으로 증가한다(처벌 옵션이 있는 게임 10라운드를 먼저 하고 처벌 옵션이 없는 게임 10라운드를 하는 식으로 순서를 바꿔봐도 결과는 같다). 5장에서 살펴본 비교문화 연구의 '영어권' '기독교 문화권' '유교 문화권'에서는 이런 결과가 나왔지만, '남유럽' '아라비아어권' '정교회/구공산권'에서는 이런 결과가 나오지 않았다는 것을 떠올려보라(그림 5.3).

신뢰 게임에서 투자자가 과욕을 부릴 때는 역효과가 났던 벌금이 공공재 게임에서 동료가 부과할 때는 효과적일 수 있는 이유가 뭘까? 한 가지 가설은 이렇다. 처벌로 얻는 이익이 없는 동료가 처벌을 하는 경우에는, 그 처벌이 공공성에 입각한 사회적 불인정 신호로 해석된다는 것이다. 그런 경우라면, 처벌받은 무임승차자는 부끄러움을 느낄 것이고, 공공재에 대한 기여를 높임으로써 그 부끄러움에서 벗어나고자 할 것이다. 그렇다면 인센티브(여기서는 동료에 의해 처벌받을 가능성)가 사회적 선호를 끌어들인 것이다. (무임승차를 했는데도 처벌받지 않은 사람이라면 이후 기여를 더 크게 늘렸을 가능성이 있다. 그룹 동료들이 그런 행위를 용납하지 않는다는 도덕적 메시지는 전달받으면서도 동료들의 처벌을 받아 기분 나쁠 일도 없을 것이기 때문이다.)

▲▲▲

하지만 과연 이 끌어들임 효과 가설이 사실일까?

벌금이 도입되었을 때 기여 수준이 올라가는 것은 어쩌면 잠재적 무임승차자가 기여를 적게 했을 때 처벌받을 가능성을 계산했기 때문일 수도 있다. 즉 이기심에 기인한 것일 수 있다는 말이다. 그렇다면 기여 수준의 증가는 벌금이 사회적 선호를 끌어들였다는 증거가 될 수 없고, 오히려 때로는 벌금이 사회적 선호를 대체할 수 있음을 보여주는 증거가 될 것이다.

나는 몇몇 동료와 함께 이 가능성을 검토해보기로 했다. 우리는 처벌 옵션이 있는 공공재 실험을 통해 처벌받은 무임승차자들이 이후 기여도를 높였을 때 이런 변화가 이기심만으로는 설명될 수 없다는 사실을 발견했다.[8] 우리의 실험에서는 동료들이 무임승차자에게 벌금을 부과하기는 했지만, 부과한 벌금의 크기는 무임승차로 얻을 수 있는 이익을 완전히 상쇄하지 못했다. 따라서 무임승차자가 기대수익을 극대화하는 사람이었다면 벌금이 도입된 이후 굳이 기여를 늘려야 할 이유는 없었다. 그러나 처벌받은 무임승차자들의 행동은 처벌 이후 확연히 변했다. 평균 이하로 기여를 해서 처벌받은 사람은 처벌 이후 훨씬 더 많은 기여를 했다. 이러한 일이 나타났다는 것은, 무임승차자가 자신이 행한 이기적인 행동에 대해 약간의 도덕적 가책을 느꼈고, 무임승차 사실의 공개가 수치심을 불러일으켰으며, 이후 기여량을 늘림으로써 가책과 수치심을 줄이려 했다는 것을 의미한다.

금전적인 처벌 없이 구두로 처벌의 메시지만 전한 실험에서도 무임승차자의 이후 기여도가 현저히 증가했다는 실험 결과는, 끌어들임 효과의 또 다른 직접적인 증거가 된다.[9] 애비게일 바Abigail Barr는 탄자니아의 농촌 지역 주민들을 상대로 한 공공재 게임에서 이를 확인했다. 이 실험에서 매 라운드가 끝날 때마다 참가자들은 해당 라운드의 결과에 대해 평가 기회를 가졌고, 무임승차자들은 종종 다른 참가자들로부터 구두 질책을 받았다("왜 그동안 너희 집에 들렀을 때 음식 대접을 한 번도 못 받았는지 이제 알겠네!" 등등). 질책을 받은 사람들은 이후 라운드에서 기여량을 늘렸고, 운좋게 질책을 피할 수 있었던 무임승차자들은 기여량을 훨씬 더 늘렸다.

표준적인 공공재 게임의 벌금과 마찬가지로, 이웃들의 질책도 참가자들의 정체성 동기를 부각시켰을 것이다. 자신의 관대함을 이웃에게 그리고 자기 자신에게 확인시키는 것이 탄자니아 돈 몇 실링을 더 버는 것보다 중요했던 것이다.

4장에서 설명한 팔크와 코스펠트의 통제 기피 실험 결과 역시, 몰아냄 효과가 인센티브 자체 때문이 아니라 인센티브를 도입한 사람과 그 대상의 관계, 특히 도입한 사람의 의도 때문에 발생한다는 해석에 부합한다. 피고용인들이 반대한 것은 통제 자체가 아니었음을 기억하자. 피고용인이 제공하는 노력에 하한선을 설정한 사람이 그런 결정에서 아무런 이익을 얻지 않는 제3자일 경우에 피고용인은 그 결정에 부정적인 반응을 보이지 않았다.

공공정책 디자인에 더 적절한 이야기가 있다. 통제가 (주인으로부터 나오는 게 아니라) 대리인들 사이에서 이루어지는 경우에는 부정적인 통제 기피 현상이 나타나지 않는다.[10] 동료들이 통제를 행사하는 경우, 특히 그 통제가 투표처럼 심의를 통한 합법화 과정을 거친 결과인 경우, 통제는 스스로를 자율적인 주체로 구성하고자 하는 사람들의 욕구에 위협이 되지 않는다. 실제로 무임승차자들로부터 그룹원들을 보호하려는 정책을 심의하고 도입하는 과정은 자기주도성에 가치를 부여하는 사람들을 위한 자아 구성 프로그램에 필수적인 부분이라 할 수 있다.

이런 사고 틀이 입법자를 올바른 정책으로 안내할 수 있을까?

도덕적 교훈: 인센티브를 탓할 것인가?

나는 이기심에 기초한 정책 패러다임의 오래된 예로 "의무duty를 다하는 것이 각자에게 이득interest이 되게 하라"는 제러미 벤담의 충고를 인용한 바 있다. 이 충고는 이기적인 개인의 목표가 공적인 목표를 위해 활용될 수 있도록 어떻게 적절히 인센티브를 사용할 것인가에 대한 일종의 지침이다. 하지만 이와 동시에 벤담은 행위의 자아구성적 측면을 이해하고 있었고, 하이파 어린이집의 벌금 도입 실패 사례에서 보듯 도덕감정을 대체하는 방향이 아니라 이를 보완하는 방향으로 인센티브를 디자인해야 한다는 것도 잘 알고 있었다. "처벌은 일종의 도덕적 교훈이라 할 수 있다. 위반한 사람들에게 부과되는 불명예를 통해, 처벌은 가해 행위와 결부된 해로운 습관과 성향에 대해 대중이 기피 감정을 갖도록, 그래서 그와 반대되는 유익한 습관이나 경향을 갖도록 유도한다."[11]

처벌이 일종의 '도덕적 교훈'이라는 아이디어를 좀 더 살펴보기 전에, 이 아이디어의 길고 굴곡진 역사를 간단히 돌이켜보자. 공개처형이나 채찍질, 돌팔매질, 물고문, 낙인찍기, 화형 등이 도덕적 교훈을 준다는 명분으로 옹호되던 역사가 있다. 미국 일부 지역에서는 지금도 금융범죄나 성범죄(예컨대 횡령과 성매매), 그리고 슈퍼마켓 절도 같은 경범죄를 저지른 이가 수치심을 느끼도록 고안한 처벌 방식이 시행되고 있다. 일부 범죄자들은 "나는 절도범입니다" "코카인 소지 혐의로 체포되었습니다" "음주운전으로 유죄" 등 자기 죄가 적힌 표지판을 공적인 장소에 내걸어야 한다.[12] 캔자스시티의 지역 텔레비전 채널은 '존 TVJohn TV'라는 인기 쇼를 방영 중인데, 이 쇼는 성매수로 유죄를 선고받은 남자들의 이름과 사진을 공개한다. 영국 전국보건서비스National Health Service는 의사 리스트를 발표하면서 환자들이 적절한 시기에 전문의를 만나도록 조치한 의사들에게는 파란 깃발 표시를 하고, 반복해서 환자들의 암을 조기 진단하는 데 실패한 일반의들에게는 붉은 깃발 표시를 해서 공개하겠다고 공표하기도 했다.[13]

이런 처벌들은 개인의 존엄을 침해할 뿐만 아니라, 벤담이 옹호했던 교육적 목표를 달성하기에도 너무나 부실한 디자인이다. 벤담은 대중이 그런 위반을 하도록 만든 '습관과 성향'에 대해 기피 감정을 갖도록 해야 한다고 말했지, 위반자들에 대해 기피 감정을 가져야 한다고 말한 것이 아니었다.

이런 목적에 더 잘 부합하게끔 고안된 독특한 형식의 처벌도 있다. 샌프란시스코에서 성매수 사실이 발각된 사람은 '존 스쿨School for Johns'의 의무교육 과정을 수료해야 하는데, 이 교육 과정에 전직 성매매 여성들이 나와 '매춘부'로 살아가는 고충을 이야기한다. 멤피스의 한 판사는 빈집털이범에게 요구하길, 피해자가 미리 알리지 않고 빈집털이범의 집에 (경찰관을 동반해) 들어가서 도난당한 물품과 값어치가 비슷한 물품을 골라 가질 수 있게 허락하라고 했다. 이 두 가지 처벌 모두 범법자에게 자신이 저지른 범죄를 더 개인적이고 생생하게 느끼도록 했다. 로웬스타인과 스몰의 논리에 따르면, 이를 통해 범죄를 야기했던 도덕적 거리두기 문제를 교정할 수 있다.[14]

이런 독특한 방식의 처벌을 제외하면, 아리스토텔레스적 입법자는 인센티브가 좋은 거버넌스의 필수적인 부분이면서도 동시에 거버넌스의 규범적 기초를 잠식할 수 있다는 해결 불가능해 보이는 딜레마에 직면한다. 4장에서 나는 인센티브의 부정적 효과는 '명시적인 보상을 제공했기 때문에 발생하는 것'은 아닐 수 있다는 레퍼 연구팀의 주장을 다시 논하겠다고 했다. 이들의 연구에는, 상을 준다고 약속하자 상에 눈이 어두워진 어린 예술가들이 그림 그리기 자체에 흥미를 못 느끼게 되고, 그러면서 아이들의 자율성이 상실되어간 과정이 잘 나타난다. 하지만 이 아이디어를 훨씬 더 광범위하게 확장할 수 있다.

경제적인 관점에서 보면 2002년 아일랜드에서 비닐봉투에 소액의 세금을 부과한 일은 하이파의 어린이집에서 지각에 벌금을 부과한 일과 유사해 보인다. 두 사례 모두 인센티브를 통해, 줄이고자 하는 행동의 비용을 조금 높였다. 하지만 그 결과는 극단적으로 달랐다. 세금이 도입된 지 2주 만에 비닐봉투 사용은 96퍼센트나 감소했다.[15] 즉 세금이 사회적 선호를 끌어들인 것이다. 많은 아일랜드 사람들에게 비닐봉투를 사용하는 것은 모피 코트를 입는 것만큼이나 반사회적인 행동으로 분류됐다.

지각에 부과한 벌금과 비닐봉투에 매긴 세금의 차이를 통해 우리는 중요한 교훈을 얻을 수 있다. 하이파 어린이집의 경우 벌금을 공표하면서 내린 처벌을 정당화하지 않았다. '도덕적 교훈'은 없었다. 벌금에 대한 명시적인 규범적 정당화가 없었기 때문에 기본 프레이밍이 작동되었다. 말하자면, 지각을 팝니다! 벌금이 낮았다는 점도 부모들에게 지각이 학교에 큰 부담이 되지 않는 것처럼 보이게 한 요인이었다. 더욱이 부모들 눈에는 어떤 부모가 늦는다고 해도 그 일이 선생님들에게 초래하는 불편을 의도적으로 무시한 일이라기보다는, 어쩔 수 없던 일로 보일 수 있다. 그래서 벌금을 부과하겠다는 공지문에서 "일부 부모님들"이 지각한다고 했을 때, 부모들은 자신들이 지각을 하더라도 그게 그렇게 예외적인 문제는 아니며 시간 약속을 준수하라는 사회규범을 특별히 심각하게 위배한 것은 아니라는 메시지를 전달받았을 수 있다. 마지막으로, 적어도 부모들 사이에서 지각한 부모를 보게 되는 사람은 같이 늦게 도착한 부모뿐이다.

이와는 반대로, 아일랜드 비닐봉투세의 경우 오랜 기간 공적인 숙의 과정을 거쳤다. 또한 비닐이 환경 훼손에 미치는 영향을 극적으로 보여주는 효과적인 공공캠페인이 선행되었다. 어린이집에서 지각은 가끔 어쩔 수 없이 일어나는 일로 여겨지는 것과 달리, 비닐봉투 사용은 쇼핑객의 의도적이면서도 매우 공개적인 행위다. 아일랜드의 비닐봉투세는 금전적 인센티브가 명시적으로 사회적 의무라는 메시지와 결합되었고, 비닐봉투를 사용하고 처분할 때 발생하는 사회적 비용을 더 분명하게 인식할 수 있게 했다. 하이파의 벌금 부과가 '돈만 내면 지각해도 괜찮다'는 식의 메시지를 전달했다면, 아일랜드의 비닐봉투세가 전달한 메시지는 '에메랄드 섬을 쓰레기로 뒤덮지 마!'였다고 할 수 있다.

▲▲▲

두 사례의 차이를 더 명확히 해보자. 우선 현대 행동경제학자가 아닌 아테네 의회 사람들이 시간여행을 해서 지각 부모들 대상의 정책을 디자인했다고 다시 상상해보자. 표 7.1은 아테네인들이 도움을 줬다면 실시되었을 법한 정책과 실제 실행된 정책을 비교한 것이다.

'아테네인의 도덕적 메시지' 행을 보자. 메시지 자체만으로도 일정정도의 효과를 거둘 수는 있지만('현상 유지'가 아닌 '개선'), 메시지에 벌금이 추가되면 그 효과가 더 강력해질 것이라고 나는 확신한다. 이번에는 '벌금 부과(실제)' 열을 보자. 메시지가 벌금의 효과를 부정적인 쪽에서 긍정적 쪽으로 바꿨을 것이다. 다시 말해 도덕적 메시지가 없을 때는 벌금이 사회적 선호를 몰아냈지만, 도덕적 메시지가 병행된다면 부모들의 윤리적 관심을 끌어들일 것이라는 얘기다. 이 경우 벌금과 도덕적 메시지는 서로 대체재가 아니라 보완재가 된다.

표 7.1 하이파 어린이집의 지각: 실제 실험과 (가상의) 아테네인의 실험 비교

	벌금 없음	벌금 부과(실제)	검증되는 효과
도덕적 메시지 없음(실제)	현상 유지	최악	메시지 없는 벌금
아테네인의 도덕적 메시지	개선	최상	메시지와 함께 부과되는 벌금
검증되는 효과	벌금 없는 메시지	벌금과 함께 전달되는 메시지	

주: '현상 유지' 항목은 벌금도 없고 메시지도 없는 경우, 즉 어린이집에서 부모 지각 문제를 해결하려 하기 전 상황을 말한다. 어린이집에서는 벌금을 도입하자 부모들이 더 지각을 많이 하는 '최악'의 결과가 나왔다. 인센티브와 도덕적 메시지의 효과가 서로 더해질 수 있다면(두 효과가 분리될 수 있다면), 벌금의 효과는 도덕적 메시지가 병행되었는지 여부와 무관해야 하고 따라서 메시지의 효과도 벌금이 병행되었는지와 무관해야 한다.

'아테네인의 도덕적 메시지' 행에 담긴 이야기가 전적으로 희망사항일 뿐일까? 로베르토 갈비아티Roberto Galbiati와 피에트로 베르토바Pietro Vertova의 공공재 실험 결과를 보면 유사한 형태의 끌어들임 효과가 분명히 작동한다는 것을 확인할 수 있다.[16] 3장에서 살펴본 카르데나스의 실험에서 소액의 벌금이 끌어들임 효과를 가져왔던 것처럼, 갈비아티와 베르토바는 공공재에 일정액을 기여하겠다는 (구속력이 없는) 구두 약속이 공공재 기여에 미치는 효과는 이 약속이 소액의 인센티브와 병행될 때 더 강력하다는 것을 보였다. 나아가 인센티브 금액을 크게 늘린다고 해서 기여가 증가하는 것은 아니었고, 구두 약속을 하지 않은 경우에는 인센티브 자체가 기여에 아무런 영향을 미치지 않았다. 이런 실험 결과를 두고 저자들은 명시적인 인센티브가 구두 약속을 통해 이행하기로 한 의무를 더욱 부각시켰기 때문이라고 해석했다. 이는 카르데나스가 콜롬비아 마을 사람들에게 행한 실험(3장 참고)에서 나온 결과에 대한 해석과 정확히 일치한다.

아리스토텔레스적 입법자가 해야 할 일

벤담의 추론과 앞서 본 실험 결과들은 정책 당국자가 인센티브와 도덕이 상충하는 문제를 반전시켜서 둘을 대체재가 아닌 보완재로 만들 수도 있음을 보여준다. 이 결과가 정책 당국자에게 실질적인 도움을 줄 수 있을까?

나는 그렇다고 생각한다.

표 7.2는 전통적인 정책 패러다임에서 강조했던 물질적 유인과 제약이, 인센티브인 동시에 도덕적 메시지로도 기능한다는 사실로부터 도출되는 주요한 정책적 함의를 보여준다. 인센티브는 장기적으로 사회적 선호 체계의 진화를 저해할 수 있다. 사회적 선호에 토대를 둔 도덕감정은 좋은 정부의 필수적인 기초다. 부분적으로는 어떤 정책이 도입되느냐에 따라 몰아냄 효과가 발생할 수도 있고 끌어들임 효과가 발생할 수도 있다.

아리스토텔레스적 입법자는 사회적 선호를 저해하는 인센티브 사용을 뿌리 뽑으려 할 때, 모든 사람이 그 시도를 지지하리라고 기대해서는 안 된다. 명백한 물적 증거가 많진 않지만 사회적 선호를 몰아내는 인센티브는 꽤나 흔하지 않을까? 인센티브를 도입하는 사람들이 사회적 선호와 인센티브가 서로 분리될 수 없다는 사실이나, 인센티브가 때로는 경제적 상호 교류에서 발생하는 공동 이익을 줄일 수도 있다는 사실을 모를 것이라고 생각하기는 어렵다.

표 7.2 아리스토텔레스의 입법자에게 보내는 충고

입법자에게 보내는 충고	사례와 증거
인센티브가 좋은 유인들을 몰아내는 경우에는 (몰아냄 효과가 '강력'하지 않은 한), 그렇지 않은 경우에 비해 인센티브를 더 적극적으로 사용하거나 아니면 인센티브 정책을 폐기하고 사회적 선호에 호소하는 방식 등 다른 정책을 실행할 필요가 있다.	효과가 강력하지 않은 인센티브를 통해 정책 목표를 달성하려면, 인센티브를 더 적극적으로 사용해야 하는 경우가 있다(3장).

입법자에게 보내는 충고	사례와 증거
사회적 선호가 부재한 상황에서 시장이 잘 작동할 수 있는 조건들을 완성하려는 시도(예컨대 계약을 더 완전하게 하거나, 재산권을 엄밀하게 정의함으로써 '시장의 부재'를 대체하려는 시도)는 항상 성공할 수 있는 건 아니다. 때로는 사회적 선호를 몰아내고 경제를 퇴보시킬 수 있다.	- 자유주의의 삼중난제: 계약이 불완전할 때 신뢰와 협동의 진화 - 페루 고원지대의 토지개혁 사례 - 인센티브를 사용할 때와 사용하지 않을 때 공공재 게임과 신뢰 게임의 결과
선량한 시민들을 이기적인 이들로부터 보호하라. 다른 사람들을 신뢰하고 공공재에 기여하는 시민들에게 최악의 결과가 발생하는 경우를 줄여야 한다(법치, 이동, 보험 등을 통해).	공공재 게임에서 제3자가 무임승차자를 처벌할 수 있게 하면 선량한 참가자들이 더 자유롭게 자신들의 선량한 동기에 따라 행동할 수 있게 된다.
도덕적 거리두기가 발생하지 않도록 유의해야 한다. 시민들이 지지하는 정책 목표를 가진 정책을 실행할 때는 그 정책의 도덕적 메시지를 명확히 해야 한다. 정책을 홍보할 때, 시민들이 전적으로 이기적인 이유로 정책 지지 여부를 결정한다고 예단해서는 안 된다.	- 아드리아해 원정에 필요한 자원을 성공적으로 조달한 아테네 의회 - 아일랜드의 비닐봉투세 - 하이파 어린이집의 지각 벌금
'불쾌한 소식' 효과에 유의하라. 특정 대상을 통제하거나 악용할 수 있도록 고안된 인센티브는 잘 작동하지 않는다. 인센티브를 실행할 때는 공정성을 확보해야 한다.	- 벌금이 도입된 신뢰 게임과 그룹 구성원 간의 처벌이 도입된 공공재 게임의 대비 - 아테네 의회
통제 기피 현상에 유의하라. 인센티브나 제약이 동료들에 의해 도입된 경우(특히 그 정책의 사회적 가치가 숙고 과정을 거치면서 명확해진 경우), 부정적인 반응을 줄일 수 있다.	- 아일랜드의 비닐봉투세 - 참가자들이 처벌이나 통제에 대해 숙고할 수 있는 실험 게임
몰아냄 효과가 상존하는 경우, 소액 인센티브는 회피하라.	소액의 벌금은 두 가지 면에서 최악의 정책일 수 있다. 벌금 자체가 양(+)의 한계 인센티브 효과를 낳을지도 의심스럽지만, 양(+)의 한계 인센티브 효과가 있다고 하더라도 광범위한 부정적 반응을 야기할 수 있다.

입법자에게 보내는 충고	사례와 증거
시민들이 각자의 행동으로 무임승차자를 처벌함으로써, 규범을 어긴 이들에게 한마디 함으로써, 자신들의 친사회적 성향을 표출할 수 있는 기회를 제공해야 한다. 이런 행동이 수치심을 야기할 뿐만 아니라 교육하는 효과도 있을 때 특히 더 효과적이다.	- 처벌(구두 처벌을 포함한) 옵션이 도입된 공공재 게임 - (단순히 수치심을 야기하는 데 그치지 않고) 교육적인 효과를 가지는 처벌
사회적 선호에 호소하는 것과 인센티브가 서로 대체재일 경우 둘 중 하나에 집중해야 한다. 둘이 보완재일 경우 둘 다 사용해야 한다.	- 공공재 게임에 '의무'와 벌금이 있는 경우와 없는 경우 - 아테네 의회
더 이상 사라질 사회적 선호가 없는 경우에는 인센티브에 대한 경제학의 표준적 접근 방식을 받아들인다. 하지만 인센티브가 예상한 대로 작동한다고 해서 사회적 선호가 부재하다거나 사회적 선호가 사라지지 않았다는 의미는 아니다.	인센티브가 없어도 공공재 게임 참여자들은 공공재 생산에 기여한다. 인센티브가 주어지면, 이들은 표준적 인센티브 모델이 예상한 대로 행동한다.

▲▲▲

그렇다면 왜 인센티브가 파이를 줄이는데도 현실에서는 인센티브가 사용될까? 파이의 크기라는 은유 자체에 그 해답이 있다. 인센티브를 사용하는 사람은 파이 전체의 크기가 아니라 자기 조각의 크기에 관심이 있기 때문이다. 인센티브가 돈을 빌려주거나 고용을 하는 등의 경제적 교류와 관계된 전체 잉여의 크기를 줄인다고 하더라도, 인센티브를 도입하는 사람의 조각은 더 커질 수 있다.

페어와 게히터는 스위스 학생들을 대상으로 한 실험에서 비슷한 현상을 발견했다.[17] 이 실험은 페어와 로켄바흐의 신뢰 게임과 유사하다. 실험은 표준적인 조건('신뢰 조건'이라 부르기도 한다)과 벌금이 허용되는 조건('인센티브 조건'이라 부르기도 한다) 각각에서 진행되었다.

참가자들의 보수는 그들이 완전히 이기적인 선호를 가진 것처럼 행동한다면, 인센티브 조건에서의 총수익(고용주와 노동자의 수입의 합계)이 신뢰 조건에서의 총수익의 두 배가 넘도록 설계되었다.

하지만 인센티브와 사회적 선호 사이에 부(-)의 시너지 효과가 너무 강력했기 때문에 인센티브가 없는 신뢰 조건에서 얻어진 총수입이 훨씬 더 높게 나왔다. 메커니즘 디자이너가 참가자들을 완전히 이기적인 사람들로 생각할 때 권했을 그런 종류의 계약을 고용주가 제시한 것인데도, 인센티브는 총수익을 줄이는 부정적인 결과를 낳았다.

그럼에도 인센티브가 사용된 이유가 있다. 인센티브 조건에서 노동자들 수입은 신뢰 조건의 노동자들 수입의 절반에도 미치지 못했지만, 인센티브 조건에서 '최적' 계약을 선택한 고용주들은 신뢰 조건의 고용주들보다 평균 두 배 이상의 높은 이익을 거뒀다. 인센티브 조건에서 노동자들의 노력이 감소하고 전체 파이의 크기도 감소했지만, 고용주들은 이를 상쇄하고도 남을 정도로 임금 비용을 낮출 수 있었다. 고용주들은 줄어든 파이의 더 큰 조각을 얻어 자신들의 상황을 개선했다.

피고용인은 인센티브를 제공한 고용주의 의도대로 반응하여 고용주에게 과도한 이익을 가져다줄 수 있는 경우, 그러한 인센티브에 때때로 부정적으로 반응한다. 정체성 동기 때문이다. 이윤을 극대화하려는 고용주는 심지어 전체 파이의 크기가 감소하는 경우에조차 그러한 인센티브를 도입할 수 있다. 이럴 경우, 고용주들에게 그들의 행동이 전체 파이의 크기를 줄일 것이라고 알려주는 것은 효과가 없다. 파이를 나누는 비율을 상호 동의 아래 사전에 합의할 수 있다면(그리고 이 합의가 사후에 강제될 수 있다면), 인센티브는 파이의 한 부분을 늘리기 위해 전체 크기를 줄이는 방식이 아니라 파이 전체의 크기를 늘리는 목적으로만 사용될 것이다. 그렇게만 된다면 위와 같은 문제는 발생하지 않을 수 있다.

▲▲▲

입법자가 직면한 또 다른 문제는 사회에는 이기심뿐만 아니라 여러 유형의 사회적 선호가 다양한 방식으로 결합된 선호를 가진 개인들이 혼재한다는 점이다. 이때 '모두에게 일괄 적용되는' 방식보다 더 나은 정책을 펼칠 수 있을까? 그럴 수도 있겠지만, 그렇더라도 모든 사람이 박수 보낼 것으로 기대해서는 안 된다.

비현실적이지만 세상이 두 가지 유형(완전히 이기적인 유형과 어느 정도의 이타심을 가진 유형)의 사람들로만 이루어져 있다고 가정해보자. 이때 입법자가 공공재 생산에 기여하도록 독려하고자 한다고 하자. 공공재에 기여하면 보조금을 주는 등 금전적 인센티브를 통해 이기적인 유형의 사람들이 기여를 늘리도록 유도할 수 있다. 하지만 인센티브와 사회적 선호가 대체관계에 있다면, 이런 정책은 이타적인 유형의 사람들에게는 잘 작동하지 않거나 역효과를 낼 수도 있다. 이타적인 사람들은 공공재가 다른 사람들에게 얼마나 중요한 혜택을 제공하는지를 알려주면 이에 긍정적으로 반응하겠지만, 이런 도덕적 메시지는 이기적인 사람들에게는 헛수고일 수 있다.

이런 경우 두 유형을 구분해서 각자의 유형에 부합하는 정책을 실시하는 것이 당연한 전략이겠지만, 문제는 입법자가 누가 어떤 유형에 속하는지 알지 못할 뿐만 아니라(그런 정보는 사적 정보이기 때문이다), 시민들이 자발적으로 자신들의 유형을 드러내지도 않을 것이라는 점이다. 하지만 완벽하지는 않더라도 자발적으로 분리가 이루어지는 경우도 있다. 비영리·공익 기관들의 상대적으로 낮은 임금은 그 기관들의 설립 목적에 공감하지 않는 사람들을 걸러내는 역할을 할 것이다. 반면 그 목적에 공감하는 사람들에게는 그 목적을 위해 일할 수 있다는 전망 자체가 낮은 임금에 대한 충분한 추가적인 보상이 되기도 한다.[18]

'사회적 선호'라는 이름 아래 묶인 행동 동기들이 얼마나 다양한지 생각해보면, 다양한 행동 동기를 가진 개인들로 이뤄진 집단에서 사회적 행동을 조율하는 것이 얼마나 힘든 일일지 짐작할 수 있다. 다양한 친사회적 동기를 가진 사람들을 위한 정책을 디자인하는 과정에서 입법자는 바람직한 모든 것을 동시에 달성할 수 없음을 알게 될 것이다. 입법자는 이기적인 개인들이 공익에 이바지하도록 유도하는 애덤 스미스의 보이지 않는 손과는 정반대 상황에 직면한다. 다양한 사회적 선호들, 예컨대 호혜성과 이타주의를 가진 집단에서는 잘못된 연금술이 좋은 동기들을 원치 않는 사회적 결과로 전환시킬 수도 있다.

나는 다음의 실험을 통해 이 사실을 확인했다. 어느 한 공공재 실험에서 공저자들과 나는 (그림 7.1에서 예상한 대로) 동료 간 처벌 가능성을 도입했더니 높은 수준의 협력이 유지된다는 것을 확인한 후, 참가자들을 유형별(이타적 유형, 호혜적 유형, 둘 다 아닌 유형)로 구분해보았다. 호혜적 유형은 이전 라운드에서 그룹의 다른 구성원들이 관대하게 기여했다면 자신도 관대하게 기여하고, 그렇지 않은 경우에는 기여하지 않는 유형이다. 이타적 유형은 다른 구성원들의 행동과 무관하게 기여를 많이 하는 유형이다. 그리고 이 둘에 해당하지 않는 나머지 유형은 어떤 상황에서도 거의 기여하지 않는 유형이다.

우리는 이타주의자들이 공공재에 많이 기여하는 동시에 무임승차자들에게 벌을 내리지도 않는다는 사실을 발견했다. 공공재에 기여하는 관습을 유지하는 데 처벌이 역할을 한다는 관점에서 볼 때, 이타주의자들은 무임승차자를 처벌하는 그룹의 다른 구성원들의 희생에 무임승차한 셈이다.[19]

나와 황성하는 이런 패턴이 입법자가 염두에 두어야 할 문제인지 아닌지 알아보고자 이 사례를 좀 더 상세히 연구했다. 그 결과 우리는 〈이타주의가 협력을 저해하는가?Is Altruism Bad for Cooperation?〉라는 논문을 통해, 충분히 현실적인 조건에서 이런 문제가 나타날 수 있음을 보였다(논문 제목에 이런 수사적 의문문이 나오면 답을 예상할 수 있다).[20] 사람들이 다양한 비율로 이타적이면서 동시에 호혜적일 때, 이들의 이타성이 높아지면 공공재에 대한 평균적인 기여도가 오히려 하락한다. 호혜적인 선호를 가진 사람이 보다 이타적이게 되면 무임승차자들을 처벌하려는 의지가 감소하고, 이타성의 이런 간접효과가 공공재 기여를 늘리는 이타성의 직접효과를 상쇄할 수 있기 때문이다.

입법자는 이런 사실을 어떻게 활용해야 할까?

▲▲▲

입법자의 선조인 아테네인들처럼 도덕적 설득을 시도하고자 한다면, 시민들에게 이타주의와 호혜성을 동시에 고양하려 해서는 안 되고 둘 중 하나를 선별적으로 고양할 방안을 고민해야 한다. 도덕적 분리 정책moral apartheid에 대한 대중의 분노를 피할 수 있다면 두 그룹을 분리하는 것도 고려해 볼만 하다. 둘을 분리하는 것이 도움이 되는 이유는 다음과 같다.

이기적인 유형과 호혜적인 유형을 하나의 하위집단으로 묶고, 그리고 이타주의자들을 다른 하위집단으로 분리할 방법이 있다면 공공재 생산을 증가시킬 수 있다. 현명하지 못한 가정이겠지만, 분리 정책이 장기적으로 사람들의 유형을 변화시키지 않는다고 가정해보자. 각 하위집단은 각기 그들 집단만의 정책을 추가하려 할 수도 있다. 하지만 지금까지 우리가 보았듯, 호혜적 유형은 무임승차자를 처벌하려는 경향이 있기 때문에 이기적 유형과 호혜적 유형으로만 이루어진 집단은 별다른 추가적인 정책 없이도 높은 수준의 기여도를 유지할 수 있게 될 것이다. 따라서 분리 정책 이외에 별도의 정책이 필요하지 않다. 이타주의자들 그룹은 자기들대로 알아서 기꺼이 기여할 테니까.

이런 분리 전략은 자유주의적 감성을 가진 이들(나도 여기에 포함된다)에게는 거부감을 일으키겠지만, 행동 동기에 따라 사람들을 분리하고 그에 맞게 인센티브와 처벌을 디자인하는 것을 그렇게 엉뚱하다고만 생각지는 말자. 법학자 린 스타우트Lynn Stout는 불량품으로 상해를 입었을 경우 적절한 보상을 놓고 다음과 같이 제안한 적이 있다.

> 대부분의 사람들은 양심이라는 '내적' 인센티브를 통해 다른 사람들을 다치게 하지 않으려고 신경을 쓴다. 기업들에는 이런 인센티브가 부족할 수도 있다. (…)
>
> (…) 불법행위에 대한 전통적인 배상 방식은 피해자들에게 충분한 보상을 제공하지 않는데, 사람과 사람 간의 관계를 다룰 때는 그게 큰 문제는 아닐 수 있다. 절대 다수의 사람들에게는 [양심이 있기 때문이다]. 양심의 가책이 추가되면, 자연인들에게는 부분적 보상 책임을 지우는 것만으로도 다른 사람들에게 상해를 입히지 않기 위해 노력할 동기가 충분할 수 있기 때문이다.
>
> 하지만 이런 과소 보상 방식이 기업에 적용되면 상해를 방지하도록 할 충분할 유인을 제공하지 못할 수 있다. (…) 기업 피고인은 일반 개인 피고인보다 피해자들에게 더 높은 수준의 보상을 제공하도록 강제해야 한다.[21]

스타우트가 기업의 의사결정자들이 다른 사람들보다 덜 양심적이라고 주장하는 것은 아니다(코스타리카 CEO들을 떠올려보자). 그보다는 유아용 장난감을 디자인할 때처럼 소비자에 대한 적절한 배려 수위를 결정할 때, 주주들의 이해를 대변해 이윤을 극대화해야 하는 경영자로서의 책임감이 상해가 발생했을 때 과소한 보상을 고려에 넣도록 유도할 것임을 이야기하는 것이다. 주주들의 재산을 증식시켜야 한다는 자신들의 임무에 충실한 경영자는 디자인 결함으로 소비자들이 입을 수 있는 피해의 비용을 충분히 감안하지 않게 되고, 따라서 결과적으로 생산비는 낮고 대신에 피해를 유발할 가능성이 높은 디자인을 선택할 수 있다. 스타우트는 밀턴 프리드먼Milton Friedman이 〈기업의 사회적 책임은 이윤을 늘리는 것이다The Social Responsibility of Business is to Increase its Profits〉라는 논문에서 제기했던 유명한 주장, "사람만이 책임을 질 수 있다"는 주장을 되풀이한 셈이다.[22]

스타우트는 앞서 제시한 실험 증거들에 기초해, 의사결정 과정의 책임이 분산되어 있거나 경영자들이 기업의 극심한 생존 압력에 직면하는 경우에도 비슷한 결과가 나오리라고 덧붙일 수 있었을 것이다.[23]

▲▲▲

입법자가 직면하는 마지막 어려움은 정책 개입의 결과가 사회 내에서 서로 다른 유형의 개인들에게 미치는 결과의 단순한 평균으로 나타나는 경우는 거의 없다는 점이다. 정책 개입이 어떤 결과를 가져올 것인가는 사회 내 인구구성과 비공식적 규칙을 포함한 사회제도에 의존하며, 이러한 것들이 개인들의 행동이 어떤 방식으로 총합될지를 결정한다.

"전체는 부분의 단순한 합이 아니다"라는 과도하게 단순화된 말로 흔히 표현되는 이 아이디어는 새로운 것은 아니다. 이 아이디어는 애덤 스미스가 보이지 않는 손의 마법을 통해 양조업자, 빵집 주인, 푸줏간 주인의 이기심이 누군가의 식탁에 저녁 식사를 올리게 된다는 것을 설명했을 때부터 경제학계를 떠돌았다. 정치철학에서는 훨씬 더 오래전부터 논의되었다. 예컨대 2장에서 살펴본 것처럼 마키아벨리가 말했던 질서 잡힌 사회는 시민들의 기질을 단순히 합산한 것이 아니라 정부 시스템 전체가 나타내는 창발적 특성을 의미했다.

마키아벨리의 '창발적 특성으로서의 좋은 거버넌스'라는 접근법이 입법자에게 제시하는 도전 과제는 바로 이런 것이다. 어떤 규칙 아래에서는 (예컨대 처벌 옵션이 없는 공공재 게임에서는) 이기적인 이들의 행동으로 인해 시민적 덕성을 가진 사람도 사익만을 추구하는 사람처럼 행동할 수 있다. 입법자는 크게 다르지 않은 규칙들 아래서도 인구구성에 따라 상반되는 결과들이 나올 수 있다는 점을 기회로 이용할 수 있다.

우리는 이를 처벌 옵션이 있는 공공재 게임에서 본 적이 있다(그림 7.1). 상당량의 기여를 할 의향이 있는 이들도 동료들 사이에서 처벌 기회가 주어지지 않는 경우에는 결국 이기적인 사람처럼 행동하게 된다. 하지만 무임승차자를 처벌할 기회가 주어지면, 동일한 사람들이 많은 기여를 하는 쪽으로 수렴하고, 게임 후반부에 이르면 악질 무임승차자가 사라져 처벌이 거의 일어나지 않아도 높은 기여가 유지된 채 게임이 진행된다. 이 경우 처벌을 피하려는 인센티브와 처벌에 따른 수치심이 결합하면서 이기적인 사람들도 '좋은 사람인 것처럼' 행동하게 된다.

이런 상황에서 입법자의 목표는, 처벌 옵션이 있는 공공재 게임처럼, 이기적인 이들이 아니라 시민적 덕성을 가진 이들이 결과를 결정할 수 있도록 규칙을 디자인하는 것이다. 이를 위한 기본 조건이 무엇인지 알아보기 위해, 두 명의 시민이 대칭적인 죄수의 딜레마 게임(대칭이라는 말은 각 참가자가 게임에서 직면하는 보수 행렬이 동일하다는 의미다)에서 한 번만 교류하는 경우를 상상해보자. 둘 중 한 명은 단순하게 게임에서 자신의 수입을 극대화하고자 하는 사람이고(입법자와 상대방 참가자 모두 이 사실을 안다고 하자), 상대방 참가자는 호혜적인 선호를 가진 사람이라고 해보자(모두가 이 사실을 안다고 하자). 호혜적인 사람은 협력을 선호하지만 상대방이 협력할 때에만 협력한다.

여러분은 죄수의 딜레마 게임이 어떻게 진행되는지를 알고 있으므로, 입법자가 게임의 결과가 보다 효율적이고 공평하도록 규칙을 조정하려면 어떻게 해야 하는지를 예상할 수 있을 것이다. 두 참가자가 동시에 선택을 하는 전통적인 게임에서는 둘 모두 배반을 선택할 것이다. 호혜적인 참가자는 이기적인 참가자가 배반할 것임 알고(이기적인 참가자에게는 배반이 우월 전략이므로), 따라서 자신도 배반을 선택한다. 하지만 이 실험에서 입법자가 이기적인 참가자에게 먼저 선택권을 가지도록 규칙을 바꾸면 좀 더 나은 결과를 얻을 수 있다. 이기적인 참가자는 호혜적 참가자가 자기의 선택을 보고 나서 선택을 할 것이고, 호혜성에 따라 자신이 행한 그대로 되돌려줄 것이기 때문에, 게임의 결과는 두 가지밖에 없다는 걸 안다. 둘 모두 협력(그리고 모두 높은 수입을 얻는다), 아니면 둘 모두 배반(그리고 모두 낮은 수익을 얻는다). 이기적인 경기자는 호혜적인 상대방 경기자와의 협력을 선택함으로써 전자의 결과를 유발할 수 있다. 물론 호혜적인 상대방도 협력으로 대응할 것이다.

우리는 먼 길을 돌아 다시 출발점으로 돌아온 것일까? 흄이 부도덕한 자들의 탐욕을 잡아줄 좋은 법질서를 상상했을 때 염두에 두었던 게 바로 이것일까? 그렇지 않다. 순차적 죄수의 딜레마 게임에서 그리고 공공재 게임에서도 좋은 결과를 얻기 위해서는 윤리적이고 타인을 배려하는 시민이 일정 정도 이상 존재해야 한다. 이들이 있기에 적절한 규칙 아래서 '사악한' 이들이 사악하지 않은 것처럼 행동하게 유도할 수 있다. 이것이 좋은 인센티브가 좋은 시민을 대체할 수 없는 이유다.

올바른 인센티브, 법률 및 게임의 규칙을 통해 사회적 선호를 끌어들일 가능성이 있기 때문에 입법자는 '있는 그대로의 인간을 놓고 법은 어떠해야 하는지people as they are and laws as they might be'를 고려해야 한다는 루소의 신중해 보이는 경고에 따라 자신을 제한할 필요는 없다. 입법자가 범퍼 스티커를 고른다면, 그는 스타우트의 법률과 도덕에 대한 책의 부제인 "좋은 법이 좋은 사람을 만든다"를 선택할 것이다.

더 나은 시민들을 위한 더 나은 법

베슬리의 '더 나은 사람을 만들어내기'처럼, 스타우트의 '좋은 사람을 만들라'는 강령도 놀랄 만한 표현이지만 새로운 아이디어는 아니다. 부모들도 이를 위해 애써왔고 교사나 종교 지도자 모두 마찬가지다. 좋은 사람을 만들어내려는 시도가 광범위하게 일어나지 않는 사회를 상상하기는 어렵다. 선이라는 개념에 무관심한 사회가 성공적으로 유지되었다는 역사적·민속지학적 기록은 없다.

입법자의 계획이 자유주의 사회에 적용될 때 새로운 점이 있다면 그건 좋은 사람들을 만들어내는 것이 공공정책의 목표가 되어야 한다는 생각이다. 의무교육이 사회규범을 가르치는 방식으로 여전히 중시되고 있고 실제로 어느 정도의 성과를 거두고 있다. 어린이들을 대상으로 한다는 점에서 많은 사람들이 의무교육을 가치중립성에 대한 자유주의적 정신과 양립 가능한 것으로 받아들인다. 하지만 역사적으로 인구 전체의 문화적 전환을 시도했던 국가적 프로젝트들의 성과는 실망스러웠다.

공산당이 통치했던 많은 사회들처럼 동독도 연대심이 강하고 덜 이기적인 시민을 만들어내는 데 상당한 자원을 투입했다. 하지만 최근 실험 결과에 따르면, 동독에서 출생한 성인들이 서독에서 출생한 성인들에 비해 금전적 이익을 위해 거짓말하는 빈도가 두 배 이상 높았고, 이 결과는 베를린 장벽이 허물어지기 전에 성년이 된 사람들 그룹에서 뚜렷하게 나타났다.[24]

루소의 강령을 수정하고자 했던 입법자의 계획은 뜻밖의 부문에서 '새로운 사회주의적 인간'과는 아주 다른 목표를 갖고 추진되고 있다.

▲▲▲

2008년 미국 주택시장 버블이 꺼지고 금융위기가 확산되면서 많은 주택 소유자들은 자신들이 은행에 갚아야 할 돈이 자신들이 소유한 자산의 가치보다 더 높다는 사실을 알게 되었다. "수렁에 빠진 집 주인들" 중 일부는 계산기를 두드린 후 전략적으로 파산을 선언했고, 집 열쇠를 은행에게 넘기고 집에서 빠져나갔다. 20년 전《뉴욕타임스》사설(1장에서 인용했던 "탐욕을 금할 것인가? 아니다, 잘 다루면 된다")의 주장과는 달리, 미국 연방 주택 모기지론의 프레디 맥Freddie Mac 부사장은 경제 내에서 도덕적 행위의 필요성을 역설하는 아리스토텔레스적인 호소를 했다. "개인의 금융 전략이라는 면에서만 본다면 전략적 파산이 좋게 보일 수 있지만, 그 결과 미래의 주택 구입자들과 지역사회 전체가 피해를 볼 수 있습니다. 그렇기 때문에 전략적 파산을 자제함으로써 더 광범위한 사회적·정책적 이익을 도모할 수 있습니다."[25] 제대로 된 가격 작동을 통해서 시장이 사람들로 하여금 자신의 행동에 따른 결과를 내재화하도록 유도할 것이라고 기대하는 대신, 프레디 맥은 '전략적 파산을 고민하는 채무자들이 자신들의 행동이 다른 사람들에게 미칠 수 있는 피해를 고려해달라'고 호소했다. 가격이 할 일을 도덕이 하기를 기대하고 있는 셈이다.

이 문제에 관한 도덕적 추론들이 넘쳐났다. 설문에 따르면, 대다수의 사람들은 전략적 파산이 부도덕하다고 생각했다.[26] 하지만 파산의 대부분은 전혀 전략적인 파산이 아니었다. 사람들은 실직이나 다른 불운한 일 때문에 어쩔 수 없이 파산했다. 금융기관들이 이중 잣대를 적용한다고 믿는 사람들에게는 수렁에 빠진 채무자들의 도덕성에 대한 프레디 맥의 호소가 그다지 설득력이 없었을지도 모른다. 지난 수십 년 동안 자신들의 이익만 추구해놓고 자신들이 세운 사상누각이 무너지자 채무자들이 이기적으로 행동한다고 개탄했으니 말이다. 전략적 파산의 주된 이유는 자산가치가 얼마나 깊은 수렁에 빠져 있느냐 하는 경제적 요인이었다. 하지만 전략적 파산 행위를 용인해야 한다고 보는 많은 사람들은 도덕적 고려(공평성과 약자를 갈취하는 금융 행태 등)를 주요한 이유로 들었다.

프레디 맥 스타일의 도덕적 호소 자체만으로는 벤담식 처벌에 기초한 정책만큼, 다시 말해 더 울림이 큰 '도덕적 교훈'을 주는 정책만큼 효과적이지 않다. 아마도 벤담은 샤리바리charivaris라 불리던 근대 유럽 초기의 소동을 생각했으리라. 바람피우는 남편이나 폭리를 취하는 빵집 주인, 금전적 이익을 얻고자 자기 지위를 이용하는 지역 고관 집을 그 이웃 특히 여성들이 찾아가 에워싸고는 냄비를 두들겨 자신들의 도덕적 분노를 표출하던 행위 말이다.[27] 이런 전통은 이어지고 있다. 인도 안드라프라데시주 라자문드리Rajahmundry 시 시장은 열 명의 드러머들을 고용해 탈세 혐의자들의 집 밖에서 하루도 쉬지 않고 북을 치도록 했다.[28] 드러머들은 아무 말도 하지 않았지만, 세금 징수원과 다른 정부 관리들이 옆에 있었기 때문에 전달되는 메시지는 명확했다. 이 정책은 사회규범을 위반한 탈세자들에게서 수치심을 불러와 성공할 수 있었다.

▲▲▲

연임에 성공한 보고타의 안타나스 모커스Antanas Mockus 시장은 분칠한 얼굴에 광대 복장을 한 마임 연기자 수백 명을 고용해서 무단 횡단하는 사람들과 횡단보도('얼룩말'이라 부른다)를 침범하는 운전자들을 조롱하도록 했다. 보고타의 택시 기사들은 운전이 험하기로 악명 높았는데,[29] 시민들로부터 보행자를 배려하는 모범적인 택시

기사들을 추천받아 상위 140명을 추려 '얼룩말 기사단Knights of the Zebra' 창립 멤버로 선출했다. 창립식에서 수학자이자 철학자이기도 한 모커스 시장은 기사단 멤버들에게 플라스틱 얼룩말 인형을 주고 백미러에 걸도록 했다. (물론 여기에 최소 한 명 이상의 얼룩말 부인Lady of the Zebra도 있었다.)

두 번째 임기(2001~2003) 동안, 모커스 시장은 그의 시민문화 프로그램의 네 가지 핵심 아이디어 중 하나가 "다른 시민들로 하여금 규칙을 지키도록 평화적으로 권장하는 시민의 능력을 배양하는 것"이라고 말했다.[30] 이를 위해 그는 엄지손가락을 아래로 내리는 모양이 그려진 수십만 장의 카드를 만들어서 교통법규를 위반하는 운전자들을 향해 흔들도록 했다. 경기 중 반칙을 범한 선수에게 심판이 레드카드를 제시하듯 말이다. 엄지손가락을 위로 올리는 모양이 그려진 카드도 만들어 모범적인 운전을 하는 운전자를 향해 사용하도록 했다. 이와 동시에, 경찰들에게 교통법규를 보다 엄격하게 단속하라고 지시했다.

그가 처음 시장에 당선되었을 때 보고타의 교통사고 사망률은 전국 평균보다 월등하게 높았는데, 그가 임기를 마칠 즈음 전국 평균보다 현저히 낮아졌다. 그가 시장직을 떠난 이후에도 교통사고 사망률은 절대적 비율과 상대적 비율 모두에서 지속적으로 하락했고 몇 년 후에는 이전 수준의 3분의 1까지 떨어졌다.

보고타에 물을 공급하는 송수관이 붕괴하면서 심각한 생활용수 부족이 발생했을 때 실행했던 절수 캠페인도 효과적이었다. 모커스는 물 절약을 호소하기 위해 자신과 부인이 같이 샤워를 하고 비누

칠을 하는 동안에는 물을 잠그는 텔레비전 광고를 하기도 했다. 시 당국은 물을 아껴 쓰는 데 앞장서는 사람들에게는 상을 주고 물을 낭비하는 사람들을 찾아내 공개적으로 (하지만 심하지는 않은) 처벌을 했다. 이후 두 달 만에 물 소비량은 14퍼센트나 감소했다.

모커스 시장의 시민문화 프로그램과의 논리적 인과관계를 입증하는 것은 어렵겠지만, 샌드라 폴라니아-레예스의 실험 결과 중 하나 (아직 논문으로 발표되지 않았다)가 이와 같은 모커스 시장의 정책이 시민들에게 미친 영향을 보여준다. 폴라니아-레예스는 그림 5.3과 5.4에서 살펴본 베네딕트 헤르만Benedikt Herrmann 연구팀의 실험과 동일한 방식으로 처벌 옵션이 도입된 공공재 실험을 실행했다. 실험에 참가한 보고타의 로스안데스대학교 학생들은 청소년기의 상당 부분을 모커스 시장 재임 기간에 보냈다. '남유럽' '아라비아권' '정교회/구공산권' 사람들과 달리, 보고타의 학생들은 보스턴, 코펜하겐, 서울의 학생들처럼 조심스럽게 무임승차자들만을 골라 처벌했고 무임승차자들은 이에 긍정적으로 반응해서 세계 학생 인구 중 가장 협력적인 학생들과 비슷한 협력 수준을 보였다.

대대적인 공공캠페인과 결합되었던 아일랜드 비닐봉투세 정책이나 인도 탈세자들을 괴롭혔던 드럼 소리처럼, 교통 문제를 해결하고 물을 절약하고자 했던 모커스 시장의 캠페인은 공식적인 강제 장치와 물질적 인센티브에 명백한 도덕적 메시지와 이웃으로부터의 비공식적인 압력을 더했다. 이제 차를 거칠게 모는 것은 못난 행동이 되었다. 시의 송수관이 고쳐질 때까지는 세차하는 것마저 눈총을 받았다. 세차는 물을 낭비하는 대표적인 사례였기 때문이다.

이것이 아테네 의회가 아드리아해 원정을 준비했던 방식이다. 위의 네 가지 사례 모두 아리스토텔레스적 입법자에게 가치가 있다. 사람들의 물질적 이해와 도덕감정 모두에 호소함으로써 시민적 행동을 장려하고, 물질적 이해와 도덕감정이 서로를 몰아내지 않도록 그리고 시너지 효과를 거둘 수 있도록 프레이밍했다. 물론 한계는 있다. 모든 보조금이 상으로 주어질 수 없고 모든 처벌을 심판의 레드카드처럼 신호로 전달할 수는 없을 것이다.

더 근본적인 한계도 있다.

▲▲▲

성인군자를 기다리는 사회는 부정직한 자들을 위한 법질서라는 아이디어가 처음에 어떻게 제기되었는지 그리고 왜 그렇게 광범위하게 받아들여지게 되었는지를 고민해볼 필요가 있다. 이 과정의 중요한 부분은 2장에서 살펴본 바와 같이 성인군자가 아니라고 해서 다 부도덕한 사람인 것은 아니라는 사실을 깨닫는 것이다. 물론 세상을 둘로 나누고 악의 편에 서 있는 사람에 대해서는 거침없는 불관용과 증오를 갖는 사람들, 이를테면 열성분자 같은 사람들도 있다.

흄과 그를 추종한 경제학자들은 좋은 법질서를 통해 부도덕한 자들의 탐욕을 잘 활용함으로써 공공선을 성취할 수 있다고 너무도 과도하게 확신했다. 하지만 열성분자들의 열정을 활용하자는 건 전혀 다른 제안이다.

경제학자 찰스 슐츠Charles Schultze가 "시장은 동정, 애국심, 형제애나 문화적 연대를 불필요하게 만든다"라고 썼을 때, 그는 이것이 시장의 내세울 만한 특징이라고 생각했지, 결함이라고 보지 않았다.[31] 누군가는 그의 주장에 동의할 수 있겠지만, 이는 이상한 나라의 앨리스가 공작부인 앞에서 무서워 혼잣말로 웅얼거렸던 것처럼 낯선 이들로 이루어진 경제에는 "세상을 굴러가게 할 만큼" 충분한 양의 사랑이 존재하지 않기 때문만은 아니다. 또 애국심과 사회적 연대 같은 것이 있어야 제대로 돌아가는 사회라면, 그러한 사회질서에서는 분열적이고 편파적인 정서도 정당화될 수 있으리라고 우려하는 사람도 있을 것이다. 보이지 않는 손을 옹호하는 주장이, 예전에는 일곱 가지 죄악 중 하나로 간주되었던 탐욕을 사회적으로 용인할 것을 요구했던 것처럼 말이다.

부정직한 자들을 전제로 한 법질서라는 아이디어는 스미스 이전에도 존재했지만, 보이지 않는 손에 대한 스미스의 추론은 중요한 무언가에 도달하게 되었다. 사적 재산권 아래서 경쟁적 교환을 통해, 그리고 시장이 올바른 가격을 도출하는 데 실패할 때 이를 교정할 수 있는 정책들을 통해, 이기심이 공적인 목표를 달성하도록 이끌 수 있도록 해주는 메커니즘(불완전할 수도 있지만)에 대한 논의들로 이어졌다. 애덤 스미스부터 애로와 드브뢰 그리고 현대의 메커니즘 디자인의 연구 성과 덕분에 우리는 부정직한 자들을 전제로 한 법질서가 어떤 것인지 잘 알게 되었다.

이제 우리는 그러한 부정직한 자들을 전제로 한 법질서가 제대로 작동하기 위해서는 어떤 조건이 필요한지를 이해하게 되었다. 그리고 그러한 법질서가 자유주의 사회에서 자원의 효율적인 사용을 가져오지 못할 뿐 아니라 사회적·문화적 효과라는 측면에서도 만족스

럽지 못하다는 것을 알게 되었다. 대부분의 사회에서 타인을 고려하는 선호와 윤리적 행동 동기가 쉽게 관찰된다는 최근의 실증 증거들은 긍정적인 인센티브와 도덕적 교훈이 첨부된 처벌을 영리하게 결합한 정책들을 활용하면 정책 개입의 여지가 크게 확대될 수 있다는 것을 보여준다. 아테네 의회가 법령의 선포를 통해 다양한 동기에 호소했던 것처럼 말이다. 부정직한 자들을 전제로 한 법질서 개념에 대한 대안을 마련해야 하지만, 우리는 아직 부정직한 자, 성인군자, 열성분자로 구성된 사회에 걸맞은 법질서 개념을 갖고 있지 못하다. 이러한 사회에서 등장할 법질서는 그 결과 출현하게 되는 거버넌스의 질에 영향을 미칠 뿐만 아니라, 사회적 삶의 주역인 이들 세 유형의 상대적 비중에도 영향을 미칠 것이다.

▲▲▲

이러한 동학적 관계를 고려하고 동시에 사회적 선호의 어두운 측면을 염두에 둔다면, 입법자가 직면한 도전은 흄의 격언을 따르는 것보다 훨씬 더 어렵다. 어떤 사회적 선호를 가지고 사회적으로 가치 있거나 적어도 해롭지 않은 목표를 위해 활용한다는 것은, 이기심을 가지고 하는 것보다 더 어려울 수 있다. 관대함이나 공정성, 그 밖의 시민적 덕성 같은 긍정적 사회적 선호들은 공공정책이나 법안에 의해 강화될 수도 있고 또 돌이킬 수 없이 훼손될 수도 있기 때문에, 정책 당국자들에게는 다루기 어려운 자원일 수 있다. 따라서 부정직한 자들에 대한 흄의 격언을 다음과 같이 확장할 필요가 있다. 좋은 정책과 법질서는 한편으로는 사람들의 이기심을 이용하면서도, 다른 한편으로는 공적인 동기를 유발·배양·강화함으로써 사회적으로 가치 있는 목표를 지원할 수 있어야 한다.

이 문장은 범퍼 스티커로는 적합하지 않을 것이다. 하지만 교환 당사자들에게 중요한 모든 사항을 포괄할 수 있는 계약이 존재하지 않을 때는, 사회규범이 서로에게 이익이 되는 경제적 교류를 촉진하는 역할을 한다는 애로의 주장에 비추어보면(1장 참고), 이런 문제의식은 분명히 필요하다. 그러한 규범의 예로 피고용인의 노동윤리, 소프트웨어 엔지니어의 창의성, 차입자나 자산관리 매니저의 정직함 등을 들 수 있다. 애로의 주장은 국가의 부의 형태가 계약 체결이 용이한 철강이나 곡물 같은 재화로부터 이른바 '무게 없는 경제'를 특징짓는 무형의 지식 생산과 공유, 노인과 유아에 대한 돌봄 서비스 같은 형태로 전환됨에 따라 점점 더 힘을 얻게 될 것이다.

전염병, 기후변화, 개인 정보 보안과 지식 기반 경제의 관리 등 세계가 직면한 가장 큰 어려움은 사람들의 상호 교류가 전 지구적으로 혹은 대규모로 이루어지기에 나타난다. 전적으로 이기적인 시민을 전제로 만들어지는 사적 계약이나, 정부의 인센티브 또는 벌칙을 통해 바른 행동을 유도하는 방식으로는 이러한 교류들이 성공적으로 관리될 수 없다는 사실로부터도 같은 결론을 도출할 수 있다. 세계 주요 국가들의 경제적 불평등이 확대됨에 따라, "돈을 버는 것 외에, 그보다 더 큰 잘못을 저지르지 않으면서 인간을 활용할 수 있는 방법은 없다"는 존슨 박사의 말을 의심해봐야 한다. 부정직한 자들을 위한 경제라는 아이디어는 더 이상 무해하지 않다.

이런 새로운 도전에 적절히 대응할 수 있도록 하는 법질서과 인센티브 그리고 규제에 대한 분석 방법이 개발될 수 있을지는 잘 모르겠다. 하지만 우리에게 다른 대안은 없다. 이 장에서 살펴본 입법자가 해야 할 일, 여기서부터 시작하자.

부록 1

가산적 분리 가능성Additive Separability, 그리고 그 조건이 위배되는 경우

	간접효과, Δ^I	관련 용어
$\Delta^T = \Delta^D$	없음	가산적 분리 가능성 분리 가능성 가산성
$\Delta^T > \Delta^D$	양(+)의 효과	보완성 시너지 초가산성 유입
$\Delta^T < \Delta^D$	음(-)의 효과	대체성 부의 시너지 저가산성 몰아냄
$\Delta^T < 0$	음(-)의 효과를 가지며 그 효과의 크기가 직접 효과를 상쇄하는 수준 그 이상	강한 몰아냄 인센티브가 역효과를 초래

주: Δ^T, Δ^D, Δ^I는 각각 인센티브가 행동에 미치는 총효과, 직접효과, 간접효과를 의미하며 $\Delta^T = \Delta^D + \Delta^I$이다.

부록 2

사회적 선호와 인센티브의 효과를 측정하는 데 활용되는 실험실 게임

게임	게임 정의	현실 사례	자기만을 고려하는 경기자를 가정할 때의 예측	실험의 일반적인 결과	실험 결과에 대한 해석
죄수의 딜레마 게임	두 경기자가 각각 협력하거나 배반할 수 있다. 보수는 다음과 같다. <table><tr><td></td><td>협력</td><td>배반</td></tr><tr><td>협력</td><td>H,H</td><td>S,T</td></tr><tr><td>배반</td><td>T,S</td><td>L,L</td></tr></table> 단, T>H>L>S 그리고 S+T<2H	- 외부불경제(공해)의 발생 - 이행을 강제할 수 있는 계약 없이 이루어지는 교환 - 지위 경쟁	배반.	50%가 협력하며 의사소통이 허용되는 경우 협력하는 경기자의 빈도가 증가한다.	협력의 기대 아래 이루어지는 호혜적 행위.
공공재 게임	N명의 경기자가 동시에 기여액 $g_i(0 \leq g_i \leq y)$를 선택한다. 여기서 y는 각 경기자에게 주어진 부존자원이다. 각 경기자 i의 보수는 $\pi_i = y - g_i + mG$이다. 여기서 G는 총 기여액이며 $m < 1 < mn$이 성립한다.	- 팀별 보상제 - 소규모 사회에서의 협력적 생산 - 공유자원(물, 어장)의 남용	각 경기자는 전혀 기여하지 않는다. 즉 $g_i=0$.	일회성 게임에서 경기자들은 y의 50%를 기여한다. 기여는 시간이 지남에 따라 점점 약화된다. 마지막에는 대다수가 $g_i=0$을 선택한다. 의사소통이 허용되는 경우 기여액이 상당히 증가한다. 개인적으로 처벌할 수 있는 기회가 주어지는 경우에도 기여액이 상당히 증가한다.	협력의 기대 아래 이루어지는 호혜적 행위. 누군가가 기여하지 않으면 그에 대해 똑같이 적게 기여하는 것으로 대응한다.

게임	게임 정의	현실 사례	자기만을 고려하는 경기자를 가정할 때의 예측	실험의 일반적인 결과	실험 결과에 대한 해석
최후통첩 게임	제안자와 응답자 간의 일정액 S의 분배. 제안자는 x를 제안한다. 응답자가 x를 거절하면 둘 모두 0의 보수를 얻는다. 응답자가 x를 수락하면 제안자는 $S-x$의 보수를 얻고 응답자는 x의 보수를 얻는다.	- 상하기 쉬운 상품의 독점적 가격 설정 - 데드라인 직전 막판 합의 제안 및 협상	$x=\varepsilon$를 제안한다. 여기서 ε은 가장 작은 금전 단위를 의미한다. 어떤 $x>0$도 받아들여진다.	대부분의 제안은 $0.3S$와 $0.5S$ 사이에서 이루어진다. $x<0.2S$인 경우 자주 거절된다. 제안자 간의 경쟁은 x를 증가시키는 강한 효과를 갖는다. 응답자 간의 경쟁은 x를 감소시키는 강한 효과를 갖는다.	응답자는 불공정한 제안에 대해 처벌한다. 부의 호혜성.
독재자 게임	최후통첩 게임과 비슷하지만, 응답자가 거절할 수 없다는 점에서 차이가 난다. 즉 제안자는 $(S-x, x)$를 일방적으로 분배한다.	뜻밖의 행운으로 얻은 이익의 기부(복권 당첨자가 익명으로 다른 사람에게 기부).	전혀 함께 나누지 않는다. 즉 $x=0$.	평균적으로 제안자는 $x=0.2S$를 다른 사람에게 나눠준다. 실험이나 개인에 따른 값의 편차가 심하다. 실험 절차의 세부적인 사항이 미치는 민감한 영향이 이러한 측정의 편차를 가져온다.	순수 이타주의.
신뢰 게임	투자자는 부존자원 S를 가지고 0과 S 사이의 금액 y를 수탁자에게 이전한다. 이때 수탁자는 $3y$를 받게 되며 0과 $3y$ 사이의 금액 x를 되돌려준다. 투자자는 $S-y+x$의 보수를 얻으며 수탁자는 $3y-x$의 보수를 얻는다.	강제할 수 있는 계약 없이 이루어지는 시차를 둔 교환(이베이의 판매자로부터 구매).	수탁자는 어떤 금액도 돌려주지 않는다. 즉 $x=0$. 투자자는 이를 예상하고 일체 투자를 하지 않는다. 즉 $y=0$.	평균적으로 $y=0.5S$이고 수탁자는 $0.5S$보다 약간 적게 돌려준다. y가 증가할수록 x가 증가한다.	수탁자는 양의 호혜성을 보인다.

게임	게임 정의	현실 사례	자기만을 고려하는 경기자를 가정할 때의 예측	실험의 일반적인 결과	실험 결과에 대한 해석
선물교환 게임	고용주는 w의 임금을 제안하고 원하는 노력 수준 $\hat{e}$를 제시한다. 노동자가 고용주의 제안 $(w, \hat{e})$를 거절하면 두 사람은 0의 보수를 얻는다. 노동자가 그 제안을 수락하면 노동자는 1과 10 사이의 어떤 노력 수준 e도 선택할 수 있다. 이때 고용주는 $10e-w$의 보수를 얻고 노동자는 $w-c(e)$의 보수를 얻는다. 여기서 $c(e)$는 노력에 따른 비용으로 e에 대해 강증가함수이다.	계약 불가능성이나 노동자 또는 판매자의 성과(노력, 상품의 품질)에 대한 강제 불가능성.	노동자는 $e=1$을 선택한다. 고용주는 가장 낮은 임금을 지불한다.	임금 w가 증가함에 따라 노력 수준이 증가한다. 고용주는 가장 낮은 임금보다 훨씬 높은 임금을 지불한다. 노동자는 낮은 임금 제안을 받아들이지만 그런 임금에 대해서는 $e=1$로 대응한다.	노동자는 관대한 임금 제안에 대해서는 높은 노력 수준으로 화답한다. 고용주는 관대한 임금을 제안함으로써 노동자의 호혜성에 호소한다.
제3자 처벌 게임	A와 B는 독재자 게임을 한다. C는 얼마나 많은 금액(s)이 B에게 분배되는지 관찰한다. C는 A를 처벌할 수 있지만 그에 따른 비용을 지불해야 한다.	받아들일 수 없는 태도를 보이는 타인에 대한 사회적 반발.	A는 B에게 전혀 분배하지 않는다. C는 A를 처벌하지 않는다.	A가 B에게 적게 분배할수록 A에 대한 처벌은 증가한다.	C는 공유 규범의 위배가 자신의 보수에 악영향을 미치지 않더라도 그런 위배행위에 대해 제재를 가한다.

자료: Camerer and Fehr (2004)를 토대로 수정

각 게임 자료: 죄수의 딜레마 게임(Dawes 1980, 서베이); 공공재 게임(Lydyard 1995, 서베이); 최후통첩 게임(Güth, Schimittberger and Schwarze 1982, 이 게임에 대한 소개; Camerer 2003, 서베이); 독재자 게임(Kahneman, Knetsch and Thaler 1986, 이 게임에 대한 소개; Camerer 2003, 서베이); 신뢰 게임(Berg, Dickhaut and McCabe 1995, 이 게임에 대한 소개; Camerer 2003, 서베이); 선물교환 게임(Fehr and Fishbacher 2001, 이 게임에 대한 소개), 제3자 처벌 게임(Fehr, Kirchsteiger and Riedle 1993, 이 게임에 대한 소개)

부록 3

이를렌부슈와 루샬라의 실험(2008)에서 보조금 지급의 총효과, 직접효과, 간접효과

효과 유형	계산 방법	보너스가 60인 경우	보너스가 12인 경우
직접효과	보조금에 분리 가능성 직선의 기울기를 곱한다.	25(=60×0.417)	5(=12×0.417)
범주적 간접효과	보너스 ε에 따른 기부액의 변화.	-2.48(=34.56-37.04)	-2.48(=34.56-37.04)
한계적 간접효과	기울기의 변화에 보조금을 곱한다.	-6.54(=[0.308-0.417]×60)	-1.31(=[0.308-0.417]×12)
총 간접효과		-9.02	-3.79
총효과		15.98	1.21

부록 4

신뢰와 자유주의적 법치

이 모델은 자유주의적 국가와 신뢰 사이의 관계를 다루는 모델로 5장 마지막 부분에서 주장한 일부 내용을 설명한다.

인구 집단은 많은 사람들로 이뤄지며 각 사람은 무작위로 선택된 상대방과 상호작용을 한다. 이들은 이때 (예를 들어 서로의 상품을 훔치는 것처럼) 기회주의적으로 행동하거나 상호 이득이 되도록 상품을 교환한다. 이 전략들을 각각 '배반'과 '협력'이라고 부르자. 그리고 보수는 그림 A.4의 위쪽 보수 행렬과 같은 조정 게임(또는 보장 게임 assurance game)으로 나타낼 수 있다. 이 게임의 구조는 다음과 같다. 한 경기자가 상대 경기자가 협력할 것이라는 사실을 안다면 그 경기자의 보수 극대화 전략은 협력하는 것이다(이때 두 경기자의 보수는 모두 4). 그러나 상대 경기자가 배반자라는 사실을 안다면 그 역시 배반하는 것이 보수 극대화 전략이 된다(이때 두 경기자의 보수는 모두 2). 따라서 상호 배반과 상호 협력이 이 게임의 두 가지 균형이다(보수 행렬의 검은색 칸, 오른쪽 그래프에서 사각형으로 표시된 보수).

	협력	배반
협력	4,4	0,3
배반	3,0	2,2

	협력	배반
협력	4,4	1,2
배반	2,1	2,2

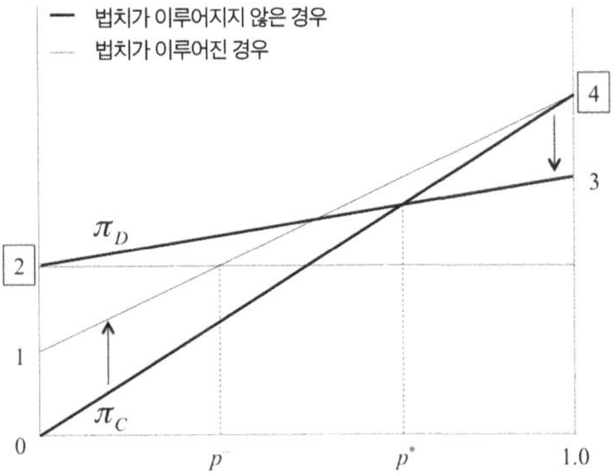

— 법치가 이루어지지 않은 경우
— 법치가 이루어진 경우

그림 A.4 법치와 협력 규범

왼쪽 그림: 교환 게임의 보수 행(위의 보수 행렬은 법치가 이루어지지 않은 경우, 아래 보수 행렬은 법치가 이루어진 경우) 경기자의 보수는 각 칸의 첫 번째 값이다.
오른쪽 그림: 기대 보수는 상대방 유형의 빈도에 따라 달라진다(굵은 직선은 법치가 이루어지지 않은 경우, 가는 직선은 법치가 이루어진 경우).

협력자와 배반자의 기대 보수는 그래프에 π_C와 π_D로 나타나는데, 상대방이 협력할 주관적 확률 p에 따라 달라진다. 두 기대 보수 모두 p가 증가함에 따라 증가한다. 자신의 보수를 극대화하려는 경기자는 상대 경기자가 협력할 확률이 적어도 p^*일 때 협력할 것이다. 이 임계값은 두 보수 함수가 교차하는 점에서 결정된다(p^*의 오른쪽에서는 협력할 때의 기대 보수가 더 높다). 법치가 이루어지지 않는 상태(그래프에서 가는 직선)에서는 임계값 p^*가 1/2을 초과하기 때문에 배반이 위험 우월 전략이 된다. 즉 배반이, 상대방이 협력할 가능성과 배반할 가능성이 똑같다고 믿을 때 경기자의 보수를 극대화하는 전략이 된다. 법치가 이루어지면(가는 직선) 협력자를 배반함으로써 얻는 이익이 감소하며 상대방이 배반할 때 협력자에게 발생하는 비용 역시 감소한다. 따라서 임계값은 p^*에서 p^-로 낮아진다. 법치가 이루어지면 경기자가 협력하도록 하는 데 필요한 상대방의 협력 확률이 낮아져 협력이 위험 우월 전략이 되며 그에 따라 협력이 유지되는 것이 보다 용이해진다.

주

1장 호모 이코노미쿠스, 무엇이 문제인가?

1 Rousseau 1984.

2 Gneezy and Rustichini 2000.

3 Gasiorowska, Zaleskiewicz, and Wygrab 2012.

4 Warneken and Tomasello 2008, p. 1787.

5 Sandel 2012; 2013, p. 121.

6 Satz 2010.

7 Horace 2004, p. 199.

8 Kahneman and Tversky 2000; Kahneman 1994; Thaler and Sunstein 2008.

9 Kahneman 1994.

2장 부정직한 자들을 전제로 한 법질서

1 Belkin 2002.

2 Greenberger 2003.

3 (비록 내 설명과는 매우 다른 방식이기는 하지만) 비슷한 근거들이 다음 연구에서 매우 멋지게 다뤄진 바 있다. Dumont 1977; Hirshchmnan 1977.

4 Aristotle 1962, p. 103.

5 Confucius 2007, p. 20.

6 Hayek 1948, p. 12.

7 *New York Times* 1988.

8 Buchanan 1975, p. 71.

9 Holmes 1897.

10 Hayek 1948, p. 11.

11 Machiavelli 1984, pp. 69~70.

12 Strauss 1988, p. 109.

13 Machiavelli 1984, p. 109.

14 Machiavelli 1984, p. 71.

15 Benner (2009)에서 인용.

16 Machiavelli 1984, p. 174, 180.

17 Machiavelli 1924, p. 24.

18 Mandeville 1988a, p. 366.

19 Mandeville 1988a, p. 369.

20 Smith 1976a, 4권 2장.

21 Smith 1976a, 1권 2장.

22 Hume 1964, pp. 117~118.

23 Bentham 1962, p. 380.

24 Smith 1976b, p. 3.

25 Holmes 1897.

26 Machiavelli 1984, p. 103, p. 121; Benner 2009.

27 Aristotle 2006, pp. 1382b7~1382b9.

28 Bloomfield 1952, p. 95.

29 Boswell 1980, p. 597.

30 Hobbes 2005, p. 104 (ch. 13).

31 Machiavelli 1900, p. 92.

32 Spinoza 1958, p. 261.

33 Mandeville 1988b, p. 407.

34 Smith 1976a, 4권 9장.

35 Mandeville 1924, p. 37.

36 Mill 1844, p. 97.

37 Edgeworth 1881, p. 104.

38 Arrow 1972, p. 351.

39 Wrzesniewski et al. 2014.

40 Carroll 2000, p. 92.

41 Smith 1976a, 1권 10장.

42 Gauthier 1986, p. 84, 96. 그가 지적한 점에 대해서 그는 "모든 계약이 완전하다면" 이라는 구절을 덧붙였어야 했다. 그는 자신이 그럴 의도였다고 나에게 확인해주었다.

43 Durkheim 1967, p. 189.

44 Bowles 2004.

45 Arrow and Hahn 1971, pp. vi~vii.

46 Durkheim 1967, p. 189.

47 Arrow 1971, p. 22.

48 Schumpeter 1950, p. 448.

3장 도덕감정과 물질적 이해관계

1 다음 연구에 사용되는 공공재 실험 등 많은 실험들에서도 이 사실이 똑같이 성립한다. Laffont and Matoussi 1995; Lazear 2000; Falkinger et al. 2000.

2 Angrist and Lavy 2009.

3 Fryer 2011.

4 Holmas et al. 2010.

5 Besley, Bevan, and Burchardi 2008.

6 Ginges et al. 2007.

7 Frey and Jegen 2001.

8 Wilkinson-Ryan 2010.

9 Fehr and Fischbacher 2002, p. C16.

10 나는 4장 초반부에서 이런 행동실험으로부터 개인의 사회적 선호를 추론하는 데 따른 여러 문제를 다룰 것이다. 사회적 선호를 측정하기 위해 실험실에서의 게임을 사용하는 것에 관해서는 Camerer and Fehr (2004) 논문이 잘 정리하고 있다. 사회적 선호에 대한 실험의 주요 결과들은 Bowles and Gintis (2001) 3장에 간략하게 정리되어 있다.

11 Fehr and Gaechter 2000b; Camerer 2003.

12 Loewenstein, Thompson, and Bazerman 1989, p. 433.

13 Andreoni 1990. 사회적 선호의 특성과 정도에 대한 실험적 증거는 Bowles and Gintis (2011)에 정리되어 있다.

14 Cardenas, Stranlund, and Willis 2000.

15 Irlenbusch and Ruchala 2008.

16 Bowles and Polanía-Reyes 2012.

17 Heyman and Ariely 2004.

18 Cardenas 2004.

19 Hwang and Bowles 2014; Bowles and Hwang 2008. 사람들이 사회적 선호에 동기 부여될 때 발생하는 이와 비슷한 인센티브 문제를 다루는 관련 연구로는 다음 연구들이 있다. Benabou and Tirole 2006; Seabright 2009; Bar-Gill and Fershtman 2005; Bar-Gill and Fershtman 2004; Heifetz, Segev, and Talley 2007.

20 황성하와 나는 (몰아냄 효과의 특성에 따라) 순진한 입법자가 인센티브를 과소 사용하게 되는 조건에 대해 다음 세 논문에서 다룬 바 있다. Hwang and Bowles 2014; Bowles and Hwang 2008; Hwang and Bowles 2015.

21 Falk and Heckman 2009; Levitt and List 2007.

22 Benz and Meier 2008.

23 Baran, Sapienza, and Zingales 2010.

24 Carpenter and Seki 2011.

25 Gneezy, Leibbrandt, and List 2015.

26 Fehr and Leibbrandt 2011.

27 Rustagi, Engel, and Kosfeld 2010.

28 여기서 제시한 행동실험의 외적 타당성에 대한 추가적인 증거에 대해서는 Bowles and Gintis (2011) 참고.

29 Fehr and List 2004.

4장 정보로서의 인센티브

1 Packard 1995, p. 135.

2 Bowles and Polanía-Reyes 2002.

3 Andreoni and Miller 2002.

4 우리의 데이터는, 이 문제를 살펴볼 수 있거나 분리 가능성을 검증할 수 있도록 해주는 실험 중 우리가 구할 수 있는 모든 경제 실험을 포함하고 있다.

5 Hayek 1945, 1937.

6 Ross and Nisbett 1991; Tversky and Kahneman 1981.

7 Healy 2006.

8 Lepper et al. 1982, 51; (1) (2) 등의 숫자는 원문에는 없고, 이 책에 추가된 것임.

9 Benabou and Tirole 2003; Fehr and Rockenbach 2003.

10 Fehr and Rockenbach 2003.

11 인센티브가 전달하는 '불쾌한 소식'으로부터 발생하는 몰아냄 효과의 또 다른 사례가 스위스·미국·이탈리아·프랑스·코스타리카·독일의 대학생 대상 실험을 통해, 선물교환, 공공재 게임, 그리고 독재자 게임과 유사한 기부행위 관찰 게임 등 다양한 게임 조건에서 연구되고 있다. 코스타리카 경영자들도 인센티브가 전달해주는 불쾌한 소식에 부정적으로 반응했다.

12 Bandura 1991; Shu, Gino, and Bazerman 2011, p. 31.

13 Zhong, Bohns, and Gino 2010.

14 Kaminski, Pitsch, and Tomasello 2013.

15 Fiske 1991, 1992.

16 Falk and Szech 2013a.

17 Hoffman et al. 1994.

18 Ellingsen et al. 2012.

19 Schotter, Weiss, and Zapater 1996, p. 38.

20 Barr and Wallace 2009; Henrich et al. 2010.

21 Grant 2012.

22 Lepper and Greene 1978; Deci and Ryan 1985; Deci, Koestner, and Ryan 1999.

23 Deci 1975.

24 Lepper, Greene, and Nisbett 1973, p. 7.

25 Warneken and Tomasello 2008, p. 1788.

26 Lepper, Greene, and Nisbett, 1972, p. 7.

27 Lepper et al. 1982, p. 62

28 Falk and Kosfeld 2006

29 Burdin, Halliday, and Landini 2015

30 Li et al. 2009.

31 Greene 2014.

32 Greene et al. 2001; Loewenstein, O'Donoghue, and Bhatia 2015; Sanfey et al.

2006.

33 Sanfey et al 2006; 혹은 이보다 앞선 연구는 Sanfey et al. 2003.

34 Camerer, Loewenstein, and Prelec 2005.

35 Small, Loewentein, and Slovic 2007.

36 Skitka et al. 2002.

37 Loewenstein and O'Donoghue 2015.

38 Bowles and Gintis 2011.

39 Cohen 2005.

40 Lowenstein and O'Donoghue 2015.

41 나는 문화적 쇠락의 악순환이 어떻게 나타날 수 있는지를 보여주는 모델을 만들고 설명한 바 있다. 거기서 나는 그 악순환이 지금까지 자유주의 사회의 숙명이 아니었다는 이유를 제시했다. Bowles (2011) 참고.

5장 자유주의 시민문화

1 Marx 1956, p. 32.

2 Fisman and Miguel 2007.

3 Burke 1955, p. 86.

4 Montesquieu 1961, p. 81.

5 이러한 연구 중 일부는 Bowles (1998)에 소개되어 있다.

6 Kohn 1969; Kohn and Chooler 1983; Kohn 1990.

7 Kohn et al. 1990, p. 967.

8 Kohn et al. 1990.

9 Kohn 1990, p. 59.

10 Barry, Child, and Bacon 1959.

11 Barry, Child, and Bacon 1959.

12 황성하와 나는 이러한 설명을 좀 더 상세하게 발전시킨 적이 있다. Hwang and Bowles (2015) 참고.

13 Bowles 2004; Cavalli-Sforza and Feldman 1981; Boyd and Richerson 1985.

14 Zajonc 1968.

15 Lepper et al. 1982.

16 물론 인센티브를 통해 수많은 이기적인 사람들이 마치 관대한 사람처럼 행동하게 될 수도 있고, 그 결과 관찰자가 인식상의 오류를 상쇄할 수도 있다.

17 Falkinger et al. 2000.

18 Gächter, Kessler, and Königstein 2011.

19 Frohlich and Oppenheimer 2003.

20 Frohlich and Oppenheimer 2003.

21 Arrow 1972, p. 3.

22 Frohlich and Oppenheimer 2003, p. 290.

23 Henrich et al. 2005.

24 Henrich et al. 2006; Henrich et al. 2010.

25 Woodburn 1982.

26 Herrmann, Thöni, and Gächter 2008a.

27 Fehr and Gächter 2000a.

28 이 상관계수와 다음에 또 나올 상관계수는 Herrman, Thöni, and Gächter (2010)를 토대로 계산된 것이다.

29 Mahdi 1986; Wiessner 2005.

30 Ertan, Page, and Putterman 2009.

31 Mahdi 1986; Boehm 1984.

32 Gellner 1988, pp. 144~145.

33 Voltaire 1961, p. 18.

34 Smith 2010, pp. 254~255.

35 Bowles 2004, pp. 232~249.

36 D'Antoni and Pagano 2002; Bowles and Pagano 2006; Bowles 2011.

37 Elias 2000.

38 Rawls 1971, p. 336.

39 Shinada and Yamagishi 2007.

40 Bohnet et al. 2008.

41 Yamagishi, Cook, and Watanabe 1998; Yamagishi and Yamagishi 1994; Ermisch and Gambetta 2010.

42 Tabellini 2008.

43 Alesina and Giuliano 2011.

44 Grief 1994.

45 Gellner 1983.

6장 입법자의 딜레마

1 이 기사를 주의 깊게 읽은 독자들은 드브뢰가 실제로는 "자유주의적 경제의 우월성은 이론의 여지가 없고 수학적으로 증명될 수 있다"라고 말했다는 것을 안다(Debreu 1984; 필자의 번역).

2 Titmuss 1971; Arrow 1972; Solow 1971; Bliss 1972.

3 2년 뒤에 쓰인 업턴의 코넬대학교 학위논문(Upton 1974)은 금전적 인센티브로 인해, 헌혈하려는 의도가 충분한 잠재적 기증자들의 수가 현저하게 줄었다는 결과를 제시했다. 하지만 이 논문은 출간되지 않았고 많이 읽히지도 않았다.

4 Lucas 1976, pp. 41~42.

5 Hirschman 1985, p. 10.

6 Taylor 1987.

7 이 프로젝트와 관련된 나의 첫 번째 논문(Bowles 1989)은 1989년 런던대학교 철학과 개최 세미나에서 발표해 좋은 반응을 얻었다. 하지만 당시에는 그 논문에서 제기한 주된 논점을 뒷받침할 수 있는 실증적 증거가 부족했기 때문에(당시 실험경제학은 초기 단계였다), 나는 그 논문을 제쳐둘 수밖에 없었다.

8 Aaron 1994.

9 Frey 1997.

10 Ostrom 2000.

11 Mellstrom and Johannesson 2008. 사회적 선호와 인센티브가 분리될 수 없는 경우에 다른 경제학자들은 법률과 공공정책의 문제에 집중했다. Bar-Gill and Fershtman 2004, 2005; Aghion, Algan, and Cahuc 2011; Cervellati, Esteban, and Kranich 2010.

12 Laffont 2000; Maskin 1985; Hurwicz, Schmeidler, and Sonnenschein 1985.

13 Gibbard 1973; Hurwicz 1972, 1974.

14 Dworkin 1985, p. 191; Goodin and Reeve 1989.

15 Jones 1989, p. 9.

16 Machiavelli 1984, pp. 69~70.

17 Becker 1974, p. 1080.

18 Bergstrom 1989.

19 Royal Swedish Academy of Sciences 2007, p. 9.

20 Gibbard 1973; Laffont and Maskin 1979.

21 Chatterjee 1982.

22 차터지의 결과는 다스프레몽과 제라르바레(d'Aspremont and Gerard-Varet 1979)가 공공재에 대한 선호가 표출된 경우에 한해 입증한 이중경매의 유사한 결과에 적용될 수 있다. 이들의 메커니즘에서는 선호를 정직하게 표출하는 것이 각자에게 이득이 된다. 하지만 이 메커니즘에서는 구성원들의 참여가 강제적이다.

23 이 설명은 Hwang and Bowles (2016) 참고.

24 Machiavelli 1984, p. 111.

25 Royal Swedish Academy of Sciences 2007, p. 6.

26 Besley 2013, p. 492.

27 Lipsey and Lancaster 1956~1957.

28 Weber 1978, p. 636.

29 Parsons 1967, p. 507.

30 Ouchi 1980; Sahlins 1974; Durkheim 1967; Tonnies 1963.

31 Loewenstein and Small 2007.

32 Kollock 1994, 341.

33 Brown, Falk, and Fehr 2004.

34 이 연구는 Axelrod and Hamilton (1981)에 의해 수행되었고, 이들은 이전에 Shubik (1959), Trivers (1971), Taylor (1976) 등이 가졌던 직관을 확장하고 세련화했다.

35 Ostrom 1990.

36 아래 설명은 Braaten (2014)에 기초한 것이다.

37 Mallon 1983.

38 인도의 우타르프라데시(Uttar Pradesh)주에 있는 팔란푸어(Palanpur)에서는 노동시장 확대(그리고 그에 따른 지리적 이동성의 확대)로 인해 탈퇴 비용이 줄면서 평판의 가치도 하락했다. 이 때문에 대부 계약을 비공식적인 방식으로 강제하는 것이 어려워졌다 (Lanjouw and Stern 1998, p. 570). 이동성이 확대되고 교역 대상의 익명성이 확대되면

서 근대 유럽 초기의 원거리 교역(Grief 1994, 2002)이나 브라질과 멕시코의 신발 제조업(Woodruff 1998; Schmitz 1999)에서 계약을 강제하는 데 기초가 된 윤리적이고 타인을 배려하는 사회규범들이 약화된 것도 비슷한 사례라 할 수 있다.

7장 아리스토텔레스적 입법자가 해야 할 일

1 여기서의 설명은 다음 연구를 토대로 했다. Ober 2008, pp. 124~134; Christ 1990.

2 Cooley 1902; Yeung and Martin 2011.

3 Akerlof and Kranton 2010.

4 Bowles 2012; Fong 2001.

5 나는 당시 서명운동을 조직했던 첼시 에번스(Chelsey Evans)로부터 이 사실을 알게 되었다.

6 Fehr and Rockenbach 2003.

7 하지만 투자자가 되돌려받기를 원한 금액이 크면 클수록 이를 수용하는 데 따른 비용도 커진다는 점에서, 이 결과를 이런 '불공정한 의도'가 아닌 다른 방식으로 해석하는 것도 가능하다. 투자자가 큰 요구를 한 경우, 이기적인 참가자에게는 한 푼도 돌려주지 않고 (많은 참가자들이 그랬듯이) 벌금을 무는 게 더 매력적일 수 있다. 그리고 투자자의 요구액이 낮을 경우에는 요구에 따른다면 기대 수익을 극대화할 수 있다. 따라서 이 실험이나 다른 유사한 실험 결과들은 벌금이 보다 공정한 결과를 얻기 위해 부과된 경우에도, 심지어 벌금을 부과하기로 한 결정이 투자자가 아닌 우연에 의한 것인 경우에도 부정적인 효과를 낳을 수 있다고 해석될 수 있다(Fehr and List 2004; Houser et al. 2008). 이런 경우에 벌금은 수탁자의 자율성을 침해하는 것으로 보인다. 하지만 이기적인 방식으로 위협을 사용하면 역풍을 맞을 수 있다는 식으로 이 결과들을 해석할 수도 있다. 이때 수탁자는 자기 자신을 쉽게 이용당하지 않는 사람으로 보이고자 하는 의지(정체성 동기) 때문에 그런 부당한 대우를 받아들이지 않은 것으로 해석할 수 있다.

8 Carpenter et al. 2009.

9 Barr 2011; Masclet et al. 2003.

10 Schnedler and Vadovic 2011. 다수의 실험들에서, 인센티브 정책의 대상이 된 사람들이 스스로 인센티브 정책을 도입한 경우에 실험 설계자나 고용주 혹은 투자자 등이 인센티브를 도입한 경우보다 긍정적인 효과가 크다는 사실을 확인했다. 다음 연구

등을 참고. Kocher et al. 2008; Cardenas, Stranlund, and Willis 2005; Tyran and Feld 2006; Ertan, Page, and Putterman 2009; Mellizo, Carpenter, and Matthews 2014.

11 Bentham 1970, p. 26.

12 Garvey 1998.

13 *Times* (London) 2014.

14 Loewenstein and Small 2007.

15 Rosenthal 2008.

16 Galbiati and Vertova 2014. 나의 용어에 따르면, 이 결과들은 몰아냄의 범주적 효과의 일종이라 할 수 있다. 다음 연구를 아울러 참고할 수 있다. Galbiati and Vertova 2008.

17 Fehr and Falk 2002.

18 Besley and Ghatak 2005.

19 Carpenter et al. 2009.

20 Hwang and Bowles 2012.

21 Stout 2011, pp. 171~172.

22 Friedman 1970.

23 Schotter, Weiss, and Zapater 1996; Falk and Szech 2013b.

24 Ariely et al. 2015.

25 Bisenius 2001.

26 여기서의 설명은 다음 연구에 기초하고 있다. Guiso, Sapienza, and Zingales 2013; White 2010.

27 Tilly 1981.

28 Farooq 2005.

29 여기서의 설명은 다음 연구에 기초하고 있다. World Bank 2015, pp. 175~176; Martin and Ceballos 2004; Mockus 2002; Humphrey 2014; Riano 2011.

30 Mockus 2002, p. 24.

31 Schulze 1977.

참고문헌

Aaron, Henry. 1994. "Public Policy, Values, and Consciousness." *Journal of Economic Perspectives* 8, no. 2: 3–21.

Aghion, Philippe, Yann Algan, and Pierre Cahuc. 2011. "Civil Society and the State: The Interplay between Cooperation and Minimum Wage Regulation." *Journal of the European Economic Association* 9, no. 1: 3–42.

Akerlof, George A., and Rachel Kranton. 2010. *Identity Economics: How Our Identities Shape Our Work, Wages, and Well-Being*. Princeton, N.J.: Princeton University Press.

Alesina, A., and Paola Giuliano. 2011. "Family Ties and Political Participation." *Journal of the European Economic Association* 9, no. 5: 817–39.

Andreoni, James. 1990. "Impure Altruism and Donations to Public Goods: A Theory of Warm-Glow Giving." *Economic Journal* 100: 464–77.

Andreoni, James, and John Miller. 2002. "Giving according to GARP: An Experimental Test of the Consistency of Preferences for Altruism." *Econometrica* 70, no. 2: 737–53.

Angrist, Joshua, and Victor Lavy. 2009. "The Effects of High Stakes High School Achievement Rewards: Evidence from a Randomized Trial." *American Economic Review* 99, no. 4: 1384–414.

Ariely, Dan, Ximena Garcia-Rada, Lars Hornuf, and Heather Mann. 2015. "The (True) Legacy of Two Really Existing Economic Systems." Munich Discussion Paper No. 2014–26. Available at SSRN: http://dx.doi.org/10.2139/ssrn.2457000.

Aristotle. 1962. *Nicomachean Ethics*. Translated by Martin Ostwald. Indianapolis: Bobbs-Merrill.

_______. 2006. *On Rhetoric: A Theory of Civic Discourse*. Translated by George A. Kennedy. Oxford: Oxford University Press.

Arrow, Kenneth J. 1971. "Political and Economic Evaluation of Social Effects and Externalities." In *Frontiers of Quantitative Economics*, edited by M. D. Intriligator, 3–23. Amsterdam: North Holland.

_______. 1972. "Gifts and Exchanges." Philosophy and Public Affairs 1, no. 4: 343–62.

Arrow, Kenneth J., and Frank H. Hahn. 1971. *General Competitive Analysis*. Advanced Textbooks in Economics 12, San Francisco: Holden-Day.

Axelrod, Robert, and William D. Hamilton. 1981. "The Evolution of Cooperation." *Science* 211: 1390–96.

Bandura, Albert. 1991. "Social Cognitive Theory of Moral Thought and Action." In *Handbook of Moral Behavior and Development*, vol. 1, Theory, edited by William

Kurtines and Jacob Gewirtz, 45–103. Hillsdale, N.J.: Erlbaum.
Bar-Gill, Oren, and Chaim Fershtman. 2004. "Law and Preferences." *Journal of Law, Economics, and Organization* 20, no. 2: 331–53.
_______. 2005. "Public Policy with Endogenous Preferences." *Journal of Public Economic Theory* 7, no. 5: 841–57.
Baran, Nicole M., Paola Sapienza, and Luigi Zingales. 2010. "Can We Infer "Social Preferences from the Lab? Evidence from the Trust Game." Chicago Booth Research Paper No. 10–02. Available at SSRN: http://dx.doi.org/10.2139/ssrn.1540137.
Barr, Abigail. 2001. "Social Dilemmas, Shame-Based Sanctions, and Shamelessness: Experimental Results from Rural Zimbabwe." Working Paper WPS/2001.11, Centre for the Study of African Economies, Oxford University.
Barr, Abigail, and Chris Wallace. 2009. "Homo Aequalis: A Cross-Society Experimental Analysis of Three Bargaining Games." Economics Series Working Paper no. 422, Department of Economics, University of Oxford. Available at EconPapers: http://econpapers.repec.org/repec:oxf:wpaper:422.
Barry, Herbert III, Irvin L. Child, and Margaret K. Bacon. 1959. "Relation of Child Training to Subsistence Economy." *American Anthropologist* 61: 51–63.
Becker, Gary. 1974. "A Theory of Social Interactions." *Journal of Political Economy* 82: 1063–93.
Belkin, Douglas. 2002. "Boston Firefighters Sick—or Tired of Working." *Boston Globe*, January 18.
Benabou, Roland, and Jean Tirole. 2003. "Intrinsic and Extrinsic Motivation." *Review of Economic Studies* 70: 489–520.
_______. 2006. "Incentives and Prosocial Behavior." *American Economic Review* 96, no. 5: 1652–78.
Benner, Erica. 2009. *Machiavelli's Ethics*. Princeton, N.J.: Princeton University Press.
Bentham, Jeremy. 1962. *The Works of Jeremy Bentham*, vol. 8. Edited by John Bowring. New York: Russell and Russell.
_______. 1970. *An Introduction to the Principles of Morals and Legislation*. Edited by J. H. Burns and H. L. A. Hart. London: Athlone. Orig. pub. 1789.
Benz, Matthias, and Stephan Meier. 2008. "Do People Behave in Experiments as in the Field? Evidence from Donations." *Experimental Economics* 11, no. 3: 268–81.
Berg, Joyce, John Dickhaut, and Kevin McCabe. 1995. "Trust, Reciprocity, and Social History." *Games and Economic Behavior* 10: 122–42.
Bergstrom, Theodore C. 1989. "A Fresh Look at the Rotten Kid Theorem—and Other Household Mysteries." *Journal of Political Economy* 97: 1138–59.
Besley, Timothy. 2013. "What's the Good of the Market: An Essay on Michael Sandel's What Money Can't Buy." *Journal of Economic Literature* 1: 478–93.
Besley, Timothy, Gwyn Bevan, and Konrad Burchardi. 2008. "Accountability and Incentives: The Impacts of Different Regimes on Hospital Waiting Times in England and Wales." London School of Economics, http://econ.lse.ac.uk/staff/tbesley/papers/nhs.pdf.

Besley, Timothy, and Maitreesh Ghatak. 2005. "Competition and Incentives with Motivated Agents." *American Economic Review* 95: 616–36.

Bisenius, Don. 2010. "A Perspective on Strategic Defaults." Available at: www.freddiemac.com/news/featuredperspectives/20100503_bisenius.html.

Bliss, Christopher J. 1972. "Review of R.M. Titmuss, The Gift Relationship: From Human Blood to Social Policy." *Journal of Public Economics* 1: 162–65.

Bloomfield, Morton. 1952. *The Seven Deadly Sins*. East Lansing: Michigan State University Press.

Boehm, Christopher. 1984. *Blood Revenge: The Enactment and Management of Conflict in Montenegro and Other Tribal Societies*. Lawrence: University Press of Kansas.

Bohnet, Iris, Fiona Greig, Benedikt Herrmann, and Richard Zeckhauser. 2008. "Betrayal Aversion: Evidence from Brazil, China, Oman, Switzerland, Turkey, and the United States." *American Economic Review* 98, no. 1: 294–310.

Boswell, James. 1980. *Life of Johnson*. Edited by R. W. Chapman Oxford: Oxford University Press. Orig. pub. 1791.

Bowles, Samuel. 1989. "Mandeville's Mistake: Markets and the Evolution of Cooperation." Paper presented to the September Seminar meeting of the Department of Philosophy, University College London.

_______. 1998. "Endogenous Preferences: The Cultural Consequences of Markets and Other Economic Institutions." *Journal of Economic Literature* 36, no. 1: 75–111.

_______. 2004. *Microeconomics: Behavior, Institutions, and Evolution*. Princeton, N.J.: Princeton University Press.

_______. 2011. "Is Liberal Society a Parasite on Tradition?" *Philosophy and Public Affairs* 39, no. 1: 47–81.

_______. 2012. *The New Economics of Inequality and Redistribution*. Cambridge: Cambridge University Press.

Bowles, Samuel, and Herbert Gintis. 2011. *A Cooperative Species: Human Reciprocity and Its Evolution*. Princeton, N.J.: Princeton University Press.

Bowles, Samuel, and Sung-Ha Hwang. 2008. "Social Preferences and Public Economics: Mechanism Design When Preferences Depend on Incentives." *Journal of Public Economics* 92, no. 8–9: 1811–20.

Bowles, Samuel, and Ugo Pagano. 2006. "Economic Integration, Cultural Standardization, and the Politics of Social Insurance." *In Globalization and Egalitarian Redistribution*, edited by Samuel Bowles, Pranab Bardhan, and Michael Wallerstein, 239–305. Princeton, N.J.: Princeton University Press.

Bowles, Samuel, and Sandra Polanía-Reyes. 2012. "Economic Incentives and Social Preferences: Substitutes or Complements?" *Journal of Economic Literature* 50, no. 2: 368–425.

Boyd, Robert, and Peter J. Richerson. 1985. *Culture and the Evolutionary Process*. Chicago: University of Chicago Press.

Braaten, Ragnhild Haugli. 2014. "Land Rights and Community Cooperation: Public Goods

Experiments from Peru." *World Development* 61: 127–41.
Brown, Martin, Armin Falk, and Ernst Fehr. 2004. "Relational Contracts and the Nature of Market Interactions." *Econometrica* 72, no. 3: 747–80.
Buchanan, James. 1975. *The Limits of Liberty*. Chicago: University of Chicago Press.
Burdin, Gabriel, Simon Halliday, and Fabio Landini. 2015. "Third-Party vs. Second-Party Control: Disentangling the Role of Autonomy and Reciprocity." Institute for the Study of Labor (IZA) Discussion Paper No. 9251. Available from SSRN: http://papers.ssrn.com/sol3/papers.cfm?abstract_id=2655291.
Burke, Edmund. 1955. *Reflections on the Revolution in France*. Chicago: Gateway Editions. Orig. pub. 1790.
Camerer, Colin. 2003. *Behavioral Game Theory: Experimental Studies of Strategic Interaction*. Princeton, N.J.: Princeton University Press.
Camerer, Colin, and Ernst Fehr. 2004. "Measuring Social Norms and Preferences Using Experimental Games: A Guide for Social Scientists." In *Foundations of Human Sociality: Economic Experiments and Ethnographic Evidence from Fifteen Small-Scale Societies*, edited by Joe Henrich, Samuel Bowles, Robert Boyd, Colin Camerer, Ernst Fehr, and Herbert Gintis, 55–96. Oxford: Oxford University Press.
Camerer, Colin, George Loewenstein, and Drazen Prelec. 2005. "Neuroeconomics." *Journal of Economic Literature* 43, no. 1: 9–64.
Cardenas, Juan Camilo. 2004. "Norms from Outside and Inside: An Experimental Analysis on the Governance of Local Ecosystems." *Forest Policy and Economics* 6: 229–41.
Cardenas, Juan Camilo, John K. Stranlund, and Cleve E. Willis. 2000. "Local Environmental Control and Institutional Crowding-Out." *World Development* 28, no. 10: 1719–33.
_______. 2005. "Groups, Commons, and Regulations: Experiments with Villagers and Students in Colombia." In *Psychology, Rationality, and Economic Behavior: Challenging the Standard Assumptions*, edited by Bina Agarwal and Alessandro Vercelli, 242–70. London: Macmillan.
Carpenter, Jeffrey, Samuel Bowles, Herbert Gintis, and Sung-Ha Hwang. 2009. "Strong Reciprocity and Team Production: Theory and Evidence." *Journal of Economic Behavior and Organization* 71, no. 2: 221–32.
Carpenter, Jeffrey, and Erika Seki. 2011. "Do Social Preferences Increase Productivity? Field Experimental Evidence from Fishermen in Toyama Bay." *Economic Inquiry* 49, no. 2: 612–30.
Carroll, Lewis. 2000. *The Annotated Alice: The Definitive Edition of "Alice's Adventures in Wonderland" and "Through the Looking-Glass" by Lewis Carroll*. New York: Norton.
Cavalli-Sforza, L. L., and Marcus W. Feldman. 1981. *Cultural Transmission and Evolution: A Quantitative Approach*. Monographs in Population Biology 16. Princeton, N.J.: Princeton University Press.
Cervellati, Matteo, Joan Esteban, and Laurence Kranich. 2010. "Work Values, Endogenous Sentiments, and Redistribution." *Journal of Public Economics* 94, nos. 9–10: 612–27.
Chatterjee, Kalyan. 1982. "Incentive Compatibility in Bargaining under Uncertainty."

Quarterly Journal of Economics 97, no. 1: 717–26.

Christ, Matthew. 1990. "Liturgy Avoidance and Antidosis in Classical Athens." *Transactions of the American Philosophical Association* 10: 147–69.

Cohen, Jonathan. 2005. "The Vulcanization of the Human Brain: A Neural Perspective on Interactions between Cognition and Emotion." *Journal of Economic Perspectives* 19, no. 4: 3–24.

Confucius. 2007. *The Analects of Confucius*. Translated by Burton Watson. New York: Columbia University Press.

Cooley, Charles Horton. 1902. *Human Nature and the Social Order*. New York: Scribner's Sons.

D'Antoni, M, and Ugo Pagano. 2002. "National Cultures and Social Protection as Alternative Insurance Devices." *Structural Change and Economic Dynamics* 13: 367–86.

d'Aspremont, Claude, and Louis-Andre Gerard-Varet. 1979. "On Bayesian Incentive Compatible Mechanisms." In *Aggregation and Revelation of Preferences*, edited by Jean Jacques Laffont, 269–88. Amsterdam: North Holland.

Dawes, Robyn M. 1980. "Social Dilemmas." *Annual Review of Psychology* 31:169–93.

Debreu, Gerard. 1984. "La Supériorité du Libéralisme Est Mathématiquement Démontrée." *Le Figaro*, March 10.

Deci, Edward L. 1975. *Intrinsic Motivation*. New York: Plenum.

Deci, Edward L., Richard Koestner, and Richard M. Ryan. 1999. "A Meta-Analytic Review of Experiments Examining the Effects of Extrinsic Rewards on Intrinsic Motivation." *Psychological Bulletin* 125, no. 6: 627–68.

Deci, Edward L., and Richard M. Ryan. 1985. *Intrinsic Motivation and Self-Determination in Human Behavior*. New York: Plenum.

Dumont, Louis. 1977. *From Mandeville to Marx: The Genesis and Triumph of Economic Ideology*. Chicago: University of Chicago Press.

Durkheim, Emile. 1967. *De la Division du Travail Social*. Bibliothèque De Philosophie Contemporaine. Paris: Presses universitaires de France. Orig. pub. 1902.

Dworkin, Ronald. 1985. *A Matter of Principle*. Cambridge, Mass.: Harvard University Press.

Edgeworth, F. Y. 1881. *Mathematical Psychics: An Essay on the Application of Mathematics to the Moral Sciences*. London: Kegan Paul.

Elias, Norbert. 2000. *The Civilizing Process*. Oxford: Blackwell. Orig. pub. Basel, 1939.

Ellingsen, Tore, Magnus Johannesson, Johanna Mollerstrom, and Sara Munkhammar. 2012. "Social Framing Effects: Preferences or Beliefs?" *Games and Economic Behavior* 76, no. 1: 117–30.

Ermisch, John, and Diego Gambetta. 2010. "Do Strong Family Ties Inhibit Trust?" *Journal of Economic Behavior and Organization* 75, no. 3: 365–76.

Ertan, Arhan, Talbot Page, and Louis Putterman. 2009. "Who to Punish? Individual Decisions and Majority Rule in Mitigating the Free-Rider Problem." *European Economic Review* 3: 495–511.

Falk, Armin, and James Heckman. 2009. "Lab Experiments Are a Major Source of

Knowledge in the Social Sciences." *Science* 326, no. 5952: 535–38
Falk, Armin, and Michael Kosfeld. 2006. "The Hidden Costs of Control." *American Economic Review* 96, no. 5: 1611–30.
Falk, Armin, and Nora Szech. 2013a. "Morals and Markets." *Science* 340, no. 6133: 707–11.
_______. 2013b. "Organizations, Diffused Pivotality, and Immoral Outcomes." University of Bonn Discussion Papers 15S, http://www.econ2.uni-bonn.de/members-of-the-chair/szech/pivotality_falk_szech_dp.pdf.
Falkinger, Josef, Ernst Fehr, Simon Gaechter, and Rudolf Winter-Ebmer. 2000. "A Simple Mechanism for the Efficient Provision of Public Goods." *American Economic Review* 90, no. 1: 247–64.
Farooq, Omer. 2005. "Drumming Tax Sense into Evaders." BBC News, March 11. http://news.bbc.co.uk/go/pr/fr/-/2/hi/south_asia/4340497.stm.
Fehr, Ernst, and Armin Falk. 2002. "Psychological Foundations of Incentives." *European Economic Review* 46, nos. 4–5: 687–724.
Fehr, Ernst, and Urs Fischbacher. 2001. "Third Party Norm Enforcement." Working Paper no. 6. Institute for Empirical Research in Economics, University of Zurich.
_______. 2002. "Why Social Preferences Matter." *Economic Journal* 112, no. 478: C1–C33.
Fehr, Ernst, and Simon Gaechter. 2000a. "Cooperation and Punishment in Public Goods Experiments." *American Economic Review* 90, no. 4: 980–94.
_______. 2000b. "Fairness and Retaliation: The Economics of Reciprocity." *Journal of Economic Perspectives* 14, no. 3: 159–81.
Fehr, Ernst, Georg Kirchsteiger, and Arno Riedl. 1993. "Does Fairness Prevent Market Clearing? An Experimental Investigation." *Quarterly Journal of Economics* 114: 817–68.
Fehr, Ernst, and Andreas Leibbrandt. 2011. "A Field Study on Cooperativeness and Impatience in the Tragedy of the Commons." *Journal of Public Economics* 95, nos. 9–10: 1144–55.
Fehr, Ernst, and John List. 2004. "The Hidden Costs and Returns of Incentives: Trust and Trustworthiness among CEOs." *Journal of the European Economic Association* 2, no. 5: 743–71.
Fehr, Ernst, and Bettina Rockenbach. 2003. "Detrimental Effects of Sanctions on Human Altruism." *Nature* 422, no. 13 March: 137–40.
Fiske, Alan Page. 1991. *Structures of Social Life: The Four Elementary Forms of Human Relations*. New York: Free Press.
_______. 1992. "The Four Elementary Forms of Sociality: Framework for a Unified Theory of Social Relations." *Psychological Review* 99, no. 4: 689–723.
Fisman, Raymond, and Edward Miguel. 2007. "Corruption, Norms, and Legal Enforcement: Evidence from Diplomatic Parking Tickets." *Journal of Political Economy* 115, no. 6: 1020–48.
Fong, Christina. 2001. "Social Preferences, Self-Interest and the Demand for Redistribution." *Journal of Public Economics* 82, no. 2: 225–46.
Frey, Bruno. 1997. "A Constitution for Knaves Crowds Out Civic Virtues" *Economic Journal*

107, no. 443: 1043–53.

Frey, Bruno, and Reto Jegen. 2001. "Motivation Crowding Theory: A Survey of Empirical Evidence." *Journal of Economic Surveys* 15, no. 5: 589–611.

Friedman, Milton. 1970. "The Social Responsibility of Business Is to Increase Its Profits." *New York Times Magazine*, September 13.

Frohlich, Norman, and Joe A. Oppenheimer. 2003. "Optimal Policies and Socially Oriented Behavior: Some Problematic Effects of an Incentive Compatible Device." *Public Choice* 117: 273–93.

Fryer, Roland. 2011. "Financial Incentives and Student Achievement: Evidence from Randomized Trials." *Quarterly Journal of Economics* 126, no. 4: 1755–98.

Gaechter, Simon, Benedikt Herrmann, and Christian Thoni. 2010. "Culture and Cooperation." *Philosophical Transactions of the Royal Society* B 365: 2651–61.

Gaechter, Simon, Esther Kessler, and Manfred Koenigstein. 2011. "The Roles of Incentives and Voluntary Cooperation for Contractual Compliance." Discussion Paper 2011–06. Centre for Decision Research and Experimental Economics, School of Economics, University of Nottingham, https://www.nottingham.ac.uk/cedex/news/papers/2011–06.aspx.

Galbiati, Roberto, and Pietro Vertova 2008. "Obligations and Cooperative Behavior in Public Good Games." *Games and Economic Behavior* 64, no. 1: 146–70.

______. 2014. "How Laws Affect Behaviour: Obligations, Incentives and Cooperative Behavior." *International Review of Law and Economics* 38: 48–57.

Garvey, Stephen P. 1998. "Can Shaming Punishments Educate?" *University of Chicago Law Review* 65: 733–94.

Gasiorowska, Agata, Tomasz Zaleskiewicz, and Sandra Wygrab. 2012. "Would You Do Something for Me? The Effects of Money Activation on Social Preferences and Social Behavior in Young Children." *Journal of Economic Psychology* 33, no. 3: 603–8.

Gauthier, David. 1986. *Morals by Agreement*. Oxford: Clarendon.

______. 1988. "Trust, Cohesion, and the Social Order." In *Trust: Making and Breaking Cooperative Relations*, edited by Diego Gambetta, 142–57. Oxford: Basil Blackwell.

Gibbard, Allan. 1973. "Manipulation of Voting Schemes: A General Result." *Journal of Economic Theory* 41, no. 4: 587–601.

Ginges, Jeremy, Scott Atran, Douglas Medin, and Khalil Shikaki. 2007. "Sacred Bounds on Rational Resolution of Violent Political Conflict." *Proceedings of the National Academy of Science* 104, no. 18: 7357–60.

Gneezy, Uri, Andreas Leibbrandt, and John List. 2015. "Ode to the Sea: Workplace Organizations and Norms of Cooperation" Economic Journal. doi: 10.1111/ecoj.12209.

Gneezy, Uri, and Aldo Rustichini. 2000. "Pay Enough or Don't Pay at All." *Quarterly Journal of Economics* 115, no. 2: 791–810.

Goodin, Robert E., and Andrew Reeve, eds. 1989. *Liberal Neutrality*. London: Routledge.

Grant, Ruth. 2012. *Strings Attached: Untangling the Ethics of Incentives*. Princeton, N.J.: Princeton University Press.

Greenberger, Scott. 2003. "Sick Day Abuses Focus of Fire Talks." *Boston Globe*, September 17.
Greene, Joshua. 2014. *Moral Tribes: Emotion, Reason, and the Gap between Us and Them*. London: Penguin.
Greene, Joshua, R. Brian Sommerville, Leigh E. Nystrom, John M. Darley, and Jonathon D. Cohen. 2001. "An fMRI Investigation of Emotional Engagement in Moral Judgement." *Science* 293: 2105–8.
Greif, Avner. 1994. "Cultural Beliefs and the Organization of Society: An Historical and Theoretical Reflection on Collectivist and Individualist Societies." *Journal of Political Economy* 102, no. 5: 912–50.
_______. 2002. "Institutions and Impersonal Exchange: From Communal to Individual Responsibility." *Journal of Institutional and Theoretical Economics* 158, no. 1: 168–204.
Guiso, Luigi, Paola Sapienza, and Luigi Zingales. 2013. "The Determinants of Attitudes toward Strategic Default on Mortgages." *Journal of Finance* 67: 1473–515.
Güth, Werner, Rolf Schmittberger, and Bernd Schwarze. 1982. "An Experimental Analysis of Ultimatum Bargaining." *Journal of Economic Behavior and Organization*, 3: 367–88.
Hayek, Friedrich A. 1937. "Economics and Knowledge." *Economica* 4, no. 13: 33–54.
_______. 1945. "The Use of Knowledge in Society." *American Economic Review* 35, no. 4: 519–30.
_______. 1948. *Individualism and Economic Order*. Chicago: University of Chicago Press, 1948.
Healy, Kieran. 2006. *Best Last Gifts*. Chicago: University of Chicago Press.
Heifetz, A., E. Segev, and E. Talley. 2007. "Market Design with Endogenous Preferences." *Games and Economic Behavior* 58: 121–53.
Henrich, Joseph, Robert Boyd, Samuel Bowles, Colin Camerer, Ernst Fehr, Herbert Gintis, Richard McElreath, Michael Alvard, Abigail Barr, Jean Ensminger, et al. 2005. "'Economic Man' in Cross-Cultural Perspective: Behavioral Experiments in 15 Small-Scale Societies." *Behavioral and Brain Sciences* 28: 795–855.
Henrich, Joseph, Jean Ensminger, Richard McElreath, Abigail Barr, Clark Barrett, Alexander Bolyanatz, Juan Camilo Cardenas, Michael Gurven, Edwins Gwako, Natalie Henrich, et al. 2010. "Markets, Religion, Community Size and the Evolution of Fairness and Punishment." *Science* 327: 1480–84.
Henrich, Joseph, Richard McElreath, Abigail Barr, Jean Ensminger, Clark Barrett, Alexander Bolyanatz, Juan Camilo Cardenas, Michael Gurven, Edwins Gwako, Natalie Henrich, et al. 2006. "Costly Punishment across Human Societies." *Science* 312: 1767–70.
Herrmann, Benedikt, Christian Thoni, and Simon Gaechter. 2008a. "Antisocial Punishment across Societies." *Science* 319, no. 7: 1362–67.
_______. 2008b. "Supporting Online Material for 'Antisocial Punishment across Societies.'" *Science* 319, no. 7: 1362–67.
Heyman, James, and Dan Ariely. 2004. "Effort for Payment: A Tale of Two Markets." *Psychological Science* 15, no. 11: 787–93.

Hirschman, Albert O. 1977. *The Passions and the Interests: Political Arguments for Capitalism before Its Triumph*. Princeton, N.J.: Princeton University Press.

_______. 1985. "Against Parsimony: Three Ways of Complicating Some Categories of Economic Discourse." *Economics and Philosophy* 1, no. 1: 7–21.

Hobbes, Thomas. 2005. *Leviathan*. Edited by G. A. J. Rogers and Karl Schuhmann. 2 vols. London: Continuum. Orig. pub. 1651.

Hoffman, Elizabeth, Kevin McCabe, Keith Shachat, and Vernon L. Smith. 1994. "Preferences, Property Rights, and Anonymity in Bargaining Games." *Games and Economic Behavior* 7, no. 3: 346–80.

Holmas, Tor Helge, Egil Kjerstad, Hilde Luras, and Odd Rune Straume. 2010. "Does Monetary Punishment Crowd Out Pro-Social Motivation? A Natural Experiment on Hospital Length of Stay." *Journal of Economic Behavior and Organization* 75, no. 2: 261–67.

Holmes, Oliver Wendell, Jr. 1897. "The Path of the Law." *Harvard Law Review* 10, no. 457: 457–78.

Horace. 2004. *Odes and Epodes*. Edited and translated by Niall Rudd. Cambridge, Mass.: Harvard University Press.

Houser, Daniel, Erte Xiao, Kevin McCabe, and Vernon Smith. 2008. "When Punishment Fails: Research on Sanctions, Intentions, and Non-Cooperation." *Games and Economic Behavior* 62: 509–32.

Hume, David. 1964. David Hume: *The Philosophical Works*. Edited by Thomas Hill Green and Thomas Hodge Grose. 4 vols. Darmstadt: Scientia Verlag Aalen. Reprint of the 1882 London ed.

Humphrey, Michael. 2014. "Violence and Urban Governance in Neoliberal Cities in Latin America." *Arena Journal* 41–42: 236–59.

Hurwicz, Leonid. 1972. "On Informationally Decentralized Systems." In *Decision and Organization*, edited by Roy Radner and B. McGuire, 297–336. Amsterdam: North-Holland Press.

_______. 1974. "The Design of Mechanisms for Resource Allocation." In *Frontiers of Quantitative Economics*, vol. 2, edited by M. D. Intrilligator and D. A. Kendrick, 3–42. Amsterdam: North Holland Press.

Hurwicz, Leonid, David Schmeidler, and Hugo Sonnenschein, eds. 1985. *Social Goals and Social Organization: Essays in Memory of Elisha Pazner*. Cambridge: Cambridge University Press.

Hwang, Sung-Ha, and Samuel Bowles.2012. "Is Altruism Bad for Cooperation?" *Journal of Economic Behavior and Organization* 83: 340–41.

_______. 2014. "Optimal Incentives with State-Dependent Preferences." *Journal of Public Economic Theory* 16, no. 5: 681–705.

_______. 2016. "Incentives, Socialization, and Civic Preferences." Working paper, Santa Fe Institute.

Irlenbusch, Bernd, and G. K. Ruchala. 2008. "Relative Rewards within Team-Based

Compensation." Labour Economics 15: 141–67.
Jones, Peter. 1989. "The Neutral State." In *Liberal Neutrality*, edited by Robert Goodin and Andrew Reeve, 9–38. London: Routledge.
Kahneman, Daniel. 1994. "New Challenges to the Rationality Assumption." *Journal of Institutional and Theoretical Economics* 150, no. 1: 18–36.
Kahneman, Daniel, Jack L. Knetsch, and Richard Thaler. 1986. "Fairness as a Constraint on Profit Seeking: Entitlements in the Market." *American Economic Review* 76: 728–41.
Kahneman, Daniel, and Amos Tversky. 2000. *Choices, Values, and Frames*. Princeton, N.J.: Princeton University Press.
Kaminski, Juliane, Andrea Pitsch, and Michael Tomasello. 2013. "Dogs Steal in the Dark." *Animal Cognition* 16: 385–94.
Kocher, Martin, Todd Cherry, Stephan Kroll, Robert Netzer, and Matthias Sutter. 2008. "Conditional Cooperation on Three Continents." *Economic Letters* 101: 175–78.
Kohn, Melvin L. 1969. *Class and Conformity*. Homewood, Ill.: Dorsey.
_______. 1990. "Unresolved Issues in the Relationship between Work and Personality." In *The Nature of Work: Sociological Perspectives*, edited by Kai Erikson and Steven Peter Vallas, 36–68. New Haven, Conn.: Yale University Press.
Kohn, Melvin L., Atsushi Naoi, Carrie Schoenbach, Carmi Schooler, and Kazimierz Slomczynski. 1990. "Position in the Class Structure and Psychological Functioning in the U.S., Japan, and Poland." *American Journal of Sociology* 95, no. 4: 964–1008.
Kohn, Melvin L., and Carmi Schooler. 1983. *Work and Personality: An Inquiry into the Impact of Social Stratification*. Norwood, N.J.: Ablex.
Kollock, Peter. 1994. "The Emergence of Exchange Structures: An Experimental Study of Uncertainty, Commitment, and Trust." *American Journal of Sociology* 100, no. 2: 313–45.
Laffont, Jean Jacques. 2000. *Incentives and Political Economy*. Oxford: Oxford University Press.
Laffont, Jean Jacques, and Eric Maskin. 1979. "A Differentiable Approach to Expected Utility-Maximizing Mechanisms." In *Aggregation and Revelation of Preferences*, edited by Jean Jacques Laffont, 289–308. Amsterdam: North Holland.
Laffont, Jean Jacques, and Mohamed Salah Matoussi. 1995. "Moral Hazard, Financial Constraints, and Share Cropping in El Oulja." *Review of Economic Studies* 62, no. 3: 381–99.
Lanjouw, Peter, and Nicholas Stern, eds. 1998. *Economic Development in Palanpur over Five Decades*. Delhi: Oxford University Press.
Lazear, Edward. "Performance Pay and Productivity." 2000. *American Economic Review* 90, no. 5: 1346–61.
Ledyard, J. O. "Public Goods: A Survey of Experimental Research." In *The Handbook of Experimental Economics*, edited by A. E. Roth and J. Kagel, 111–94. Princeton, N.J.: Princeton University Press, 1995.
Lepper, Mark R., and David Greene. 1978. *The Hidden Costs of Reward: New Perspectives*

on the Psychology of Human Motivation. Hillsdale, N.J.: Erlbaum.
Lepper, Mark R., David Greene, and Richard E. Nisbett. 1973. "Undermining Children's Intrinsic Interest with Extrinsic Reward: A Test of the 'Overjustification' Hypothesis." *Journal of Personality and Social Psychology* 28, no. 1: 129–37.
Lepper, Mark R., Gerald Sagotsky, Janet Defoe, and David Greene. 1982. "Consequences of Superfluous Social Constraints: Effects on Young Children's Social Inferences and Subsequent Intrinsic Interest." *Journal of Personality and Social Psychology* 42, no. 1: 51–65.
Levitt, Steven D., and John List. 2007. "What Do Laboratory Experiments Measuring Social Preferences Reveal about the Real Word." *Journal of Economic Perspectives* 21, no. 1: 153–74.
Li, Jian, Erte Xiao, Daniel Houser, and P. Read Montague. 2009. "Neural Responses to Sanction Threats in Two-Party Economic Exchanges." *Proceedings of the National Academy of Science* 106, no. 39: 16835–40.
Lipsey, Richard, and Kelvin Lancaster. 1956–57. "The General Theory of the Second Best." *Review of Economic Studies* 24, no. 1: 11–32.
Loewenstein, George, Ted O'Donoghue, and Bhatia Sudeep. 2015. "Modeling Interplay between Affect and Deliberation." *Decision* 2, no. 2: 55–81.
Loewenstein, George, and Deborah Small. 2007. "The Scarecrow and the Tin Man: The Vicissitudes of Human Suffering and Caring." *Review of General Psychology* 11, no. 2: 112–26.
Loewenstein, George, Leigh Thompson, and Max H. Bazerman. 1989. "Social Utility and Decision Making in Interpersonal Contexts." *Journal of Personality and Social Psychology* 57, no. 3: 426–41.
Lucas, Robert E., Jr. 1976. "Econometric Policy Evaluation: A Critique." *Carnegie-Rochester Conference Series on Public Policy* 1: 19–46.
Machiavelli, Niccolò. 1984. *Discorsi sopra la Prema Deca Di Tito Livio*. Milan: Rizzoli. Orig. pub. 1513–17. Translations from this work are by the present author.
_______. 1900. *Il Principe*. Edited by Giuseppe Lisio. Florence: Sansoni. Orig. circulated 1513. Translations from this work are by the present author.
Mahdi, Niloufer Qasim. 1986. "Pukhutunwali: Ostracism and Honor among Pathan Hill Tribes." *Ethology and Sociobiology* 7, no. 3–4: 295–304.
Mallon, Florencia E. 1983. *The Defense of Community in Peru's Central Highlands: Peasant Struggle and Capitalist Transition*, 1860–1940. Princeton, N.J.: Princeton University Press, 1983.
Mandeville, Bernard. 1924. *The Fable of the Bees, or Private Vices, Publick Benefits*. Oxford: Clarendon.
_______. 1988a. "A Search into the Nature of Society." In *The Fable of the Bees*, edited by F. B Kaye, 323–70. Indianapolis: Liberty Fund.
. 1988b. "A Vindication of the Book, from the Aspersions Contain'd in a Presentment of the Grand Jury of Middlesex." In *The Fable of the Bees*, edited by F. B Kaye, 381–412.

Indianapolis: Liberty Fund.
Martin, Gerard, and Miguel Ceballos. 2004. *Bogota: Anatomia de una Transformacion: Politicas de Seguridad Ciudadana*, 1995–2003. Bogota: Editorial Pontificia Universidad Javeriana.
Marx, Karl. 1956. *The Poverty of Philosophy*. Moscow: Foreign Language Publishing House. Orig. pub. 1847.
Masclet, David, Charles Noussair, Steven Tucker, and Marie-Claire Villeval. 2003. "Monetary and Non-Monetary Punishment in the Voluntary Contributions Mechanism." *American Economic Review* 93, no. 1: 366–80.
Maskin, Eric. 1985. "The Theory of Implementation in Nash Equilibrium: A Survey." In *Social Goals and Social Organization: Essays in Memory of Elisha Pazner*, edited by Leonid Hurwicz, David Schmeidler and Hugo Sonnenschein, 173–341. Cambridge: Cambridge University Press.
Mellizo, Philip, Jeffrey Carpenter, and Peter Hans Matthews. 2014. "Workplace Democracy in the Lab." *Industrial Relations Journal* 45, no. 4: 313–28.
Mellstrom, Carl, and Magnus Johannesson. 2008. "Crowding Out in Blood Donation: Was Titmuss Right?" *Journal of the European Economic Association* 6, no. 4: 845–63.
Mill, John Stuart. 1844. *Essays on Some Unsettled Questions of Political Economy*. London: Parker.
Mockus, Antanas. 2002. "Coexistence as Harmonization of Law, Morality, and Culture." *Prospects* 32, no. 1: 19–37.
Montesquieu, Charles-Louis de Secondat, baron de. 1961. *L'esprit des Lois*. Paris: Garnier. Orig. pub. 1748.
New York Times. 1988. "Ban Greed? No: Harness It." Editorial. January 20.
Ober, Josiah. 2008. *Democracy and Knowledge: Innovation and Learning in Classical Athens*. Princeton, N.J.: Princeton University Press.
Ostrom, Elinor. 2000. "Crowding Out Citizenship." *Scandinavian Political Studies* 23, no. 1: 3–16.
_______. 1990. *Governing the Commons: The Evolution of Institutions for Collective Action*. Cambridge: Cambridge University Press.
Ouchi, William. 1980. "Markets, Bureaucracies, and Clans." *Administrative Science Quarterly* 25: 129–41.
Packard, David. 1995. *The HP Way: How Bill Hewlett and I Built Our Company*. New York: Collins.
Parsons, Talcott. 1967. *Sociological Theory and Modern Society*. New York: Free Press.
Rawls, John. 1971. *A Theory of Justice*. Cambridge: Harvard University Press.
Riano, Yvonne. 2011. "Addressing Urban Fear and Violence in Bogota through the Culture of Citizenship." In *Ethnicities: Metropolitan Cultures and Ethnic Identities in the Americas*, edited by Martin Butler, Jens Martin Gurr and Olaf Kaltmeier, 209–25. Tempe, Ariz.: Bilingual Review Press.
Rosenthal, Elisabeth. 2008. "Motivated by a Tax, Irish Spurn Plastic Bags." *New York Times*,

February 2.

Ross, Lee, and Richard E. Nisbett. 1991. *The Person and the Situation: Perspectives of Social Psychology*. Philadelphia: Temple University Press.

Rousseau, Jean-Jacques. 1984. "*Of the Social Contract*" and "*Discourse on Political Economy*." Translated by Charles M. Sherover. New York: Harper and Row. Orig. pub. 1762.

Royal Swedish Academy of Sciences. 2007. "Mechanism Design Theory." Stockholm: Royal Swedish Academy of Sciences. Available at www.nobelprize.org/nobel_prizes/economic-sciences/laureates/2007/advanced-economicsciences2007.pdf.

Rustagi, Devesh, Stefanie Engel, and Michael Kosfeld. 2010. "Conditional Cooperation and Costly Monitoring Explain Success in Forest Commons Management." *Science* 330: 961–65.

Sahlins, Marshall. 1974. *Stone Age Economics*. Chicago: Aldine.

Sandel, Michael. 2012. *What Money Can't Buy: The Moral Limits of Markets*. New York: Farrar, Straus and Giroux.

_______. 2013. "Market Reasoning as Moral Reasoning: Why Economists Should Re-Engage with Political Philosophy." *Journal of Economic Perspectives* 27: 121–40.

Sanfey, Alan, George Loewenstein, Samuel McClure, and Jonathan Cohen. 2006. "Neuroeconomics: Cross-Currents in Research on Decision-Making." *TRENDS in Cognitive Sciences* 10, no. 3: 108–16.

Sanfey, Alan, James Rilling, Jessica Aronson, Leigh Nystrom, and Jonathan Cohen. 2003. "The Neural Basis of Economic Decision-Making in the Ultimatum Game." *Science* 300: 1755–58.

Satz, Debra. 2010. *Why Some Things Should Not Be for Sale: The Limits of Markets*. Oxford: Oxford University Press.

Schmitz, Hubert. 1999. "From Ascribed to Earned Trust in Exporting Clusters." *Journal of International Economics* 48: 138–50.

Schnedler, Wendelin, and Radovan Vadovic. 2011. "Legitimacy of Control." *Journal of Economics and Management Strategy* 20, no. 4: 985–1009.

Schotter, Andrew, Avi Weiss, and Inigo Zapater. 1996. "Fairness and Survival in Ultimatum and Dictatorship Games." *Journal of Economic Behavior and Organization* 31, no. 1: 37–56.

Schultze, Charles L. 1977. *The Public Use of Private Interest*. Washington, D.C: Brookings Institution.

Schumpeter, Joseph. 1950. "The March into Socialism." *American Economic Review* 40, no. 2: 446–56.

Seabright, Paul. 2009. "Continuous Preferences and Discontinuous Choices: How Altruists Respond to Incentives." *BE Journal of Theoretical Economics* 9, article 14.

Shinada, Mizuhu, and Toshio Yamagishi. 2007. "Punishing Free Riders: Direct and Indirect Promotion of Cooperation." *Evolution and Human Behavior* 28: 330–39.

Shu, Lisa, Francesca Gino, and Max H. Bazerman. 2011. "Dishonest Deed, Clear

Conscience: Self-Preservation through Moral Disengagement and Motivated Forgetting." *Personality and Social Psychology Bulletin* 37, no. 3: 330–49.
Shubik, Martin. 1959. *Strategy and Market Structure: Competition, Oligopoly, and the Theory of Games*. New York: Wiley.
Skitka, Linda, Elizabeth Mullen, Thomas Griffin, Susan Hutchinson, and Brian Chamberlin. 2002. "Dispositions, Scripts, or Motivated Correction? Understanding Ideological Differences in Explanations for Social Problems." *Journal of Personality and Social Psychology* 83: 470–87.
Small, Deborah, George Loewenstein, and Paul Slovic. 2007. "Sympathy and Callousness: The Impact of Deliberative Thought on Donations to Identifiable and Statistical Victims." *Organizational Behavior and Human Decision Processes* 102: 143–53.
Smith, Adam. 1976a. *An Inquiry into the Nature and Causes of the Wealth of Nations*. Edited by R. H. Campbell and A. S. Skinner Oxford: Clarendon. Orig. pub. 1776.
_______. 1976b. *Theory of Moral Sentiments*. Edited by D. D. Raphael and A. L. Macfie Oxford: Clarendon. Orig. pub. 1759.
_______. 2010. *Lectures on Justice*, Police, Revenue, and Arms. Edited by Edwin Cannan Whitefish. Montana: Kessinger. Orig. pub. 1896.
Solow, Robert. 1971. "Blood and Thunder." *Yale Law Journal* 80, no. 8: 1696–711.
Spinoza, Benedict de. 1958. *The Political Works*. Edited and translated by A. G. Wernham Oxford: Clarendon.
Stout, Lynn. 2011. *Cultivating Conscience: How Good Laws Make Good People*. Princeton, N.J.: Princeton University Press.
Strauss, Leo. 1988. *What Is Political Philosophy?* Chicago: University of Chicago Press.
Tabellini, Guido. 2008. "Institutions and Culture." *Journal of the European Economic Association* 6, no. 2: 255–94.
Taylor, Michael. 1976. *Anarchy and Cooperation*. London: Wiley.
_______. 1987. *The Possibility of Cooperation*. New York: Cambridge University Press.
Thaler, Richard, and Cass Sunstein. 2008. *Nudge: Improving Decisions about Health, Wealth, and Happiness*. New Haven, Conn.: Yale University Press.
Tilly, Charles. 1981. "Charivaris, Repertoires, and Urban Politics." In *French Cities in the Nineteenth Century*, edited by John M. Merriman, 73–91. New York: Holmes and Meier.
Times [London]. 2014. "Doctors Who Miss Cancer to Be Named." June 30.
Titmuss, Richard. 1971. *The Gift Relationship: From Human Blood to Social Policy*. New York: Pantheon.
Tonnies, Ferdinand. 1963. *Community and Society*. New York: Harper and Row.
Trivers, R. L. 1971. "The Evolution of Reciprocal Altruism." *Quarterly Review of Biology* 46: 35–57.
Tversky, Amos, and Daniel Kahneman. 1981. "The Framing of Decisions and the Psychology of Choice." *Science* 211, no. 4481: 453–58.
Tyran, Jean-Robert, and Lars Feld. 2006. "Achieving Compliance When Legal Sanctions Are Non-Deterrent." *Scandinavian Journal of Economics* 108, no. 1: 135–56.

Upton, William Edward, III. 1974. "Altruism, Attribution, and Intrinsic Motivation in the Recruitment of Blood Donors." *Dissertation Abstracts International* 34, no. 12: 6260-B.

Voltaire. 1961. "Sur Les Presbyteriens." In *Melanges*, edited by Jacques van den Heuvel, 16–18. Paris: Gallimard, 1961.

Warneken, Felix, and Michael Tomasello. 2008. "Extrinsic Rewards Undermine Altruistic Tendencies in 20-Month-Olds." *Developmental Psychology* 44, no. 6: 1785–88.

Weber, Max. 1978. *Economy and Society: An Outline of Interpretive Sociology.* Berkeley: University of California Press. Orig. pub. 1922.

White, Brent. 2010. "Take This House and Shove It: The Emotional Drivers of Strategic Default." *SMU Law Review* 63: 1279–1318.

Wiessner, Polly. 2005. "Norm Enforcement among the Ju/'Hoansi Bushmen: A Case of Strong Reciprocity?" *Human Nature* 16, no. 2: 115–45.

Wilkinson-Ryan, Tess. 2010. "Do Liquidated Damages Encourage Efficient Breach: A Psychological Experiment." *Michigan Law Review* 108: 1–43.

Woodburn, James. 1982. "Egalitarian Societies." *Man* 17: 431–51.

Woodruff, Christopher. 1998. "Contract Enforcement and Trade Liberalization in Mexico's Footwear Industry." *World Development* 26, no. 6: 979–91.

World Bank. 2015. *The World Development Report: Mind, Society, and Behavior.* Washington D.C.: World Bank.

Wrzesniewski, Amy, Barry Schwartz, Xiangyu Cong, Michael Kane, Audrey Omar, and Thomas Kolditz. 2014. "Multiple Types of Motives Don't Multiply the Motivation of West Point Cadets." *Proceedings of the National Academy of Sciences of the United States of America* 111, no. 30: 10990–95.

Yamagishi, Toshio, Karen S. Cook, and Motoki Watabe. 1998. "Uncertainty, Trust, and Commitment Formation in the U.S. and Japan." *American Journal of Sociology* 104: 165–94.

Yamagishi, Toshio, and Midori Yamagishi. 1994. "Trust and Commitment in the United States and Japan." *Motivation and Emotion* 18 : 9–66.

Yeung, King-To, and John Levi Martin. 2011. "The Looking Glass Self: An Empirical Test and Elaboration." *Social Forces* 93, no. 3: 843–79.

Zajonc, Robert B. 1968. "Attitudinal Effects of Mere Exposure." *Journal of Personality and Social Psychology Monograph Supplement* 9, no. 2, pt. 2: 1–27.

Zhong, Chen-Bo, Vanessa Bohns, and Francesca Gino. 2010. "Good Lamps Are the Best Police: Darkness Increases Dishonesty and Self-Interested Behavior." *Psychological Science* 21, no. 3: 311–14.

THE MORAL ECONOMY

도덕경제학

초판 1쇄 발행 2020년 2월 28일
초판 5쇄 발행 2024년 6월 10일

지은이 새뮤얼 보울스
옮긴이 박용진 · 전용범 · 최정규
펴낸이 유정연

책임편집 신성식 **기획편집** 조현주 유리슬아 서옥수 황서연 정유진 **디자인** 안수진 기경란
마케팅 반지영 박중혁 하유정 **제작** 임정호 **경영지원** 박소영 **교정교열** 김유경

펴낸곳 흐름출판(주) **출판등록** 제313-2003-199호(2003년 5월 28일)
주소 서울시 마포구 월드컵북로5길 48-9(서교동)
전화 (02)325-4944 **팩스** (02)325-4945 **이메일** book@hbooks.co.kr
홈페이지 http://www.hbooks.co.kr **블로그** blog.naver.com/nextwave7
출력 · 인쇄 · 제본 프린탑

ISBN 978-89-6596-370-7 03320